Sensei kokka shiron(專制國家史論)
Copyright © 2018 Keiji Adachi(足立啓二)
First paperback edition published in 2018 in Japan by
Chikumashobo Ltd.
Korean translation rights arranged with Chikumashobo Ltd.

중국의 전제, 일본의 봉건 - 전제국가사론
1판 1쇄 발행 2023년 1월 23일
아다치 게이지 지음 박훈 옮김
편집 정철 표지 디자인 김상만
발행 정철 출판사 빈서재
이메일 pinkcrimson@gmail.com
ISBN 979-11-980639-9-1 (94910)

빈서재는 근현대사 고전 전문 출판사를 지향합니다. 번역하고 싶은 고전이 있다면 연락주세요. 제타위키에서 '빈서재 출판사'를 검색하시면 다양한 정보를 더 얻을 수 있습니다. https://zetawiki.com/wiki/beanshelf
이 책의 본문 편집은 LaTeX로 작업되었습니다. 초보자에게 많은 도움을 주신 KTUG 회원 여러분께 감사드립니다. http://ktug.org

중국의 전제, 일본의 봉건
전제국가사론

專制國家史論―中國史から世界史へ

아다치 게이지 지음, 1998년
박훈 옮김, 2023년

빈서재

지은이 아다치 게이지(足立啓二). 1948년 효고현에서 태어났다. 1972년 교토대학 문학부를 졸업하고 1978년 교토대학 문학연구과 박사과정단위를 취득했다. 구마모토 대학 명예교수이다. 저서는 『명청 중국의 경제구조』, 『중국 역사상의 재구성』, 『중국 전제국가와 사회통합』, 『심포지움: 역사학과 현재』 등이 있다.

옮긴이 박훈(朴薰). 서울대 동양사학과와 동 대학원을 졸업하고 일본 도쿄대학에서 메이지유신 연구로 박사학위를 취득했다. 국민대 일본학과에 이어 현재 서울대 동양사학과 교수로 재직하고 있다. 동양사학회와 일본사학회 총무이사를 거쳐, 현재는 일본사학회 회장을 맡고 있다. 『메이지유신과 사대부적 정치문화』, 『메이지유신은 어떻게 가능했는가』, 『메이지유신을 설계한 최후의 사무라이들』 등의 저서를 집필했다. 역서로는 『일본의 설계자, 시부사와 에이이치』, 『일본이란 무엇인가』가 있다. 또한 한중일 3국 역사학자의 글을 모은 『響き合う東アジア史』를 공동 편집했다.

□ 일러두기

1. 외래어의 우리말 표기는 기본적으로 국립국어원의 외래어표기법에 따른다.
2. 각주는 별도의 표시가 없는 한 모두 원저자주이다.

차 례

차 례 6

머리말 15

제1장 전제국가 인식의 계보 19
  1.1 중국에서 발견한 전제국가 19
    1.1.1 고염무 19
    1.1.2 량치차오 23
  1.2 근대일본에서 형성된 중국 전제국가론 29
    1.2.1 나이토 고난 29
    1.2.2 1930년대 사회과학의 중국 인식 32
  1.3 전후 일본의 연구동향 47
    1.3.1 '세계사의 기본법칙' 47
    1.3.2 전제국가론으로의 재접근 50

제2장 전제국가와 봉건사회 55

	2.1	중국사회와 일본사회	55
		2.1.1 중국의 촌락과 일본의 무라 . . .	55
		2.1.2 가족·동업자 조직	64
		2.1.3 중국의 사회재생산	68
		2.1.4 중국사회의 결합원리	74
	2.2	권력의 편성형태	78
		2.2.1 일본 봉건사회의 단체중적체 성격	78
		2.2.2 전제국가의 사회·정치편성 . . .	79
제3장	전제국가의 형성		85
	3.1	전 국가사회의 발전이론	85
		3.1.1 공동체 해체사에서 단체 형성사로	85
		3.1.2 인간사회의 형성	89
		3.1.3 무리에서 수장제까지	97
	3.2	중국전제국가의 형성	110
		3.2.1 중국수장제의 형성	110
		3.2.2 국가형성을 이끈 두 개의 힘 . . .	116
		3.2.3 전제국가의 형성	122
	3.3	고전고대국가와 일본 고대국가의 형성 . . .	132
		3.3.1 고전고대국가	132
		3.3.2 고대국가 형성의 일본적 특질 . .	139
	3.4	국가단계의 위치	143
		3.4.1 집단발전의 굴절점인 국가단계 .	143
		3.4.2 초기국가론	145

    3.4.3 단계 · 유형 · 상호관계 147

제 4 장 봉건사회와 전제국가의 발전 **149**
 4.1 일본 봉건제의 형성과 발전 149
    4.1.1 소경영 · 공동체 · 영주제 149
    4.1.2 공동체와 영주제의 강화발전 . . 154
 4.2 전제국가발전의 체계와 제반 단계 158
    4.2.1 초기 전제국가 158
    4.2.2 전제국가의 변질과정 163

제 5 장 근대로의 이행 1-경제 **171**
 5.1 사회유형과 경제발전 171
 5.2 중국사회의 경제형태 174
    5.2.1 조숙한 유통형성 174
    5.2.2 면업으로 본 중일의 시장형성과
       정 179
    5.2.3 중국적 유통의 기본형태 182
    5.2.4 일본 봉건사회의 유통기구 형성 . 186
    5.2.5 중국사회와 중국적 유통 193
    5.2.6 노동력 지배의 실현형태 203
 5.3 중국의 자본주의 형성 208
    5.3.1 중국형 자본주의 208
    5.3.2 경제조직화의 진행과 규정 요인 . 217

제 6 장 근대로의 이행 2-정치 **223**

6.1	일본 봉건사회의 성숙과 근대국가로의 이행	223
	6.1.1 절대주의	223
	6.1.2 시민혁명	226
	6.1.3 근대일본과 전제	229
6.2	중국에서 근대이행의 사회적 전제	233
6.3	중국 내 근대적 통합의 형성과정	237
	6.3.1 임의단체에 의한 '자치'	237
	6.3.2 공화정의 시행	245
	6.3.3 임의단체 대표제 권력구상 ...	249
	6.3.4 중국국민당의 당=국가제	252
	6.3.5 중국공산당의 당=국가제	258

맺음말: 세계통합과 사회 263

후기 277

찾아보기 289

《도쿠가와 시대사》를 내며

우리 한국 시민만큼 일본에 '관심'이 많은 경우도 달리 찾기 힘들 것이다. 거의 모든 분야에서 일본에 경쟁심을 불태우고, 그 동향에 신경을 쓰며 자주 비교한다. 일본여행, 일본음식, 일본문화가 우리의 일상이 된지는 이미 오래다. 그러나 그 지대한 '관심'에 비해 일본을, 특히 일본사를 얼마나 알고 있는가 자문해보면 자신 있는 대답이 나오기는 아마도 어려울 것이다. '관심'은 과도한데 정확한 지식과 정보에 기초한 체계적인 이해는 너무도 부족한, 그래서 무지와 오해가 난무하는 상황이 지금껏 계속되고 있다. 오늘날 어려움을 겪고 있는 한일관계를 슬기롭게 풀어나가는 데에도, 이런 상황은 결코 도움이 되지 않을 것이다.

어느 사회나 국가를 제대로 이해하기 위해 그 역사를 알아야 하는 것은 긴 말을 필요로 하지 않는다. 이런 관점에서 우리의 현실을 볼 때 우려를 금할 수 없다. 그 중에서도 특히 일본사를 다룬 양서가 많이 부족한 것은 큰 문제라 할 수 있다. 그간 국내 일본사 연구가 크게 성장했음에도 불구하고 개별 논문만이 양산될 뿐 종합적·체계적으로 일본사를 분석, 소개하는 저작·번역서는 매우 적은 실정이다. 특히 주로 한일관계사에 연구·출판이 집중된 탓에 현대 일본사회의 원점이라 할 도쿠가와 시대와 메이지시대는 상황이 더 심각하다.

2019년 여름, 한국과 일본 관계는 해방 후 최악으로 치달았다. 여름방학 내내 하릴없이 막말기幕末期 정치사를 다룬 영어책을 투닥투닥 번역하며 일본연구자로서의 무력감을 삭이고 있을 때, 재단법인 플라톤 아카데미에서 반가운 제안을 해왔다. 일본사 연구 프로젝트를 지원하고 싶다는 것이었다. 나는 번역팀을 꾸려 도쿠가와 시대를 다룬 명저들을 번역하고 싶다고 답했다. 출판사도 찾기 힘든 무모한 제안이었지만 다행히도 재단측은 받아들여 줬다. 본서는 그 성과의 하나다. 이 자리를 빌어 재단 측에 감사드린다. 아울러 출판을 흔쾌히 맡아준 빈서재 출판사에도 감사의 말씀을 전하고 싶다.

저작권 문제로 도쿠가와 시대 이외의 책이 시리즈에 들어오기도 했지만 이 «도쿠가와 시대사»는 기본적으로 한국독자들에게 낯설기 짝이 없는 도쿠가와 시대를 체계적이고 명료하게 소개하고 있는 명저들을 골라 번역했다. 이 시도가 한국독자들이 도쿠가와 시대를 이해하는 데에 자그마한 디딤돌이라도 되었으면 하는 바람이다.

2022년 10월 22일
번역팀을 대표하여 박훈 적음

머리말

원원류^{原猿類}의 시대에 한 사람에서 시작한 인간은 이후 일관되게 집단 확대의 길을 걸어왔다. 21세기를 맞이하려는 현재, 인간은 국민경제와 국민국가를 초월한 궁극의 통합단계로 발을 들여놓으려하고 있다. 통합의 규모와 구조의 전환은 항상 통합을 지탱하는 힘의 전환을 수반해왔다. 세계통합에 가까워지면서 지금까지 통합력을 제공해온 사회의 단체적 성격 그 자체를 급속히 해체시키고 있다. 가족 및 지역 같은 전통적 단체뿐 아니라 기업을 성립시켰던 단체적 구조를 해체할 필요성이 제창되고, 실제로 그런 전략이 추진되고 있다. 한편 사회적 의사결정은 세계화에 따라 점점 사람들의 손에서 멀어지고 있다. 국가에 대한 국민주권의 위탁이 현저히 형해화되고 있을 뿐 아니라, 국가주권 자체가 세계통합 앞에서 자립성을 잃어가고 있다.

단체성을 갖지 못한 사회와 의사결정이 집중화된 거대한 정치적 통합. 양자의 친밀한 결합은 실로 전제專制국가의 지표다. 춘추전국시대를 통해 성립한 중국 전제국가는 현대세계가 도달하려고 하는 사회와 일면 유사한 구성을 2천 년 전에 만들어냈고, 지금도 여전히 그 규정성을 남기고 있다. 이런 중국을 비롯해서 현대세계는 다양한 결합양식의 사회를 급속히 받아들여 새로운 사회를 만들고 있다. 전제는 어쩌면 현대의 선구다.

지금까지 역사학은 전제와는 인연이 조금 멀었다. 전제는 주로 정치학의 개념이었다. 근대역사학이 자본주의 선진국에 축적된 부를 객관적 조건으로 한 이상, 그 국가들의 역사유형이 인류사에서 자명한 모델로 되는 것은 피하기 어려웠다. 고대국가·봉건사회·근대자본주의 국가라는 단선적 역사발전 이론은 한동안 체계적 반론에 직면하지 않았다. 전제는 원시적 정체 상태 아니면 단선적 발전의 아류로 이해되는 경우가 많았다.

그 가운데서 일본의 역사학은 고유한 역사적 위치의 영향도 있어서인지, 중국 전제국가에 대해 상대적으로 강한 관심을 보여 왔다. 중국 자신의 역사 인식과 유럽 사회과학의 자극이 더해져 일본에서는 몇 차례 중국 인식이 고양되었다. 전후 실증연구의 진전으로 많은 소재가 축적되어 중국 전제국가를 세계사적 차원에서 비교할 수 있게 되었다. 세계통합이 진전되는 가운데 근대와 전통 중국이 연결 가능하게 된 지금, 축적된 연구를 재정리하고 인접학문의 성과를 흡수하면서, 인류사의 흐름속에서 중국 전제국가의 위치를 확인하는 것이 본서의 집필 동기다. 유럽 및 일본 같은 봉건사회와는 대조적으로 발전한 중국 전제국가에 대한 역사적 검토는 종래의 단선적 발전론에 비해 보다 일반적 역사발전론으로 이어질 수 있다. 그 검토를 통해 현대 세계를 역사적으로 자리매김하는 시야가 확대되기를 기대한다.

주제의 성격상 여러 가지 문제를 논의해야 한다. 1장에서는 '중국 전제국가'라는 인식이 일반화되는 과정에서, 중국의 국가와 사회에 관한 인식이 어떻게 전개되어 왔는가를 일본의 연구사를 중심으로 되돌아보고, 연구사에서 계승할 만한 중국 전제국가 인식의 성과를 확인한다. 2장에서는 명청시대에 고도로 발전한 중국 전제국가를 대조적 구조를 갖는 봉건사회 일본과 대비하면서, 사회와 지배구조 양면에서 정태적·구조론적으로 정리하여, 중국 전제국가는 어떤 것이었는가를 논한다. 이어서 3장에서는 이런 구조를 갖는 전제국가의 형성과정을 역사적으로 검토한다. 자연인류학·문화인류학·고고학 등의 성과를 바탕으로 전前 국가사회의 발전과정을 개관함으로써, 고전 고대국가·일본 고대국가와 대조할 때 중국 전제국가의 형성은 어떤 특질을 갖는지 살펴본다. 4장에서는 일본의 고대국가가 봉건사회로 발전하는 과정과 비교하면서, 봉건사회가 기초로 삼는 자율적 공동단체를 결여한 중국 전제국가가 어떠한 역사적 발전을 거쳐 19세기를 맞이했는가를 역사적으로 검토한다. 5장과 6장에서는 전제국가형 사회에 규정된 중국 근대화의 기본적 특징을, 경제와 정치 양 측면에서 정리한다. 맺음말에서는 봉건사회와 중국의 전제국가를 포함한, 본서에서 검토한 다양한 유형과 단계의 사회를 끌어안은 현대의 세계통합에 대해서 생각해본다.

광막한 연구 대상이다. 내 전공분야는 무시할 수 있을 정도로 좁고, 따라서 대부분은 문외한의 작업이다. 원래는 대규모 협업이 필요하지만, 그런 협업의 필요성이 인식되기 위해서라도 이런 시도는 필수적이다. 졸저의 밑그림이 조그마한 자극이라도 될 수 있다면 다행이겠다.

제 1 장

전제국가 인식의 계보

1.1 중국에서 발견한 전제국가

1.1.1 고염무

중국 전제국가의 역사에서 명말청초 시대는 하나의 커다란 전환점이었다. 명초에 만들어진 정치체제는 어떤 면에서는 전제국가의 완성단계를 보여주는 것이었다. 호유용胡惟庸의 옥獄을 계기로 재상 부서인 중서성이 폐지되고 6부가 황제 직속이 되는 등 의사결정이 황제에게 집중되었다. 그와 함께 이갑제里甲制·부역황책賦役黃冊 등 통일적 인민 편성체제도 정비되고 과거제와 본적지 회피제가 완비되는 등, 행정체계의 통일성도 향상되었다. 그러나 전제국가의 순화純化는 동시에 황제 전제권력의 대행자인 환관의 발호와 궁정의 낭비를 초래했다. 관계官界가 부패하고 북쪽 변경의 군사부담(화폐로 부담)이 증가하는 가

제1장 전제국가 인식의 계보

운데 명나라는 붕괴하게 되었다. 그 무렵 사상계에서는 양명학으로 위기에 대처하려고 하는 경세사상가들이 등장했다. 일본에서의 전제국가 인식의 계보를 추적하기 위해서는 선구자들의 중국 전제국가 분석 작업을 계승하는 것에서 시작하지 않으면 안 된다. 대표적 인물은 말할 것도 없이 고염무顧炎武와 황종희黃宗羲다. 이하에서는 고염무『고정림시문집顧亭林詩文集』에 실려 있는「군현론」「생원론生員論」,『일지록日知錄』에 수록된「향정지직鄕亭之職」「군현」등과, 황종희『명이대방록明夷待訪錄』에 수록된「원신原臣」「원군原君」등을 검토하여 그들의 전제국가 인식의 특징을 살펴보겠다.

위기에 직면한 그들에게, 정치체제 선택은 여전히 군현제·봉건제론의 틀 안에 있었다. 그러나 그들은 나란히 놓고 택일해야하는 두 가지 통치형태로서 군현과 봉건을 논한 것이 아니라 양자를 비가역적인 역사적 산물로 생각했다. 우임금 시대로 비정되는 상고 시대에 정치세력이 독립적으로 분립하던 상황으로부터, 주나라·춘추·전국시대를 거쳐 통일국가에 이르는 흐름이 있었다. 이 과정을 관통한 것은 집중화로 만국에서 시작하여 1800개, 140개, 12개, 7개국, 나아가 한 개의 국가만이 남았다. 이러한 권력집중 경향의 결과로서 봉건을 대체한 군현제도가 진나라의 창안이 아니라 춘추시대부터 시작되었다는 점, 진의 군현제도는 행정구획을 포함해 그 계승물이었다는 점 등이 명확해졌다. 정치제도 개혁은 군현제를 역사적 조건으로 하여 전개되었다.

1.1 중국에서 발견한 전제국가

그들이 명말 위기의 근원으로 생각한 것은 전제국가의 고도화였다. 행정기구의 분화와 함께 감찰기구가 증가한다. 하급 행정기관에 대해서는 중간 감찰기구가 설치되고, 중간 감찰기구가 정비됨에 따라 또다시 상급 감찰기구가 더해지는 식으로, 관료기구는 끝없이 중층화·복잡화하여 인민 부담을 증대시켰다. 과다하고 번잡한 문서행정과 광역적 재정관리가 부담을 초래했다. 황제로 집중된 권력은 사회통치 집단인 관료의 독자성을 소멸시켜, 그들은 황제의 사적 예속 집단으로 전락한다. 황제의 뜻을 대행하는 최고의 사적 예속 집단인 환관에게 권력은 집중해 간다. 관료의 사적 지배를 회피하기 위한 제도는 관료의 무지와 무책임화를 초래하고, 관료통제 밖에 있는 서리행정을 일반화시킨다. 말단행정의 기능은 비정규화하게 되고, 명초 지방정치를 떠받쳤던 양장糧長·노인老人의 질은 저하하며 기능 정지상태에 빠진다. 명대에 전형적으로 나타나는 황제로의 권력집중과, 행정의 무책임화·통치능력의 저하는 사실은 표리일체의 관계에 있었다고 그들은 신랄하게 지적했다.

군현제가 봉건제에서 비가역적으로 이행한 산물이라면 좀 더 나은 군현제 말고는 선택지가 없었다. 고염무는 명말과 비교하며 초기 군현제의 특질에 주목했는데 제도의 틀에서는 한 제국으로 회귀할 것을 주장했다. 기본은 말단 행정기구의 정규화다. 한 제국에서는 향鄕·정亭·리里에 각각 관이 설치되어 지위가 보장되었고, 작은 향의 소송·부세를 관장하는 색부嗇夫같은 하위관직일지라도 독자로 치적을 올릴 수가 있었다.

제1장 전제국가 인식의 계보

수나라 때 향관이 폐지된 이후 이런 틀이 해체되어 비공식적인 서리행정의 길이 열렸던 것이다. 말단을 통괄하는 현縣의 제도도 한대에 현령의 지위가 높았던 것과 속료屬僚를 현지 채용했던 것을 본받아 지위향상과 현지주의를 철저하게 할 것을 주장했다. 또 비대화한 감독기구를 해소하여 중간 행정기구를 정리하고, 재상과 관료의 소속 관료 임면권을 부활하여 관료기구의 독자성을 회복하는 것이 필요하다고 했다.

봉건제 회귀가 불가능하다면 초기 군현제로의 회귀 또한 가능할지 의문이 든다. 그러나 적어도 그들이 춘추전국 이전의 정치편성과, 진한제국 단계의 국가편성, 명말 단계의 국가편성이라는 3자 사이에 역사적 단계성을 인정하고, 각 단계의 질적 차이를 명확히 하여 중국 전제국가 인식 수준을 높인 것은 사실이다. 그들이 초기 군현제에서 발견했던 것은 사회 각 분야에 대하여 자기책임·자기관리를 승인하고 그것을 행정의 일부로 자리매김하는 시스템이었다. 삼로三老가 총괄하는 향·리라는 사회집단이 그것이고, 현령이 총괄하여 현지 채용하는 지방 관료집단도 그 하나이며 나아가 재상이 총괄하는, 단순히 황제의 사적 신하가 아닌 관료집단도 그러한 측면을 갖고 있었다. 이것은 '천하의 사私로써 천하를 다스린다'(「군현론」5)는 언급에서 단적으로 알 수 있는 것처럼, 행정책임이 일정하게 자기이해와 연결되는 것조차 인정하는 것이었다.

고염무가 군현제 가운데 스며들어야한다고 했던 '봉건의 뜻封建之意'은 사회 및 그 일부인 관료기구의 자립성이었다. 그러나 명말에 도달한 국가의 전제적 순화 과정은 그 자립성의 상실과정이었다. 따라서 그것은 동시에 국가에 의한 사회장악이 형해화하는 과정이기도 했다. 서양인들의 지적을 기다릴 것도 없이, 성숙단계에 다다른 중국 전제국가의 구조와 문제점과 그에 이르는 도정을 중국인 스스로가 발견했던 것이다.

1.1.2 량치차오

명말청초 시기에 높아진 전제국가 인식을 계승하여 새로운 수준으로 끌어올린 것은 청말 정치사상가들이다. 유럽의 사회과학이 주로 일본을 통해 소개된 것에 영향을 받아, 황제권력을 의회나 귀족, 권신 등에 의해서 제약받지 않는 '전제' 개념으로 평가하는 것이 19세기 말에는 일반화되었다.[1] 여기서는 지도적 이론가인 량치차오梁啓超의 전제국가 인식에 대해 그의 「중국 전제정치 진화사론中國專制政治進化史論」(1902, 『음빙실합집飮冰室合集』)을 주요 텍스트로 하여 검토하겠다.

량치차오의 중국 전제국가 체제 발전사는 명청 사상가들의 사실 인식을 계승하면서도, 그것을 사회진화론과 유럽사의 역사이론에 의거하여 정리하는 것으로 구성되어 있다. 제1장에서는 인류사 일반의 발전과정을 씨족정체에서 임시 추장정체·신권정체·귀족정체 혹은 봉건정체·군주전제정체의 각 단계를 거쳐, 입헌군주정체 혹은 혁명민주정체로 진행한 것으로 파악

---

[1] 佐藤慎一「近代中國の體制構想―專制の問題を中心に」『近代中國の知識人と文明』(東京大學出版會, 1996).

한다. 고립 분산적인 씨족사회야말로 인류사의 출발점이고, 그 속에서 공공업무의 수행, 특히 집단 간의 군사적 대립에 대응하기 위해 지도적 계층의 형성과 고정화가 비롯됐다고 본다. 집권적인 통일국가를 목표로 하는 중국 전제국가의 역사이론이기 때문에 강고한 원시공동체의 해체사가 아니라, 장기에 걸친 점진적 사회통합 과정으로서 초기 사회발전사를 구상하고 있는 점에 주목하고 싶다.

중국에서는 전통적으로 분권의 대명사인 봉건제도 이 책에서는 왕권에 의한 각 집단 통합의 초기적 형태로 본다. 그걸 극복하여 군주전제정체가 성립하고 전제적 억압에 대한 대항이 고조되는 가운데 입헌군주정체와 혁명민주정체가 선택된 것이 청말 정치적 실천의 지침이었다는 것이다.

2장과 3장은 발달한 전제국가에는 존재하지 않는 봉건제와 귀족정치가, 중국에서 어떻게 소멸되어 갔는가라는 관점에서 앞서 말한 일반이론을 중국사에 적용한다. 노자·장자가 말한 닭과 개의 소리가 서로 들려도 교류가 없는 분산적 사회를 기점에 두고 『사기史記』 본기本紀 등에 의거하면서 통합화의 단계를 추적한다. 전통적인 봉건·군현론의 틀을 뛰어넘어 하은夏殷 이래 발전의 연장선상에 씨족사회를 통합하는 하나의 과도단계로서 주대 봉건제를 자리매김한다. 독립성을 갖는 집단·제후가 왕 밑에서 느슨하게 정치적으로 통합된 체제로 주대를 바라보자는 생각이다. 이 관점은 궈모러郭沫若 이래 이른바 노예제 사회론에선 받아들이지 않은 것이지만 전후 연구가 노예

1.1 중국에서 발견한 전제국가

제론을 벗어나 씨족적 마을 공동체의 중층구조로 은주^{殷周}사회를 분석하는 쪽으로 진행되면서 부활하여 현재까지 계승되고 있다[2].

춘추전국의 과도기를 거쳐, 한 무제 때 중앙집권적 군주전제체제가 확립된 이후를 다룬 2·3장의 서술은 다소 산만하다. 량치차오에게 봉건제는 씨족사회의 정치적 표현이어야 했지만 씨족사회와 분리되고 귀족사회와도 단절된다. 봉건제는 전통적인 봉건론·분권론으로 회귀하고 왕조가 약화될 때마다 '반동력^{反動力}'이 부활한다는 식의 서술이 반복된다. 따라서 청대에 봉건의 기세가 최종적으로 소멸했다는 설명도 설득력이 약하고, 민국 전반기의 분열적 정치동향과도 결과적으로 배치된다. 이것은 전제국가와 상용될 수 없는 봉건제와 귀족정치의 요소를 중국 전제국가 속에 집어넣은 다음에 유럽사에서처럼 그것이 불식되어가는 과정으로서 '전제정치 진화사'를 서술하려고 한 비교사의 방법적 혼란에 일차적 문제가 있었다. 다음으로는 명말청초 사상가들이 발견한 초기 전제국가에서 명청기 전제국가로라는 전제국가의 순화과정을 어떻게 이론화할지, 지금도 해결되지 않은 과제자체에 기인한다고 생각한다.

진한이후 전제국가가 어떻게 질적 변화를 거쳤는지는 오히려 4장 권신의 소멸에 관한 부분에서 서술된다. 여기서도 고염무 이래의 축적이 기초가 된다. 재상이 황제에 버금가는 힘을 갖고 있었던 데서 알 수 있듯이 초기 전제국가에서는 관료

---

2) 본서 3장 2절 1 (p110) 참조.

조직이 자립적인 기구와 능력을 보유하고 있었는데 이것들을 황제가 삭감해간다. 관료기구를 형해화하면서 황제의 뜻이 관철되는 측근기구가 만들어지고, 만들어진 기관이 제도화하면 새로 별도의 측근기구가 만들어지는 과정이 승상에서 상서로, 상서에서 중서로라는 식으로 반복되고 최종적으로는 청대의 군기처에 이르게 된다. 이런 가운데 관료의 지위는 점차 저하하고, 속관 임명권은 박탈되며, 동일직무에 대해서 복수의 관료가 임명됨에 따라 재량권은 저하하고, 직능은 황제에 의한 결재를 위한 사무 처리로 왜소화한다. '권신의 소멸'이라고 평가되는 관료 지위와 기능의 저하는 분명히 주목할 만한 중국사의 추세였다.

전제적 중국 국가체제의 특수성을 인류사에 어떻게 자리매김할까. 이 점에서 량치차오의 이해는 미묘하다. 량치차오는 한편에서는 19세기적인 사회진화론을 직수입한 단선적 발전론자였다. 앞에서 본 것처럼 모든 지역의 역사가 씨족정체에서 입헌군주정체 혹은 혁명민주정체로 발전한다고 인식하는 이상, 군주 전제정체가 계속되는 중국이나 귀족의 시대가 장기간 지속된 유럽 각국에 보이는 특수성은 공통적인 진화의 틀 속에서 각 시대의 다양한 장단점으로 이해되게 된다. 유럽 절대주의를 전제정으로 간주하면서도 유럽에서는 귀족의 시대가 근대초기까지 계속되었다는 설명은 량치차오의 논리구성에서 봐도 무리가 있지만, 그래도 각국사는 단선적 발전론의 틀로 파악되었다.

그러나 한편에서 량치차오는 단선적 발전론으로는 파악되지 않는, '시대의 장단점' 뒤에 숨어있는 중국의 특수성에도 충분히 주목하고 있었다. 유럽에서 보이는 자치 도시와 촌락이 중국에는 결여된 점, 유럽세계에는 각각 독자의 법을 갖는 신분집단과, 신분을 매개로 하는 지배가 존재하고 있는 점, 서양에서의 '직접의 전제'가 자유·평등을 억압한 것에 반하여 중국의 전제지배하에서는 자유와 평등이 극히 개인주의적으로 용인되었던 점등이 그것이다. 일본의 중국연구에 암묵적 영향을 주면서도, 반드시 계승되었다고는 할 수 없는 중요한 사실 인식을 거기서 볼 수 있다.

그 중에서도 주목할 것은 전제국가의 사회적 기초라는 문제인데, 구체적으로는 사회의 단체성론 및 그것과 관련한 자유론이다. 「중국적약소원론中國積弱溯源論」(1909, 『음빙실합집』)에서는 치열한 국제경쟁에서 살아남는 힘은 국가의 단체 결합력임에도 불구하고, 연합군이 베이징에 입성한 날 상하이에서는 가무음곡이 끊이지 않았던 중국을 개탄하였다. 그리고 내집 문 앞의 눈은 쓸어도 남의 집 기와 위 서리는 상관하지 않는 이기주의가 이러한 사태의 사회적 기반이라고 하였다. 사토 신이치佐藤愼一씨가 정리한대로,[3] 량치차오는 '천부의 자유'론의 입장에 서지는 않았다. 앞에서도 주목한 것처럼, 그는 인류의 초기 상태를 조직성이 낮은 사회라고 생각했기 때문에, 거기에

---

3) 佐藤愼一「近代中國の體制構想—專制の問題を中心に」(1994), 『アジアから考える』第5卷(東京大學出版會, 1994).

존재하는 '자유'는 단순한 무통제 상태의 '야만의 자유'로 간주했다. '문명의 자유'가 민중이 법규범을 공유하는 사회 속에서 성립한 것에 반해, 중국 전제국가에 존재한 것은 '야만의 자유'다. 따라서 이 '자유'하에서 이기적인 이익을 추구하는 '노예근성'과, 중국사회 내 단체 결합력의 결여는 표리 관계가 된다. 정치적 실천에 뒷받침된 예리한 현실 인식은, 20세기 초두에 이미 중국 전제국가의 사회적 핵심에 다가서고 있었다. 그러나 직접 공화정으로 이행하는 것에 대한 솔직한 비판, 위안 스카이 독재의 승인이라는 량치차오의 정치적 궤적과 얽히면서 이러한 인식상의 성과는 정확히 계승되지 못했다.

1.2 근대일본에서 형성된 중국 전제국가론

1.2.1 나이토 고난

유럽 사회과학의 개념을 바닥에 깔면서 중국에 '전제국가'의 이름을 부여하고 그 성립을 논한 초기의 저작으로, 1883년부터 1887년에 걸쳐 발표된 다구치 우키치田口卯吉의 『지나개화소사支那開化小史』4)를 들 수 있다. 씨족사회에서 봉건제를 거쳐 진의 '전제'국가체제로 이어진다는 평가는 이미 여기서 제시되었다. 그러나 '전제' 국가성립 이후의 역사 인식은 매우 단조로웠다. 랑케류의 실증사학을 기조로 하는 중국사 연구에, 나이토 고난內藤湖南은 전제국가론의 시각과 시대구분론을 가져왔다.

나이토가 중국론을 펼친 동기는 중국에 대한 강한 공감이었다5). 중국은 자기 학문형성의 출발점인 한학의 모국이고, 구화주의歐化主義로 내달리는 근대일본에 대한 비판의 원점을 공유하는 나라였다. 1913년에 구술되어 시대구분론·중국사회론으로 큰 영향을 끼친 『지나론支那論』6)도 신해혁명 성공에 대한 기대를 배경으로, 공화정 실현의 가능성을 중국사의 귀결로 제시하려는 것이었다. 육조 이래의 귀족제를 억누르고 송대 이후 근세 군주 독재체제의 시대가 도래하는데, 군주 독재하에서

---

4) 『鼎軒田口卯吉全集』第2卷(吉川弘文館, 1990).
5) 나이토 고난의 정치와 이론구성의 관련에 대해서는 Joshua A. Fogel, *Politics and Sinology: The Case of Naito Konan, 1866-1934*(1984) / 『內藤湖南―ポリティックスとシノロジー』(平凡社, 1989).
6) 1914년 간행. 『內藤湖南全集』卷5(筑摩書房, 1972).

관료의 무권리화와 무책임화가 진행되었다. 다른 한편에서는 송대 이후 경제적으로도 문화적으로도 민력이 증진하여 향관 폐지 이후 떠돌이가 되어버린 관리를 대신해서, 사회 하층세력인 서리와 자치단체로 사회 관리의 임무가 옮겨지고 자치단체를 기초로 하는 공화정의 조건이 성숙하였다. 이것이 저명한 송대 이후 근세설에 의한 정치적 전망이다.

정치사를 인식할 때 기본 소재는 고염무 등의 성과에 많이 의거했다. 역사발전 이론 면에서는 량치차오 이상으로 순전한 단선적 발전론의 입장이다. 귀족·봉건세력을 억누르고 군주권이 강화된 절대주의에 비정할만한 단계를 량치차오는 진한 이후 전제국가로 본 데 비해, 나이토는 송대 이후 군주 독재체제로 봤고 이에 따라 고대·중세·근세의 3단계 시대구분론이 중국사에 도입되었다. 전제주의로부터 중국의 이탈을 설명하면서 량치차오가 사회적 조건에 대하여 모호하게 얘기했던 데 비해 나이토는 일본의 근대화를 목격하고 또 신해혁명을 계기로 중국의 근대화에 기대가 컸던 만큼, 당연히 근대화를 도달점으로 하는 단계론에 섰던 것이다. 나이토의 전제중국론은 유형론이 아니라 단계론이었지만 원숙한 전제국가를 체계화한 고염무·황종희 이래의 역사론이 일본의 연구에 도입된 것은 이후 연구에 커다란 영향을 끼쳤다.

군주 독재체제론과 함께 나이토의 자치단체론도 이후 일본의 중국 전제국가론에 영향을 주었다.

결국 근래의 지나를 하나의 커다란 국가라고 말하지만,

작은 지방자치단체가 하나하나 구획을 이루고 있고 그들만의 생명과 체계를 갖춘 단체다. 그 위에 이들에 대해 하등의 이해利害관념을 갖지 않는 지현知縣 이상 몇 계층의 관리가 세금을 걷기 위해 교대로 왔다 갔다 하는 것에 불과하다.[7]

군주 독재체제이지만 사회적 실태는 자치단체여서 국가는 이미 이들과의 관계를 상실했다는 것이 공화정의 배경이다. 청말 국가지배의 느슨함을 공유하면서도, 중국사회의 단체 결합력의 결여를 발견한 량치차오 등의 결론과는 일면 대조적이다. 자치단체가 정치적 주체가 될 수 있는가, 과연 자치라는 이름에 어울리는 결합능력을 가진 조직이었는가에 대해서는 이후 전개된 근대사를 살펴보면 량치차오의 평가에 따라야 한다. 그러나 난숙한 전제국가의 사회 장악능력이 저하하는 가운데 수많은 사회집단이 사회재생산 기능에 어떤 역할을 하게 되었다는 것은 전제국가사에 중요한 사실이었다. 동시대인들과 마찬가지로 나이토도 이 사실을 실감했을 것이다. 신중하게도 나이토는 자치단체를 논하면서 '근래의 지나는'이라고 역사적으로 한정한다. 군주독재가 송대 이후의 역사적 사상事象이라는 그의 이론에서 이 점은 일관된다. 이후 연구에서는 전제국가의 사회적 기초는 공동체라는 유럽의 아시아론에 영향을 받으며 자치단체론은 비대화되었다.

나이토가 도입한 중국 국가체제의 전제 구조에 대한 인식은

---

[7] 內藤湖南『支那論』3, 內治問題の一、地方制度、自治團體と官吏.

1930년대 이후 역사적 단계로서가 아니라 일반적인 구조적 문제로서 여타 사회과학분야에까지 확대되었다. 중국사 일반으로 전제 구조가 적용되는 과정에서 야노 진이치^{矢野仁一}의 위치는 중요하다. 1920년대 중반에 간행된 두 권의 저작을 통해[8] 야노는 군주 독재체제의 기원을 송·원대로 보는 나이토의 견해를 강하게 비판했다. 향관 폐지는 관민 단절의 지표가 아니고 양세법^{兩稅法}은 사적 소유의 시작을 의미하지 않으며, 자치단체의 기원은 송·원대에 있지 않다는 주장을 하면서, 군주독재적 특질을 단계론으로부터 중국사 전체로 확장했다. 중국을 서양적인 근세국가·사회로 보는 데서부터 몰이해가 생겨났다며, 중국에는 서양적인 국가지표가 결여되어 있었다고 단정한다. 단선적 발전단계론에서 이탈하는 방향이 명확하게 된 것이다.

1.2.2 1930년대 사회과학의 중국 인식

유럽 사회과학과 중국 인식

고전적 전제국가 인식의 형성　나이토가 보여준 유럽 모델의 단선발전적 역사이론을 직접적으로 적용하지 않고, 구조론적인 중국론으로 일본 연구가 이행해 가는 과정에서 큰 역할을 한 것도 유럽에서 형성된 아시아론·중국론이었다. 유럽의 아시아론에 대해서는 시마 야스히코^{島恭彦}의 선구적 연구를 비롯해 라치 지카라^{良知力}·고타니 히로유키^{小谷汪之} 등의 많은 연구 덕

---

[8] 『近代支那論』(弘文堂, 1923). 『近代支那史』(弘文堂, 1925).

분에9), 기본 틀은 잘 알려져 있다. 이에 의거하여 개관해 보자.

본격적인 아시아·중국 인식은 예수회 교단의 선교사가 대량의 중국정보를 유럽으로 가져간 데서 비롯되었다. 유럽인이 게르만의 숲을 방황하던 시대에 중국은 일찍부터 고도의 문명과 국가체제를 갖추고 있었으므로, 초기에는 절대주의적 입장에서 봉건 유럽을 비판하는 근거로 중국정보를 활용했다. 볼테르는 유교를 미신과 도그마 없는 도덕사상으로 평가하면서 중국의 종교적 관용성을 예찬했고, 대표적 중농주의자인 케네(François Quesnay, 1694~1774)는 계몽적 절대주의 모델로서 세습적 귀족이 존재하지 않고 주권자와 관리 모두 유교윤리라는 자연법에 따라 통치하는 사회로 중국을 묘사했다.

그러나 18세기 말에 이르러 유럽의 중국 평가는 반전한다. 절대주의 왕권의 강화에 대한 비판이 고양되면서 중국을 극복해야할 전제의 모델로 간주하고, 종래의 중국 취미조차 부정의 대상이 되었다. 몽테스키외는 귀족주의적 입장에서 공포를 기초로 하는 자의적인 전제적 지배를 비판하고, 왕권의 전제적 성격은 왕권을 제약하는 귀족이 없어서 생겼다고 여겼다. 18세기 단계에서 전제국가는 세습귀족이 토지를 영유하지 않는, 토지소유가 국가적으로 집중된 체제로 간주되었다. 공공사업

---

9) 島恭彦『東洋社會と西歐思想』(生活社, 1941). 良知力『向こう岸からの世界史』(未來社, 1978). 小谷汪之『マルクスとアジア』(青木書店, 1979). Peter James Marshall, Glyndwr Williams, *The Great Map of Mankind - Perceptions of New Worlds in the Age of Enlightenment* (1982) / 『野蠻の博物誌－18世紀イギリスがみた世界』(平凡社, 1989).

의 국가적 수행은 그 기초이고 국가로의 잉여 집중은 그 실현 형태였다.

19세기에 들어서면 전제 비판의 기축은 주체의 전환에 따라 귀족주의에서 시민적 입장으로 이행했다. 전제의 기초는 시민적 자유를 실현하는 주체의 결여라고 여기게 된다. 이것은 독일 역사주의를 발상의 기초로 하고 빅토리아 시대의 일반적 사조였던 진화론에 의해 살이 붙여졌다. 원시적 공동체를 기초로 아시아적 전제국가가 장기간 존재했다는 인식이, 세계 각지에서 발견되는 다양한 사회 유형을 소재로 해서 19세기 후반에 성립되었다. 이러한 아시아의 '발견'과정이 마르크스의 아시아론이 형성되는 기초였고, 국가적 토지소유를 기초로 하는 아시아 전제국가론과 원시적 공동체를 기초로 하는 아시아적 전제국가라는 원래 모순되는 인식이 접합되어 가는 과정은 고타니 히로유키가 실증적으로 밝힌 바 있다.[10] 1930년대 이후부터 전후로 이어지는 일본의 중국 인식은 유럽에서 '아시아론'이 성립된 역사적 제약을 무시하고, 게다가 본래 대립하는 '아시아론' 개개의 구성요소를 적당히 접합하여 편의적으로 만들어낸 측면이 강했다. 19세기 후반에 체계화된 아시아론·전제국가론의 주박에 일본의 중국사 연구는 오랫동안 매여 있었다.

유럽 사회사상사에서 '아시아' 인식의 흐름을 해명하면서 유럽에서의 '아시아' 혹은 '아시아적'이라는 것은 유럽 자신의 음화陰畵였다고 평가하는 것은 맞다. 아시아 인식의 변화가 아

---

10) 小谷汪之『マルクスとアジア』(青木書店, 1979).

시아 자신의 변화나 아시아 인식의 소재 변경에 의한 것이 아니고 일차적으로는 유럽 자신의 사회사상 변화에 의해 바뀐 것은 분명하다. 그러나 그때그때의 아시아론이 관념적 구성물이자 체계였고 실재로서의 아시아라기보다는 유럽사회의 음화였다고 해도, 적어도 몇몇 아시아론이 '아시아'의 어떤 부분을 반영한, 혹은 '아시아'의 어떤 측면을 추상화한 면이 있다. 미신과 도그마 없는 '도덕'사상으로서의 유교와 종교적 관용성이 중국의 일면이었던 것처럼 왕권의 자의성·귀족제의 결여도 또한 중국의 일면이었다. 정비된 관료기구라는 18세기 전반까지의 평가가 중국 국제國制의 일면을 파악했던 것처럼, 실질적으로 왕권의 통제가 미치지 않는 관료제라는 19세기의 인식 역시 중국 국제의 일면을 파악한 것이었다. 거기에는 계승 가능한 부분이 있다.

또한 '아시아'라는 명칭을 부여받은 이러저러한 개념체계가 관념의 산물이라는 것을 입증했다고 해서, '아시아적'이라는 것이 일반적으로 근대의 산물에 불과하다고 하면 비약이다. 자신들이 아시아에 만든 것에 근대유럽 스스로 '아시아적'이라는 평가를 내린 것이 사실이라 하더라도, 아시아 지역이 근대이전부터 유럽사회와는 다른 구성과 발전경로를 걸어왔다는 것이 부정되는 것은 아니다. 그것은 사회사상사와는 구분되어야하는 역사실증적 문제다. 이에 대해서는 2장 이하에서 생각해 본다.

서구는 후진적인 비유럽사회를 부르기 위해 서로 다른 요소를 아시아라고 일괄하여 통칭하였고 이때문에 아시아론의 심도깊은 분석은 방해받았다. 2장 이하에서 구체적으로 보는 것처럼 분산적인 사회 위에 황제를 중심으로 하는 전제국가체제를 발달시킨 중국 뿐 아니라, 국가에 의한 직접적 행정편성을 아직 거치지 않은 여러 사회, 더욱이 전형적 봉건사회의 하나인 일본까지 함께 아시아로 일괄되었다.

20세기 사회과학의 여러 조류 1930년대 이후 일본의 중국연구에는 19세기 유럽에서 탄생한 아시아 인식이 강한 영향을 미쳤다. 동시에 30년대의 연구에는 20세기 유럽 역사학뿐만 아니라 사회과학도 이론·발상면에서 영향을 끼쳤다. 개관하자면 20세기에 들어 유럽의 사회사조는 19세기적인 진화주의·역사주의에서, 구조주의·기능주의의 사이클로 들어간다. 뒤르켐에 의한 사회학의 성립, 라스키(Harold Laski, 1893~1950)의 다원주의 정치학이론, 말리노프스키(Bronisław Malinowski, 1884~1942)의 기능주의·네덜란드 구조주의의 문화인류학 등이 경향성을 공유했다. 여기서는 일단 일본의 중국연구에 영향을 끼친 정치학과 사회학에 대해 정리하겠다.

영국 정치학의 다원주의 국가론은[11] 사회계약론적인 근대국가론 비판의 역사적 흐름에서 태어났다. 사회계약을 기초로

---

11) 영국의 정치적 다원주의에 대해서는 David Nicholls, *Three Varieties of Pluralism*(1974)/『政治的多元主義の諸相』(お茶の水書房, 1981) 참조. 미국의 정치체계를 설명하고 합리화하는 「방법으로서의 미국의 다원주의」는 본 절의 논의대상이 아니다.

1.2 근대일본에서 형성된 중국 전제국가론

하는 국가의 의사가 모든 구성원의 이익과 일치한다는, 사회계약론자의 전제가 성립되지 않는다는 것이 명백해졌을 때, 한편에서는 계급대립을 기초로 국가를 규정하는 마르크스주의 국가론이 탄생했고, 다른 한편에서는 대립의 조화를 꾀하는 벤덤의 공리주의 등 자유주의 국가론이 나타났다. 이윽고 제국주의 단계에 들어가 근대 국가권력에 의한 국민통합이 확대되고 국가권력 집중이 현저해지자, 국가권력에 의한 자유침해의 위기감에서 정치를 개인과 국가로 해소하는 방법, 국가로의 권력집중 자체를 비판하는 정치적 다원주의론이 대두하였다. 구체적으로 다원주의가 유럽의 정치적 전통이라고 하면서 집단의 인격을 승인하고 국가주권의 개념을 배제하여 자유를 확보해야한다는 주장이 나왔다. 원래 민주주의를 위해 존재해야만 하는 것이 정치적 다원주의이다.

집단에 인격성을 인정하려고 하는 허버트 스펜서와 헨리 메인(Henry Maine, 1822~1888) 등의 사회철학도, 본질적으로 영국 다원주의 정치학과 역사적 배경을 공유하고 있었다. 뒤르켐으로 대표되는 프랑스 사회학도 마찬가지다. 뒤르켐에게 국가란 기관이나 집단이라는 사회 구성요소가 각각 상대적으로 자율적 권위를 가지면서 전체로서 복종하는 최상급 권위의 집단이었다. 거기서는 개개의 구성원으로 환원될 수 없는 집단 자체가 연구대상이 되었다. 특히 역사학에 영향이 컸던 것은 사회발전론으로서의 사회분업론이었다[12]. 동질적인 것 사이

---

12) Émile Durkheim, *De la division du travail social*(1893) / 에밀 뒤르켐『사

에서 기계적 연대에 기초해 형성된 환절環節사회로부터, 인구의 양과 밀도, 정신적 밀도의 증대를 수반하면서 사회의 이질성이 증대하는 것을 통해 사회는 이질적 분업에 의한 유기적·조직적 사회로 발전한다고 보았다. 고대사회는 유사적 요소로 구성된 환절사회로 간주되어 문화인류학의 사회분석에도 큰 영향을 끼쳤는데, 환절사회에서는 사회 전 구성원에 공통된 집합의식이 강하고, 개인은 공동적 존재였다고 본 것은 전제국가론에도 영향을 주었던 것이다.

전제국가=공동체론의 전개

나이토 고난의 근세사론은 유럽식의 발전단계론에 기초했고, 동시에 전제의 기반에는 자치단체가 존재한다고 보았다. 야노 진이치의 나이토 비판은 전제를 중국사를 관통하는 구조적 현상으로 확장시켰다. 이어진 1930년대 연구는 한층 더 구조론에 경도되었다. 유럽 학술 성과의 도입은 단선적 역사발전이론이 아니라 아시아론을 수용하는 형태로, 보다 의식적으로 진행되었다.

1936년에 저술된 다치바나 시라키橘樸의 『지나사회연구』[13]는 중국관료를 관료제라는 조직이 아니라 착취계급으로 파악하고, 그것이 국가 속에서 부분사회를 구성하는 것을 중국의 특질로 간주했다. 민중은 가능하면 관리와 접촉을 피하려고 하

회분업론』(아카넷, 2012) 참조.
13) 『橘樸著作集』卷3(勁草書房, 1966).

는 소극적 태도가 습관화되었고, 그 때문에 농촌의 가부장적 자치제도와 도시의 상인·노동자의 길드가 기능했다고 본다. 그러나 다치바나의 자치단체론에는 혼란도 보인다. 중국의 촌락은 그 자체가 하나의 국가라는 아서 스미스(Arthur H. Smith, 1845~1932)의 설에 따라 향촌을 유일한 자치단체로 보면서도, 다른 한편에서는 촌락을 족장·촌장이 징벌 및 공약집행도 할 수 없는 반半자치체이고 지방 최소자치단체 내부에 징세·재판·경찰의 형태로 관료정치가 강하게 개재되어있다고 보기 때문이다.

1939년에 쓰인 시미즈 모리미쓰淸水盛光의『지나사회의 연구』는 전제국가와 자치단체의 관계에 대해 이론화를 꾀했다. 민중이 완전히 권력에서 소외되어 있고 군주만이 국가의 직접적 기관을 이루고 있다는 의미에서 전제적 절대군주제 국가인 중국은 다치바나 시라키가 말한 것처럼 하나의 부분사회를 이루는 관료와, 그것과는 놀랄 정도로 접촉면이 협소한 민중으로 구성되어 있다고 보았다. 이 전제국가의 기능적·구성적 한계 때문에 전제정치하에서는 촌락 및 길드의 자치가 매우 발달했다는 것이다.

이런 자치적 촌락과 전제권력이라는 이원적 구성이 유럽의 아시아 인식에 따른 것임은 말할 필요도 없다. 동시에 이 구성은 앞에서 본 유럽의 최신 사회과학에 의해 합리화되었다. 시미즈는 환절사회론을 적용하여 '첫 번째로 주의해야하는 것은 구지나의 사회구조가 환절적이라는 점이다. 게다가 그것은 협애한 촌락자치체를 단위로 하는 광대한 환절사회이고, 환절사회 그 자체의 발전단계에서 봐도 극히 낮은 수준의 사회 상태로 정체되어 있었다. 이러한 구조가 존속하는 한, 지나 민중에게는 정치의식을 발생시킬만한 사회적 조건이 결여되었다고 보아야 한다'14)고 했다. 다원주의론을 받아들여 '국가의 구성적 한계를 명확히 한 것으로 나는 여기서 두 가지 학설을 들겠다. 그 하나는 국가를 하나의 이익사회(Gesellschaft)로 본 페르디난트 퇴니스(Ferdinand Tönnies, 1855~1936)의 입장이고 다른 하나는 국가를 결사(association)의 한 종류로 해석하는 맥키버(Robert MacIver, 1882~1970), 콜(George Cole, 1889~1959) 등 이른바 다원적 국가론자의 입장이다. 양자는 사회분석의 관점을 달리하고 있지만 국가를 전체사회 중의 단순한 일부에 불과하다고 본 점에서는 대체로 일치된 결론에 도달하고 있다'15)라고 말했다.

전제국가의 기초를 환절사회로 보는 견해의 도입은 당사자인 뒤르켐 자신에게도 책임이 있다. 공동의식으로부터 전제적 중앙권력을 설명하는 논의는 분절사회의 평등성을 주장하는 자신의 주장과 모순되고, 이 점은 뒤르켐의 기계적 연대와 집권화의 개념과도 관련된다16). 다원주의 국가론의 도입은 원래

---

14) 清水盛光『支那社會の研究』(岩波書店, 1939) 第2編 第2章, p137.
15) 清水盛光『支那社會の研究』, p105.
16) Christian Sigrist, *Das Rußlandbild des Marquis de Custine: Von der Civilisationskritik zur Rußlandfeindlichkeit*(1967) /『支配の發生』(思索社, 1975).

이론의 의의를 완전히 전도시킨 것이었다. 양차대전 사이 시기에 다원주의 국가론은 권력을 집중시키고 있는 국가를 앞에 두고, 자유의 유지를 위해 국가는 다원주의적이어야만 한다는 주장이자 역사적 이론화였다. 전제정치를 유지하기 위해서는 전통적 집단과 단체를 해산시킬 필요가 있었다는 것은 아리스토텔레스 이래 유럽 정치학의 공리公理였다.[17] 전제국가는 다원주의적이지 않다는 것이다. 19세기 전제국가 인식부터 20세기 사회과학까지 서로 대립되기도 하는 여러 인식의 실로 잡다한 혼합을 통해, 전제국가의 이론화가 시도되었던 것이다. 그러나 중국에서 공동체를 실증하는 것은 곤란한 작업이었다. 자율능력을 가진 공동단체는 역사적으로 발견하기 어려웠다. 실증 대신에 국가 행정기구인 이갑제를 '타율적 자치'에 의한 촌락자치단체로 명명했다. 물론 타율적 자치라는 것은 자가당착이다.

자치단체의 실증이라는 어려운 과제에 도전한 것이 1941년에 발표된 히라노 기타로의 「회會·회수會首·촌장村長」이었다.[18] 히라노는 만철滿鐵을 중심으로 한 농촌관행조사의 기초 자료에 의거해 화북華北농촌에서 '모든 촌락의 자치적 요소를 결합한 지연단체이자 자연부락인 회會'를 발견했다. 회는 회수라 불리는 사람들에 의해 운영되고 촌민을 위한 모든 공공사업을 협의·집행한다고 했다. 회·공회는 민주적 자치기관이 아니라

---

17) 『政治學』(岩波文庫, 1969), p270.
18) 平野義太郎「會·會首·村長」『支那慣行調査彙報』(1941), 『大アジア主義の歷史的基礎』(河出書房, 1945).

촌의 행정을 전제적으로 운영하지만 그것은 일종의 자치기관이라고 했다. 자치적 공동체를 기초로 하는 중국 전제국가라는 이론은 여기서 실증적으로도 완성된 것처럼 보였다.

전제국가=비공동체론의 등장

근대전기의 일본에서 아시아·중국 인식에는 대조적인 두 가지 입장이 있었다. 하나는 급격한 서구적 정치·문화 도입 등 근대화정책에 대한 반발을 기저로, 전통문화에 강한 지향을 보이는 조류다. 전통문화 지향은 문화적 기반을 공유하는 중국에 대한 공감을 기초로, 근대중국의 국가적 자립강화 지원으로 이어지는 경향이 있었다. 한편에서는 국가주의적 지향으로, 다른 한편에서는 국제주의적 지향으로도 연결되는 조류에서 저널리즘과 아카데미즘의 접점에 나이토 고난이 존재했다.[19] 앞의 논의에서 나온 다치바나 시라키 등도 그 계승자다. 정치적 출발점을 달리하면서도 일본과 중국이 반半봉건적 성격을 공유한다는 동질성 인식을 기초로, '아시아'의 연대를 실천적으로 추구하는 마르크스주의적 입장에 선 사람들도 이런 조류의 일부분을 이루고 있었는데, 앞에서 나온 히라노 기타로 등이 그들이다.

이러한 아시아·중국 인식의 대척점에는 후쿠자와 유키치의 탈아론을 전형으로 하는 입장이 존재했다. 근대화를 적극적으로 긍정하고, 그와 대조적인 사회·정치문화로서 '아시아'를

---

19) Joshua A. Fogel (1984).

자리매김하며 일본 안에 존재하는 아시아적인 것도 포함해서 '아시아'와 절연을 주장했다. 이 두 가지 조류는 각각 아카데미즘과 결절점을 가지면서 전전 중국연구 가운데 위치를 차지했다.

아시아와 절연을 주장하는 탈아론의 아시아사회·국가비판이 후쿠자와 유키치의 「조선 인민을 위하여 그 나라의 멸망을 축하한다」[20]는 논설에 보이듯이, 식민지 지배 긍정과 쉽게 연결되었던 것은 주지의 사실이다. 그러나 중국문화에 대한 존경과 애착에 기반한 중국론도 최종적으로는 대부분 비슷한 귀결을 보였다. 신해혁명기에는 공화정 중국의 성립에 강한 기대를 보이며 『지나론』을 저술한 나이토 고난도 베이징 정부 시기의 정치적 혼란에 대한 절망 속에서 일본에 의한 변혁대행론으로 기울었다. 1923년에 구술된 『신지나론』[21]에서는 중국문명의 높은 수준을 여전히 평가하면서도 민족생활에는 라이프 사이클이 있다며, 향단자치의 승인이 전제된 일본통치를 주장하였다. 중국문화에 대한 애착과 변혁에 대한 협력을 주관적으로는 지향했던 1930년대의 이론가들도 대부분 일본제국주의에 의한 변혁대행 이론, 즉 대동아공영권 구상에 포섭되어 갔다.

근대 시민사회를 적극적으로 긍정하기 때문에 일본 자신이

---

20) 『時事新報』(1885.8.13) 『福澤諭吉』10卷(岩波書店, 1960).
21) 1924년 간행. 『內藤湖南全集』卷5(筑摩書房, 1972).

제1장 전제국가 인식의 계보

갖고 있는 전제적 사회사상인 국가주의[22]에 대항할 수 있었던 근대화론자들은 아시아의 일체성을 침략 합리화의 명분으로 사용하는 이 시대에서 그래도 상대적으로 자유로울 수 있었다. 자각적으로 중국을 대상화하고 봉건·근대의 틀로 중국을 분석적으로 비판하는 기초에는 일본 국가주의 자체에 대한 반성이 포함되어 있었다. 확립된 것처럼 보였던 전제국가=공동체론에 대한 비판은 이러한 조류 속에서 나왔다.

중국사회의 비단체적 성격을 예리하게 제기한 것은 쓰다 소키치津田左右吉다. 그는 가족론 연구를 통해 중국 유교도덕의 비도덕성을 예리하게 비판하였다.[23] 유교 세계에서는 명령자와 복종자, 강자와 약자가 존비귀천의 관계에 놓여 예禮로 이를 규제한다. 거기서는 효가 개개의 부자관계에서 기능하듯이, 도덕은 개개의 특수한 인간관계에서만 성립하고 개별 인간관계를 초월한 보편적 도덕이 성립되어 있지 않다. 가족 내부에서도 부자·형제·부부 등 개개의 인륜관계에서만 도덕이 성립하는 것은 찌아家가 다수 가족의 결합체가 아니라, 다수 가족이 생활하는 곳에 불과하다고 주장한다. 사회에 일반적인 도덕이 부재하다보니 국가는 국민의 결합체가 아니라 군주가 통치하는 다수 민중이 생활하는 곳을 의미하고, 나아가 "상대上代의 지나

---

22) 이 점에 대해서는 본서 6장 1절 3(p229)을 참조.
23) 가족론 연구의 흐름 속에서 이하의 쓰다의 주장에 대해서는 吉田浤一「中國家父長制論批判序說」中國史硏究會編『中國專制國家と社會統合―中國史の再構成II』(文理閣, 1990).

인은 현대인이 갖고 있는 것 같은 사회라는 개념이 없다"[24)]는 것이다.

중국에서 일반적 질서가 형성되지 않은 것과 비단체적으로 구성된 것을 한층 깊게 연구한 사람은 가이노 미치다카[戒能通孝]였다.[25)] 가이노는 히라노 기타로가 촌락공동체를 '실증'한 것과 동일한 자료를 바탕으로 이를 비판했다.[26)] 이 글에서는 관습법이 '사회의 내적 질서로 통용되는 규범의식'으로 다뤄진다. 화북 사회에서 소유권은 근대사회의 소유권과 크게 유사하다는 것이 입증되었다. 농민은 가족·동족에서 이탈하여 분산적 개인으로 바뀌는 경우가 많다. 가족은 언제든지 탈퇴가능한 동거생활자, 일종의 하숙집이나 아파트에 가깝다. 촌락구성원에게는 재산·가문이 고정되지 않았고, 촌장 및 회수[會首]의 행동을 내면적으로 규제하는 본백성층[本百姓層][27)]이 존재하지 않으며, 단체의식의 성장도 보이지 않는다. 봉건사회에서는 영주와 대항하면서 지연적 단체가 성장하는 가운데 단체의식이 뒷받침된 일반적 질서가 형성되고 구성원의 평등성을 추구하는 데 비해, 일반적 질서가 형성되지 않은 사회는 실력의

---

24) 「儒教の實踐道德」(1938), 『津田左右吉全集』18卷(岩波書店, 1965).
25) 「支那土地法慣行序說」(1942), 『法律社會學の諸問題』(日本評論社, 1948).
26) 旗田巍「中國村落研究の方法」『現代アジアの革命と法』(勁草書房, 1966), 『中國村落と共同體理論』(岩波書店, 1973).
27) [역주] 에도시대에 검지장에 등록되어 연공과 각종 부역을 부담한 촌민. 무라에 경지와 가옥을 갖고 용수권(用水權), 입회권(入會權), 촌정 참가 등이 보장된 무라의 핵심계층.

제1장 전제국가 인식의 계보

균형관계가 질서를 좌우한다고 한다. 중국사회의 단체성 결여 문제에 대한 분석은 이갑제 및 회가 수행하는 수리·징세 같은 기능의 문제에서 단체성 자체로 나아간다. 그 결과 공동성은 논리적으로 부정되었다. 후쿠다케 다다시^{福武直} 및 하타다 다카시^{旗田巍} 등이 수행한 실태조사에 기초하여 실증적 연구가 진전되었다. 2장에서 구체적으로 보겠지만 일본의 무라^{村28)}와는 대조적으로 중국농촌이 자율적인 단체구조를 갖고 있지 않다는 것이 밝혀졌다.[29]

전전·전중기^{戰中期} 중국연구의 마지막 지점은 전제국가=공동체론이 아니라 오히려 중국의 공동단체 부재론이었다. 전제국가=공동체론을 포함해서 이들 연구는 구조적 분석이지 역사적 분석은 아니었다. 또 공동체의 존재를 부정하는 연구들은 사회연구였고, 국가적 틀에 대한 실증적 연구와는 분리되어 있었다. 그러나 이것이 전후 역사 연구에 계승된 중국사회연구의 최종 도달점이었다.

---

28) [역주]일본어 '무라'는 보통 촌을 의미하는데, 본서는 중국과 일본에서 촌의 성격이 매우 다르고 거기에서부터 양국사회의 특성이 형성되었다는 논지를 전개하고 있으므로, 양자의 차이를 선명하게 드러내기 위해 무라라는 용어를 사용한다.

29) 福武直『中國農村社會の構造』(大雅堂, 1946). 旗田巍『中國村落と共同體理論』(岩波書店, 1973). 양쪽 모두 전후에 간행된 논문과 저서지만 연구사적으로는 전중기에 위치할 것이다.

1.3 전후 일본의 연구동향

1.3.1 '세계사의 기본법칙'

전후 일본의 중국사 연구는 '세계사의 기본법칙'에서부터 출발했다.[30] 그것은 주지하는 대로 원시공동체로부터 노예제·봉건제·자본주의를 거쳐 사회주의·공산주의에 이르는 단선적 역사발전의 기본법칙이 세계 각국의 역사에 관철된다는 이론 혹은 연구 동향이었다. 일본 전후변혁을 이론화한다는 과제를 짊어진 일본사 연구와 마찬가지로 중국사 연구도 그 속에서 중요한 위치를 차지했다. 진한제국에 의한 고대노예제 국가의 형성, 당송변혁에 의한 지주제를 기초로 한 봉건제의 성립, 명청시대에 벌어진 근대로의 자생적 접근과정, 나아가 사회주의라는 시대구분이 설정되어, 나이토 고난 이래의 송대이후 근세설 사이에서 장기간 논쟁이 계속되었다.[31]

그러나 논쟁하는 두 학설은 중국 인식의 출발점과 이론적 틀에서 매우 흡사하다. 나이토는 신해혁명을 옹호하고 중국 공화정 형성의 가능성을 역사적으로 보여주기 위해 기본적으로는 유럽 모델의 단선적 역사발전론을 채용하여 시대구분론을 구축했다. 세계사의 기본법칙론은 중화인민공화국·사회주의 혁명을 옹호하여 중국 사회주의 형성의 역사적 전제를 보여주

---

30) 吉田浤一「現代中國認識と中國史研究の視角」中國史研究會編『中國史像の再構成—國家と農民』(文理閣, 1983).
31) 이 연구사에 대해서는 谷川道雄編著『戰後日本の中國史論爭』(河合文化敎育硏究所, 1993).

기 위해 유럽 모델의 단선적 발전론을 제시했다. 이런 입장의 두 학설 지지자에게 전전의 구조론·사회론적인 중국 분석은 이질적이었다.

전후 중국사 연구 초기의 문제점 중 하나는 전전·전중기 연구를 어떻게 총괄했는가와 관련이 있다. 그것은 인식수준이 가장 높았던 1930~40년대의 연구를 정면에서 비판하면서 계승하는 작업을 회피했는데 근대사 연구에 그점이 집약되어 나타났다. 실증적·이론적 수준이 가장 높았던 것은 중국침략에 제일 깊이 개입한 만철의 연구였다. 1930년대에 전개된 중국통일화 논쟁은 그런 중국 인식 체계의 총결산을 의미했다.[32] 그 성과로 전후 중국 사회주의 이해에 대해서도 비판적으로 문제를 정리할 수 있었다.[33] 그 때문에 1970년대 후반부터 일본의 근대중국연구의 새로운 전개는 중국 통일화 논쟁을 재평가하면서 출발했던 것이다.[34] 그런 성과의 비판과 계승을 방해한 것은 어쩌면 연구자의 인적 연속성 자체였는지도 모른다. 전후 연구가 비판한 지점은 시종일관 정체론과 아카데미즘이었다.

정체론 비판은 '기본법칙' 중국사를 구축하기 위한 절호의 소재였다. 앞에서 본 1930년대 이후 중국연구의 성과는 역사

---

32) 野澤豊「『中國統一化』論爭について」『「中國統一化」論爭の硏究』 (アジア經濟硏究所, 1971).
33) 이런 역할을 선구적으로 했던 사람이 그 자신 통일화논쟁의 당사자이기도 했던 나카니시 다쿠미(中西巧)다.『中國革命と毛澤東思想』(靑木書店, 1969),『中國革命の嵐の中で』(靑木書店, 1974).
34) 吉田浤一「一九三十代中國農村經濟史硏究の一整理」(1974),『東洋史硏究』33-2.

적이라기보다 명확히 사회론·구조론적이어서 역사적 발전을 추적하고 있지는 않았다. 단선적 발전론은 유럽 모델에 서서 구조적 특성의 인식을 정체론停滯論이라 부정했다. 그러나 구조론이 문제로 삼고 있던 지점은 좀더 심각한 것이었다. 량치차오로 하여금 위안 스카이 독재를 용인하게 하고, 일본의 연구자를 일본에 의한 변혁대행 이론으로 달려가게 만들었던, 유럽형의 근대적 정치통합으로 쉽사리 나아가지 못한 사회는 그 자체로 대상화할 필요가 있었다. 전후 연구는 이 문제를 일단 덮어두고 단선적 발전론의 적용에 전념하였다.

세계사의 기본법칙을 중국사에 적용할 때 가장 문제점이 집중되어 그 때문에 결국엔 기본법칙을 극복하는 단서를 만들게 된 것이, 단계론 중에서도 '원시공동체에서 사회주의로'라는 봉건제 단계론이었다. 봉건제가 원래는 가족 및 촌락 등의 사회구조와, 신분제 및 계층적 정치편성 등 광범한 요소를 통일하는 체제개념이라는 것은 전후 연구의 초창기에 인식되었다. 이러한 지표로 생각하면 중국이 유럽 및 일본 봉건사회와는 대조적 존재라는 것 또한 인식되고 있었다.[35] 그럼에도 불구하고 중국사에서 봉건제는 자명했다고 보고 지주제를 봉건제로 간주하는 것은 중국혁명으로부터 부여된 여건이었다. 거기서 봉건제 개념은 전제적 국가 및 비공동체적 사회구조 같은 봉건제와는 정합하기 어려운 요소에서 분리되어, 지주에

---

35) 仁井田陞「中國社會の『封建』とフューダリズム」(1951),『東洋文化』5,『中國法制史研究—奴隷農奴法·家族村落法』(東京大學出版會, 1962) 는 이 무렵의 문제 상황을 가장 잘 정리하였다.

의한 농민지배라는(실제로는 봉건제의 요소는 아니다) 사회관계의 일면에만 한정할 필요가 있었다. 때문에 이후의 논쟁은 극도로 지주전호제地主佃戶制에 집중하고 그 외 많은 연구영역이 체제적·구조적 논의로부터 분리되었다. 특히 전제국가적 정치 편성, 그 사회적 기초 같은 전전 이래의 연구 성과는 정당하게 평가받지 못했다.

1.3.2 전제국가론으로의 재접근

'세계사의 기본법칙' 중에서도 '봉건제 시대'는 전제국가 틀과 가장 들어맞지 않았다. 전제국가론으로의 재접근은 거기서 시작되었다. 연구는 지주전호 관계론에서 출발했지만, 사료 자체가 더 주목을 하고 있던 주호객호제主戶客戶制, 호등제戶等制, 부역제도, 이갑제 같은 지주전호제를 포함한 사회의 정치적 편성으로, 마침내 시야가 확대되었다. 이들 제도는 지주에 의한 전호지배를 체제적으로 편성·강화하는 지주국가의 기구로서 일단 봉건제론의 일부를 이뤘다.

이러한 부역제도·이갑제 등의 연구성과를 바탕으로 봉건제론에서 사실상의 탈피를 개시한 것이 고야마 마사아키小山正明·시게다 도쿠重田德가 제창한 향신제=봉건제론이었다.[36] 시게다는 "지금까지의 봉건제 연구에 결함이 있었던 것을 솔직히 인정해야 한다. ...한마디로 그것은 봉건체제로서의 전 구조

---

36) 두 사람 학설의 차이를 포함하여 향신제론의 위치에 대해서는 졸고「中國封建制論の批判的檢討」(1983), 『歷史評論』400.

적인(즉 당연히 국가체제를 포함) 조정이 불충분했던 점이고, 따라서 지금부터 봉건제 연구의 긴급한 과제는 기초적 계급관계로서의 지주전호제 분석에 머물지 말고, 국가체제를 그 사정권에 넣는 이론을 갖추고 봉건지배의 전 구조로서의 국가론, 즉 봉건국가론을 지향해야 한다고 생각한다"[37]라고 서술했다. 시게다는 일본사 및 비잔틴사 연구의 성과를 흡수하면서, 봉건제 연구를 개별적 지주전호제에 대한 개념에서부터 지역의 소경영 일반에 대한 재판권 및 권농권勸農權 등을 포함한 공적 지배에 대한 개념으로 올바르게 설정했다. 두 사람의 견해에는 차이도 있으나, 지주에 대한 전호의 개별적 예속성을 주장하는 종래의 논의만으로는 봉건제의 지표가 될 수 없고 오히려 그것은 노예제의 지표에 가깝다는 것을 인정했다. 국가에 의한 향촌사회의 편성은 봉건지주제의 지배기구라기 보다는, 지주제의 봉건적 지배력에 한계가 있음을 보여준 것으로 간주되었다. 중국에서 봉건제의 완성은 개별 지주지배를 넘어서 향신에 의한 사회적 지배체제의 형성이라고 보고 지정은地丁銀에 이르는 부역제도의 변화가 지표가 되었다.

고야마·시게다의 문제제기를 받아들여 장량丈量·포람包攬 등 다양한 각도에서 향신지배의 실증이 진행되었다.[38] 그러

---

37) 重田德「封建制の視點と明淸社會」(1969)『東洋史硏究』27-4,『淸代社會經濟史硏究』(岩波書店, 1975).
38) 西村元照「明代後期の丈量について」『史林』54-5(1971). 同「張居正の土地丈量」『東洋史硏究』30-1,2·3(1971).同「淸初の土地丈量について」『東洋史硏究』33-3(1974). 川勝守「張居正の丈量策の展開」『史學雜誌』80-3,4(1971),『中國封建國家の支配構造』(東京大學出版會,

제1장 전제국가 인식의 계보

나 청대에 들어서 국가의 사회장악 능력은 저하되었다고는 해도, 황제 전제를 점점 강화하면서 집권국가는 지속되고 있었고 이것을 사적으로 분할하는 독자의 지배체계가 형성되지 않은 것은 사실이었다. 그런 의미에서 향신에 의한 지역지배를 봉건제의 완결로 간주한 향신제론은 성공하지 못했다고 할 수 있다. 체제개념으로서 봉건제가 재설정되었지만 적용하기는 어려웠기 때문에 향신제론을 계기로 중국사 연구는 봉건제 단계론에서 탈피할 준비를 갖추게 되었다.

향신제론이 만들어낸 또 하나의 성과는 그와 같은 지배가 기능하는 장으로서의 지역사회의 질서 자체에 대한 주목이었다. 모리 마사오가 제기한[39] 지역사회론은 이런 방향성을 제시한 것이고, 후마 스스무의 사대부가 결성한 사회집단 연구,[40] 기시모토 미오의 향신을 축으로 형성된 사회관계 분석[41] 등 많은 연구 성과가 연이어 발표되었다. 중국사회의 질서원리를 해명하는 데에는 법제사 연구자의 공헌이 컸다. 시가 슈조·데라다 히로아키 등의 연구는,[42] 확정된 규범의 유럽식 공유

1980). 同「明末江南における丈量策の展開と地主佃戶關係の發展」 九州大學『東洋史論集』2(1974) 등, 많은 연구가 있다.

39) 森正夫「中國史シンポジウム『地域社會の視點—地域社會とリーダー』基調報告」『名古屋大學文學部研究論集』史學28(1982).

40) 夫馬進『中國善會善堂史硏究』(同朋舍出版, 1997)에 실린 연구들 참조.

41) 岸本美緒「明末淸初の地方社會と『世論』」『歷史學硏究』(大會報告 別冊, 1987), 「明淸時代の鄕紳」『シリーズ世界史への問い7 權威と勸力』(岩波書店, 1990).

42) 滋賀秀三『淸代中國の法と裁判』(創文社, 1984). 寺田浩明「明淸法秩序における『約』の性格」『アジアから考える4 社會と中國』(東京

관계가 존재하지 않는 사회에서의, 법·재판·관습 등의 존재형태를 이론적·실증적으로 밝혀냈다. 이러한 근년의 연구 성과는 전제국가 중국의 비단체적인 사회구조를 제시한 전전기 연구성과를 넘어 일보 전진한 것이었다.

내가 소속된 '중국사 연구회'는 1970년대 이후 현대중국까지 포괄하는 중국사의 체계적 파악을 목표로 공동연구를 계속하여 그 일부를 공저로 간행했다.[43] 제1권에서는 소경영을 직접 편성하고 그 잉여를 기초로 사회를 재생산하는 주체 즉 생산관계로서의 중국 전제국가를 파악했다. 그 위에서 전근대 사회발전의 원동력이고 국가편성의 기초이기도 한 소경영의, 중국사에서 발전해간 여러 단계를 제시했다. 제2권에서는 비공동체적 사회구조와 그 위에 존재하는 주권이 집중된 전제국가를 논하고 전제국가가 사회를 통합하고 재생산하는 과정으로서 재정·화폐의 구조에 대해 분석했다. 본서는 그런 인식을 기초로 대체 전제국가는 어떻게 형성되었는가, 봉건사회 등과 어떻게 다른 발전을 거쳐 근대로 이행해 갔는가 등 기존 연구에서는 아직 본격적으로 논의되지 않았던 문제에 대해 현시점 나름대로 답을 시도한 것이다.

좀 장황하게 개개 연구를 개략적으로 추적해 보았다. 중국에 대한 인식은 큰 파동을 거듭한 것처럼 보인다. 인식주체에

大學出版會, 1994).
43) 中國史研究會編『中國史像の再構成―國家と農民』(文理閣, 1983), 同『中國專制國家と社會統合―中國史像の再構成II』(文理閣, 1990).

제1장 전제국가 인식의 계보

있어 위기의 시대가 몇 차례 존재했고 그 때마다 중국을 전제국가로 보는 인식이 깊어졌으며, 그 인식에는 선행한 파동과의 공통성이 보인다. 명말청초는 그 선구였고 청말과 1930~40년대의 일본이 이어진다. 현대 일본의 연구동향은 수차례 있었던 '전제국가로 재접근하는' 것이다. 그것은 마지막 장에서 보듯이 일본 등 선진 자본주의국의 사회편성이 위기를 맞고 있는 것이 역사 연구에 반영된 것일 것이다. 지금까지 이 파동성을 가진 연구사 전개가 반드시 자각적으로 총괄되고 계승되어 왔다고는 할 수 없다. 전제국가란 무엇인가라는 기본적 이해에 대해서도, 고염무 이래의 풍부한 개개의 사실 인식에 대해서도 계승할만한 점은 많다. 2장 이하에서는 이 성과들을 기초로 전제국가의 구조와 생성발전을 살펴보겠다.

제2장

전제국가와 봉건사회

2.1 중국사회와 일본사회

2.1.1 중국의 촌락과 일본의 무라

전제국가 중국이라는 인식의 형성·발전과정을 추적한 1장에 이어서 본장에서는 명청이후 성숙한 전제국가 단계를 소재로 전제국가적인 사회란 어떤 것인가, 그것은 정치편성과 어떻게 맞물리는가를 정태靜態적·구조론적으로 정리한다. 이 때 중국사회와 국가의 특징을 상대화하면서 쉽게 이해하기 위해, 중국과는 대조적인 사회·정치구조를 지닌 성숙한 봉건사회로서 근세일본을 비교대상으로 하기로 한다. 우선 양자의 사회로부터 시작하겠다.

중국사회와 일본사회의 특징을 가장 외관적으로 보여주고 있는 것은 촌락일 것이다. 일본 근세의 촌락상에 대해서는 이미 상당부분 인식이 공유되었는데, 그와 대응하는 중국 청대의 촌락구조에 대해서는 현재 포괄적인 실증연구가 없다. 그것은 연구가 충분히 발전하지 않은 이유도 있겠으나 더 기본적으로는 대상 자체의 성격때문이다. 일본에서는 안정된 자율단체로서 무라村가 성립하여 그 자료가 조직적으로 관리·보관되어 있고, 또 자치단체로서 무라의 기능이 전후 고도성장기까지 상당히 광범하게 유지되었다. 구체적으로 존재한 무라에 대해서는 상대적으로 쉽게 이해되고 실증도 가능하다. 그러나 결론적으로 말해 특정한 단체로서의 촌락이 존재하지 않았던 중국에 대한 논증은 애초부터 곤란한 것이었다. 촌락구조에 대한 분석은 외부 관찰자에 의존하는 부분이 클 수밖에 없다. 이하는 근세부터 근대초기까지 기나이畿內지역에 전형적으로 발달한 무라의 이미지와,[1] 1940년대 만철 등의 농촌조사 및 그에 의거한 근대의 여러 연구에 의한 중국 촌락을 대비하여 서술하겠다[2].

---

1) 무라를 비롯한 근세사회에 대한 개관은 水林彪『封建制の再編と日本的社會の確立』(山川出版社, 1987). 촌락기구와 기능에 대해서는 水本邦彦『近世の村社會と國家』(東京大學出版會, 1987), 同『近世の鄕村自治と行政』(東京大學出版會, 1993).

2) 中國農村慣行調査刊行會編『中國農村慣行調査』1~6(1952~58, 岩波書店), 福武直『中國農村社會の構造』(有斐閣, 1951), 旗田巍『中國村落と共同體理論』(岩波書店, 1973).

경계

일본 및 중세유럽의 촌락에는 세 가지 종류의 토지가 존재한다. 거주지부분·경작지부분·비경지부분인데, 논리적으로 이것들은 순서대로 동심원 구조를 이루고 있고 각각 경계를 갖고 있다. 일본의 경우 세 개의 경계는 동심원의 안쪽부터 시작하여 단계적으로 확정되었다. 중세 이래 종속적이었던 가족의 자립화와 경지부분에 대한 주거건축 규제로 거주지 부분은 모습을 나타냈고, 때로는 문門 등 물리적 지표로 경계가 표시되었다. 근세초기 무라가 성립되면서 경작지부분의 경계가 확정되었는데 석불이나 제례장소로서 지금도 여전히 농촌에 흔적을 남기고 있다. 외곽을 이루는 비경지부분도 역사적 기원은 오래지만 겐로쿠元祿(1688~1704)·교호享保(1716~1736) 시기에 벌어진 무라 내부의 구조변화와 연동하는 입회지入會地가 정해지면서 경계가 확정되어갔다.

중국에서도 화북의 촌락에서는 거주지부분의 경계가 일반적으로는 존재했다. 방벽을 둘러친 집락 또는 집들의 벽이 이어져 방벽의 역할을 하고 있는 집락도 존재하여, 거주지부분은 대개는 명확하게 외부와 구분되어 있었다. 그러나 화중·화남에서는 거주지의 경계가 반드시 명확하지는 않다. 장강 델타의 거주지는 소하천이 교차하는 부분을 중심으로 주거가 산재하여 집락구분이 명확하지 않았다. 경지부분 및 비경지부분에 이르러서는 촌락의 경계가 없었다. 촌락경계를 자명한 전제로 생각했던 만철 조사원이 촌의 토지는 없는지 물었을 때 돌아온 대답은 '촌민의 소유지가 촌의 토지요'라는 것이었다.

촌민 소유지의 총화가 결코 무라의 영역은 아니다. 일본 기업이 맨해튼에 토지를 구입해도 토지는 여전히 미국이라는 국가의 영역=영토다. 미국에는 미국 국민의 소유지의 총화와는 다른, 단체로서 고유의 공간적 범위가 있다. 마찬가지로 일본의 무라에는 촌민 소유지의 총화와는 다른, 단체로서 고유한 공간범위가 있다. 이러한 의미에서 중국의 촌락에는 촌락이라는 집단자체의 고유 영역은 없다.

업무

일본의 무라는 광범한 공동업무를 수행한다. 도로의 건설수리, 수리水利·하천관리, 입회산入會山3) 관리, 소방 등 개별적 경영의 직접적 생산·재생산을 초월한 일반 공동업무를 무라의 업무로서 수행한다. 이들 업무를 수행하기 위해 무라는 독자적으로 노동력 및 재물을 징수하고 촌 재정을 스스로 관리했다.

일본의 무라가 집행한 업무는 일반 공동업무에 그치지 않는다. 건축·관혼상제 등 원래는 개별 경영의 생산·재생산업무라도 개별가족만으로는 수행하기 곤란한 업무까지 수행했다. 내가 태어난 무라에서는 지금도 산·하천 관리 같은 '일역日役'에 의한 일반 공동업무 뿐 아니라 장례식도 무라가 집전한다. 장례의 실무는 일체 일을 쉬는 촌민이 진행하는데 신도식·불

---

3) [역주] 무라의 주민들이 재목·땔감 등을 공동으로 채취하는 산으로 무라 전체, 혹은 2개 이상의 무라가 함께 이용했다.

교식을 불문하고 같은 형식의 '무라 장례행렬'이 상가를 출발한다.

또 일본의 무라에서는 흙에 썩혀 비료로 쓸 풀, 연료·목재 확보 등 농민의 재생산을 보장하기 위한 입회지入會地 같은 커다란 공동재산이 있었다. 촌락 내부에서 조정을 필요로 하는 모내기 같은 노동을 위해서는 '유이結い'등 고정적인 공동조직이 무라 내부에 조직되어 있었다.

이에 반해 중국 촌락이 집행하는 업무는 극히 제한되어 있었다. 화북농촌에서 일반 공동업무로 행해진 것은 꼭 전원이 참가하지는 않는 묘제廟祭, 그리고 간칭看靑이라 불리는 농작물의 절도방지 작업 정도다. 농작물 절도범은 대체로 촌락 내부에 있었기에 촌락에서 모은 금품을 주고 망을 보게 하는 것으로 절도 방지를 꾀했다. 촌락의 자기규율 능력 결여를 보여주는 극히 소극적 공동업무다. 일본의 전통사회에서 당연히 공동업무로 간주된 업무들이 중국에서는 사적으로 수행된다. 도로 수리는 현 등 행정기관이 부담을 할당하는 경우를 제외하고는 도로가 파손된 곳에 접해있는 경지 소유자가 행한다. 파손을 방치하면 차량이나 우마가 자기 경지에 침범하여 피해를 끼치기 때문이다. 사적으로 수리하지 않는 경우 파손은 방치되었다.

일본의 무라에서는 당연히 촌락업무인, 개별가족만으로는 수행이 곤란한 관혼상제 같은 업무도 중국에서는 사적인 업무다. 화북촌락의 경우 공동재산으로서 가장 큰 것은 촌락내의 묘廟와, 묘 운영에 쓰이는 소작료가 나오는 조그만 경지다. 그

제 2 장 전제국가와 봉건사회

외에는 제례 때 빌려 사용하는 약간의 집기와 벽돌을 만들기 위한 흙 채취장이 있을 뿐이다.

결정과 집행기구

일본의 무라에는 결정과 집행의 기구가 있다. 내가 살던 무라에서는 지금도 무라를 구성하는 이에家의 가장들로 구성되는 '소요리아이そう寄り合い'라는 전체집회가 거의 매달 열려, 도로 및 수도건설·관리계획, 무라의 관리, 일역日役, 부전賦錢의 징수계획, 역원役員 선출 등 다양한 공동업무와 각 이에 사이의 조정·합의에 관한 것들이 심의되었다. 과거 무라에는 결정기구와 함께 촌방삼역村方三役이라 불리는 무라를 대표하는 집행기구가 존재했다. 물론 모든 촌락에 삼역이 다 완비되지는 않았다.

중국의 촌락에는 '요리아이'에 해당하는 전체집회가 존재하지 않는다. 근대 이후 지방자치의 확산을 위해 촌락마다의 집회가 장려되었지만, 적어도 전전戰前까지는 보급되지 않았다. 촌락에는 행정에 대한 대응을 주요 업무로 하는 지보地保라고 불리는 인물이 있었지만 지위는 높지 않았다. 촌 운영의 중심은 회수會首라고 불리는 몇 사람이 담당하고 있었지만 그들이 촌민의 대표는 아니다. 누가 회수인지는 촌민 사이에서도 확정되어 있지 않았고 일이 회수 전체의 합의로 결정되는 것도 아니었다.

구성원

일본의 무라는 특정한 이에로 구성된다. 이에는 가명家名·가업·가산을 계승하는 안정성 높은 단체였다. 이에의 안정성은 이에에게도 필요했지만, 무라에게도 이에는 무라를 구성하는 멤버이므로 필요한 것이었다. 일본의 무라는 구성원이 대대로 특정된 폐쇄적·배타적 집단이었는데, 지금도 '무라 사회'라고 하면 여전히 배타적 집단의 대명사로 통용된다.

이에 반해 중국의 촌락은 일반적으로 개방적이다. 화북농촌의 청취조사에 의하면, 촌민 인정의 조건에는 촌락 사례별로 약간 차이가 있지만 어떤 경우에도 참여參入는 가능하다. 몇 가지 사례를 보면, 가족을 데리고 거주할 생각으로 찾아오면 촌민으로 받아주고 있어서 참여 장벽은 기본적으로 존재하지 않는다. 촌민으로 인정되기까지 약간의 시간이 걸린다고 대답한 촌락도 있었지만, 공동업무나 독자의 기구가 존재하지 않는 촌락에는 애당초 촌 내부자와 촌 외부자를 구별하는 명확한 지표 자체가 없다. '촌민으로 인정받는 조건'이라는 질문 자체가 적절한 대답을 기대할 수 없었던 것이다. 소개자를 통하여 촌에 온 사람은 특별히 이웃에 인사하지도 않았고 하물며 촌민전체에 인사하는 장이 마련되는 것도 아니다. 촌민이 되는 명시적인 조건도 의례도 없기 때문에 '시간이 걸린다'는 경우에도 부지불식간에 촌민이 되는 것이다. 촌민이 된다는 것은 결국 촌 거주자들 인간관계 안에서 어떤 형태의 위치를 차지하는 것에 불과한 것이다.

촌에 들어오는 것이 용이하다는 점과 촌민이 되어도 특별한 권리가 없다는 것은 표리일체다. 제례에 빌려주는 집기를 이용하는 등 약간의 편의를 받을 수 있다는 점을 제외하면, 공동업무·공동재산에 의한 서비스는 존재하지 않는다. 촌민이 촌 바깥의 사람에 비해 향유할 수 있는 촌내 우선권도 적다. 화북농촌에서는 사유지라 할지라도 일정한 조건에서, 수수 잎사귀 채취·풀 베기^{採草}·이삭 줍기·가축 방목 등이 경작자 이외의 사람들에게도 개방되었다. 이것들의 이용권도 경작자에 한정되지 않고 만인에 개방되었으니 촌내 거주자에게 특별한 우선권은 없다.[4]

분쟁처리

분쟁처리 문제에 대해 특별히 언급해 둔다. 일본의 무라는 중세의 어느 시기부터 무라 독자의 법규를 갖고 무라의 이름으로 지검단^{地檢斷}이라는 독자적 재판을 집행했다. 막번^{幕藩}권력 성립이후 무라 재판권의 일부는 막부에 빼앗겼지만 근세 무라는 많은 법규를 발전시켰다. 무라는 무라하치부^{村八分}를 비롯해 과료^{科料} 등 다양한 형벌을 비롯해 독자의 처분권을 행사했다.

중국 촌락에도 향약 등 모종의 규칙이 존재하는 경우가 있었다. 그러나 이들은 촌이 정한 규칙이 아니라, 대개 현 등 지방행정기구가 반포하거나 혹은 촌에 사는 유력자의 영향력으로

---

4) 이런 관행에 대한 상세한 내용은 旗田巍『中國村落と共同體理論』(岩波書店, 1973), 第7章「開葉子と落穗拾い」.

반포된 것에 불과하다. 분쟁처리는 촌락의 이름에 의한 재판이 아니라 명사^{名士}의 영향력을 빌린 조정의 형태로 행해지는 것이 통례였다. 사람들은 꼭 조정결과에 따를 필요는 없었고, 애초에 조정을 의뢰하지 않고 제1심 재판기구이기도 한 현의 관청에 직접 분쟁을 가져가는 것도 자유이며, 그 판단기준은 어떤 선택이 자기에게 유리한가 뿐이었다. 특정된 규칙과 기구가 없기 때문에 명사에 의한 조정의 연장선에서 사람들이 합세해 폭력을 가하기도 해서 때로 죽게 되는 경우도 있었다.

일본 무라의 빛과 그림자

일본 무라는 오랫동안 일본사회 봉건제의 상징이었다. 봉건 영주제 자체는 물론 봉건제로 간주된 기생지주제까지 해체된 후에도 무라는 대표적인 봉건제의 잔재로 남았다. 그것은 분명 폐쇄적·배타적이고 때로는 숨이 막힐 듯한 생활의 장이었다. 그러나 무라가 규범을 공유하는 구성원의 합의 아래 자주적으로 운영되는 하나의 자치단체였음은 분명하다. 이 자율적 공동체는 자신의 공간적 범위, 특정된 구성원, 결정과 집행기구를 갖고 공동의 재산과 재정을 기초로 구성원의 재생산을 보증하며, 내부의 일반 공동업무를 포괄적으로 집행하고 자신의 법률에 기초하여 재판권을 행사했다. 근대에서 이러한 조건들을 충족한 단체는 국가 말고는 달리 없다. 근세의 무라는 말하자면 작은 국가이자 자립적 공권력의 주체였다. 이에 반해 중국의

제 2 장 전제국가와 봉건사회

촌락은 단체적 성격을 거의 갖고 있지 않았다.[5]

2.1.2 가족·동업자 조직

촌락에 전형적으로 보이는 중일 사회의 대비를 다른 사회집단에서 조금 더 살펴보자. 두 사회에 존재하는 다양한 집단 가운데 가족이 갖는 성격의 차이에 대해서는 꽤 인식이 공유되어 있다. 근세초기에 확립된 일본의 이에는 장자 단독 상속제도 아래 가명·가업·가산을 계승하는 안정된 경영단체였다. 중국에 대해서는 가부장제의 평가, 가족규모의 역사적 변천 등에 대해 엄청난 양의 연구가 축적되었다. 요시다 고이치吉田浤一씨의 총괄적 연구에 따라 개관해보면,[6] 중국의 가족에는 가족의 단체성을 표현하는 가부장제가 존재하지 않았다. 자녀들에 대한 부권, 노예에 대한 주인권 등 개별 지배권은 존재했지만, 전제국가 성립의 시점부터 이들 권한조차 국가권력에 노출되어 있어, 자립적인 집행은 제약되었다. 전제국가가 성립한 때부터는 가족 재산상의 일체성조차 존재하지 않고 부자상호간

---

5) 촌락전체를 대표하는 공동단체가 포괄적으로 공동기능을 수행한 일본의 무라와, 이런 단체가 존재하지 않고 사회적 기능이 사적으로 수행하든가, 목적별 임의단체가 수행해야 하는 중국 촌락과 비교하면, 조선촌락은 양자의 중간적 성격을 보이고 있다고 생각된다. 조선에서는 목적별로 다수의 '계(契)'라는 집단이 사회적 제반 기능을 수행했다. 계에는 일본의 '강(講)'처럼 완전한 목적별 임의단체도 존재했지만, 동시에 동리계(洞里契)와 같이 촌락전체를 대표하는 단체도 있었다. 이에 대해서는 朝鮮總督府『朝鮮の契』(1926), 鈴木榮太郎『朝鮮農村社會の研究』, 同著作集5(未來社, 1973), 伊藤亞人「韓國村落における契」『東洋文化研究所紀要』71(1977).

6) 吉田浤一「中國家父長制論批判序說」中國史研究會 編『中國專制國家と社會 統合―中國史の再構成II』(文理閣, 1990).

절도가 국법상의 소송사항이었다. 시대가 지남에 따라 재산상의 일체화는 진전됐지만, 철저한 남자균분상속이 전제되었을 뿐 재산의 공유상태는 매우 불안정했다. 가족은 그 시점에서 동거공재同居共財에 의해 구분되는 부계집단=종족의 한 갈래에 지나지 않았다. 지배적인 가족형태는 적어도 전제국가 성립 이후는 '5구口의 가家'라고 불리는 단혼가족이고, 남자균분상속 아래 끊임없이 영세화 압력에 노출되어 있었다. 일본의 이에가 구성원조차 습명襲名에 의해 의제적 영속성을 가질 정도로 안정성을 보유한 것과는 대조적이다.

중국의 동업자 조직에 대해서는 장기간 평가가 혼란스러웠다. 전제국가의 기초를 공동체에서 찾는 견해의 영향으로 동업자 조직은 전전부터 주목을 받아왔다. 연구는 일단 두 갈래로 시작되었다. 하나는 근대중국에 현존하는 동업자 조직에 관한 실태조사이고[7], 다른 하나는 송대 이후의 '행行'에 대한 역사적 연구다. 이 두 연구는 대상 시기를 달리 하면서도 모두 중국의 동업자 조직을 유럽의 길드에 비정할만한 중세적 자치단체로 간주하고, 이들이 20세기 전기에도 여전히 존재하는 것을 중국

---

[7] 仁井田陞『中國の社會とギルド』(岩波書店, 1951). 今堀誠二『中國封建社會の構造』(日本學術振興會, 1953). 近岸佶『中國のギルド』(東京大學東洋文化研究所付屬東洋學文獻センター, 1953),『仁井田陞博士輯北京工商ギルド資料集1~6』(1975~1983, 東洋學文獻センター叢刊23~39). 또한 D.J.Macgowan, *Chinese Guilds or Chambers of Commerce and Trade Unions, Journal of North-China Branch of the Royal Asiatic Society 1888-1889*. H.B. Morse, *The Gilds of China*(1909). K.A. Wittfogel, *Wirtschaft und Gesellschaft Chinas*(1931). 일본어역 (1934). S.D. Gamble, *Peking: A Social Survey*(1921). J.S. Burgess, *The guild of Peking*(1928). 일본어역 (1942).

제2장 전제국가와 봉건사회

의 특질로 생각했다. 중국 동업단체사의 고전적 이해는 가토 시게루加藤繁·전한승全漢昇이 수행했다.[8] 당대의 시제市制가 붕괴된 후 거주지를 함께 하는 동업상인들이 만든 조직인 행은, 행역行役 수행을 대가로 국가로부터 영업독점권을 부여받았고, 이것이 청대의 동업자 조직으로 연결되었다는 것이다. 이후의 연구는 송·원·명 시대를 다루면서 이 설을 부정하여 행이 동업자의 자치조직이 아니라, 국가의 필요물자를 조달하기 위해 혹은 국가에 집중된 재물을 시장에서 소비시키기 위해 만들어진 조직이라는 점을 점차 밝혀냈다.[9] 징세에 대응한다는 역할을 여전히 가지면서도 동업자 조직이 널리 확산된 것은 특히 형성이 빨랐던 베이징 등을 제외하면 일반적으로 청대중기 이후이고, 특히 현저하게 증가하는 것은 청말의 현상이다.[10] 그것은 중세이래의 길드는 아니었다. 게다가 청말에 이르러서도 일본의 좌座나 가부나카마株仲間가 영업독점을 목적으로 하는

---

[8] 加藤繁「唐宋時代における商人組合『行』に就いて」『白鳥博士還曆記念東洋史論叢』(1925), 同「唐宋時代の商人組合『行』を論じて淸代の會館に及ぶ」『史學』14-1(1935). 양쪽 모두『支那經濟史考證』上(東洋文庫, 1952) 수록. 全漢昇『中國行會制度史』(新生命書局, 1934).

[9] 小野寺郁夫「宋代における都市の商人組織『行』について」『金澤大學法文學部論集』13(1966). 佐藤學「明代南京における鋪戶の役とその改革―『行』をめぐる諸問題」國史館大學文學部『人文學會紀要』17(1985). 宮澤知之「宋代の行」『鷹陵史學』19(1994), 『宋代中國の國家と經濟―財政·市場·貨幣』(創文社, 1998). 宮澤논문의 서두에는 행을 둘러싼 학설사가 상세히 나와있다.

[10] 이런 동향에 대해서는 彭澤益「十九世紀後期中國城市手工業商業行會的重建和作用」『歷史研究』1期(1965)및 許滌新·吳承明編『中國資本主義發展史 第一卷 中國資本主義的萌芽』第4章 1節(人民出版社, 1985).

배타적이고 자율적 동업단체인 것과는 성격이 달랐다.

청말의 동업·동향자 조직은 국가의 징세에 대응하고 제사와 업자의 친목을 목적으로 만들어졌다. 가난하여 관도 살 수 없거나 묘지도 없는 업자에게 자금을 원조하는 것도 자주 보이는 기능이다. 이 자금원조는 '상호부조'가 아니다. 그것은 빈자에 대한 자선이고 요청을 받으면 동업자 이외에도 자선자금은 제공되었다. 이러한 목적을 지도적 인물이 제창하고 제창자가 상당액을 제공하는 것으로 많은 동업자 조직이 출발한다. 지도자와 찬동자는 집단을 만들어내지만, 그것만으로 집단은 안정되지 않는다. 설립취지와 경위를 현에 보고하고 부府와 포정사布政使의 인가를 거쳐 조직은 정당화되며 그 내용을 석비에 새겨 널리 알린다. 설립 경위에서도 알 수 있지만 그것은 본래 임의단체였다. 부지사가 취지를 평가하여 부하府下 일원의 업자에게 가입을 권고해도 꼭 강제력이 있다고는 할 수 없고 집단 내적인 자율성이 형성되어 있는 것도 아니었다. 민국기의 많은 실태조사를 봐도 가입 강제력을 갖는 조직은 적고 오히려 가입을 권유하는 활동이 행해지고 있었다. 봉건사회 일본의 가부나카마의 경우 단체에 속하는 것이 영업의 전제이고, 소속이 곧 특권이었던 것과는 정반대다. 이와 같은 성격의 조직이었기 때문에 동업자 조직이 영업규제를 내거는 것도 보편적이지 않았고, 내건 경우에도 규제력은 약했다.[11]

---

11) 이 점은 자치단체론에 선 연구들도 인정하고 있는데, 영업규제력이 약한 임의조직이라는 지적은 村松祐次『中國經濟の社會態制』(東洋經濟新報社, 1949)에 정리돼 있다.

자율능력을 갖는 공동체로서의 일본 무라와 단체적 지표가 빈약한 중국 촌락이라는, 집단의 구조적 차이는 가족과 동업자 조직의 구조에도 들어맞는다고 할 수 있다. 본질적으로 더 크고 더 집중된 무라라고 할 수 있는 일본의 도시와, 군사행정 센터인 중국의 도시 역시 같은 대조를 이룬다.

2.1.3 중국의 사회재생산

전술한 대로 일본의 전후 중국사 연구는 전전의 수준을 정면으로 계승하는 것을 대체로 회피했다. 그 중에서도 전제국가의 기초는 비단체적 사회라는 전전의 최종 인식은 계승되지 않고, 전근대는 근대와는 대조적인 공동사회이고 토지소유자의 지배는 공동체 기능을 매개로 실현된다는 세계사의 기본법칙을 자명한 전제조건으로 두고 출발했다. 따라서 봉건제와 함께 공동체가 연구되었다. 그러나 현실의 중국사회는 위와 같이 단체성이 빈약했다. 그래서 집단작업이나 그런 작업을 필요로 하는 사회적 과제의 존재 자체가 공동체존재의 근거로 간주되었다. 송대의 말단 행정편성인 도보제都保制하에서 위전圍田 및 제방陂塘 등의 수리공사, 또는 배수·관개 등에 집단작업이 행해지는 것이 공동체 존재의 근거로 간주되었다.[12] 또는 수리·분쟁처리·조세징수 등, 봉건사회에서는 공동단체의 업무로 수행되는 종류의 과업이 명대 이갑제 아래 존재한 사실이 이

---

12) 대표적 연구로 柳田節子「鄕村制の展開」『岩波講座世界歷史』9(1970), 『宋元鄕村制の硏究』(創文社, 1986).

갑제의 기초는 공동체라는 근거로 널리 생각되었다.[13] 그러나 문제는 경영의 재생산에도 경영을 포함한 사회의 재생산에도 불가결한 이런 업무들이 어떠한 사회관계를 통해 수행되는가, 집단작업이 어떠한 조직을 통해서 수행되는가라는 점이다.

집단작업·사회적 업무과제 자체가 공동체의 지표일 수 없다는 것은 논할 필요도 없다. 그러나 이것들이 공동체의 지표가 된 것은 공동체형의 사회에서 자란 일본인 연구자가 공동체에 의거하지 않은 사회의 재생산이라는 사태를 생각하기 어려웠기 때문이다. 사회단체를 비교한 앞 절의 서술에서는 일본의 단체가 수행하는 사회적 기능이 중국의 집단에는 없다는 식으로 시종 부정적으로 다룰 수밖에 없었다. 본 절에서는 공동체 부재의 전근대사회는 어떻게 사회를 재생산하는지 정리해 보겠다.

먼저 봉건사회 쪽에서 바라보자. 봉건사회에서도 직접 생산과 재생산을 위한 가장 기본적 업무는 개별 농민경영에 의해 수행된다. 농작업 및 가사노동의 대부분을 비롯해서 개별경영이 수행하는 업무의 절대량 자체는 사회전체에서 큰 비중을 차지한다. 그러나 직접적으로는 개별경영의 생산·재생산활동에 속하는 업무 중에서도 개별경영만으로는 수행하기 곤란한 업무 및 사회전체 규범의 존재양태와 관련이 깊은 부분은 이미 공동체 차원에서 수행되고 있었다. 농작업에서도 모내기 등

---

13) 대표적 연구로 鶴見尚弘「明代における鄕村支配」『岩波講座世界歷史』12(1971).

제 2 장 전제국가와 봉건사회

노동이 집중되어야 하고, 게다가 수리의 전체적 조정을 필요로 하는 업무는 노동의 조직화와 통제가 행해졌다. 주택건설 및 초가지붕 수리 등은 입회지의 자원에 기반한 공동노동을 조직하여 수행하였고, 관혼상제의 어떤 부분은 무라 행사였다. 와카슈야도若衆宿14) 까지 범위에 넣으면 교육의 어떤 부분도 공동업무였다. 수리시설관리·도로건설·방위 같은 생산과 사회재생산에 관한 일반 공동업무는 물론 공동단체의 업무였다.

봉건사회에서는 영주 또한 공동업무의 수행주체였다. 영주가 수취하는 잉여에는 영주의 사적 요구를 충족시키기 위한 부분이 포함되어 있지만, 영주라는 개인이 사회의 공적 관리기능을 수행하고 있는 이상, 그들의 사적 재생산 자체도 포함하여 영주제는 공공기능의 수행과 분리하기 어렵다. 이와 같이 봉건사회에서는 인간의 영위 가운데 많은 부분이 무라에서 영주에 이르는 공적 조직에 의해 수행되고 있는 것을 알 수 있다. 거기에는 전체적으로 광범위한 공공 공간이 존재하였다.

중국사회에서는 우선 농민의 개별적 수행에 관련된 부분이 광범하다. 경영의 직접적 생산과 재생산에서 일본에서는 일반 공동업무로 간주되는 것도 때로는 개별적으로 수행된다. 장례는 도사導師·스님 초빙부터 관 구입까지 기본적으로 농민가족이 개별적으로 행한다. 장례에 농민 1년 소득에 가까운 거액의 비용이 필요한 이유는 부계혈연관념의 존재양태 외에도 원인이

---

14) [역주]무라의 젊은이들이 밤에 모여 일을 배우거나 친목을 도모하는 시설.

있다. 도로수리 조차 사적인 행위라는 것은 앞서 본 대로다.

개별 수행을 보완하는 형태로 노동·재물·화폐 등을 매개로 양자간 교환을 조직하는 경우가 많다. 농업노동의 폭주를 해결하는 가장 일반적 방법은 고용노동이다. 일본의 농촌에서 고용노동을 쓰는 것은 일반적으로 가족노동으로는 경영이 곤란할 정도로 대규모 경영인 경우가 많지만 중국에서는 소규모 경영 농민도 고용노동을 사용한다. 그들은 자가의 필요에 따라 사람을 고용함과 동시에 그것이 끝나면 타인의 경영에서 임금노동을 하고, 나아가 수확이 늦은 품종의 재배지역에 진출하여 임금노동을 한다. 농민이 노동력을 교환하는 시스템으로 환공換工이 있고, 소나 쟁기 같은 대형 생산수단을 포함한 임차시스템으로서 탑투塔套가 있다. 이것들도 일본의 '유이結い'처럼 집단적·영속적 성격을 갖는 조직이 아니라 임시적인 양자간 교환시스템이다. 이러한 관계는 상호 편의를 얻을 수 있는 경영주체들이 1~2년간 체결하는 것에 불과하고, 3호戶 이상이 관련되어 있는 경우에도 A와 B, A와 C 같은 식으로 양자 관계의 집적에 지나지 않았다.

양자 관계로 수행이 곤란한 업무에는 목적별 임의단체가 등장한다. 일본의 다노모시코賴母子講15) 조직과 비슷한 이해균형적 단체도 있다. 노인을 모시고 있는 몇 개의 가족이 모여 노인이 사망한 경우에 다른 멤버에게서 돈을 받는 모임을 만들어,

---

15) [역주] 민간의 상호부조적 금융조직으로 구성원이 금품을 낸 후 추첨에 당첨된 사람에게 자금을 융통해준다.

제 2 장 전제국가와 봉건사회

상정想定한 노인이 전원 사망할 때까지 계속되는 망사회亡社會·희사회喜社會 등, 장례비용 염출을 위한 '회會' 등이 그 전형이다. 농촌에는 수가 많지 않지만 비교적 한정된 공공적 성격을 갖는 업무를 수행하기 위한 또 다른 종류의 목적별 임의단체도 있다. 앞서 말한 동업자집단이 한 사례다.

말할 필요도 없이 전제국가는 사회재생산의 한 주체다. 전국적 군사기능부터 사회말단의 분쟁처리·치안유지 기능까지 다양한 기능을 수행한다. 국가가 수행하는 사회적 기능의 범위와 정도는 시대에 따라 또는 지방관의 개성에 따라 변동하지만, 어쨌든 성숙한 봉건사회의 공동체나 영주에 비교하면 그 기능은 매우 작다. 이렇게 보면 봉건사회에 비해 인간 영위의 극히 작은 부분만 공공적으로 처리되는 것을 알 수 있다. 이 한정된 공공 공간 가운데서 사회편성의 주축이 되는 부분을 국가가 차지했다. 공공 공간의 나머지 부분은 대체로 목적별 임의단체가 차지했다.

중국에서 공공성을 갖는 과제의 집행은 이타적 성격을 특징으로 한다. 이 사회에서는 타자와 합의하여 자주적으로 일정한 룰을 만들어 상호관계를 조정하고 여러 공공과제를 수행하는 경우가 없다. 사회적 성격을 가지지만 개별경영의 이해관계에서 벗어나는 과제는 결국 이기적 혹은 이타적으로 처리해야 한다. 하천에 다리를 놓는 일이 필요하다고 해보자. 만약 가교작업을 공동으로 할 수 없다면, 다리는 개인적으로 설치한다. 통과료를 징수한다면 그것은 이기적 행위이고, 무료의 자선활동이라면 이타적 행위다. 양자 모두가 중국에서는 때때로 행해졌고 사실상 이기적 행위와 이타적 행위가 종이 한 장 차이인 경우도 많다. 단체적 규제가 없기에 양자는 쉽사리 상호 전화한다.

이타적 행위는 개인적으로 행해지기도 하지만 많은 경우 집단적으로 수행한다. 사회적 과제를 수행하는 목적별 임의단체는 크든 작든 이타적이다. 동업자집단은 영업독점의 집단이라기보다 많은 경우 이타적 자선활동 집단으로서 창설되었다. 요역부담자에 대한 자금공급을 행하는 펀드관리 조직인 의역義役 등도 제창자가 이타적 동기로 만든 것이다.[16] 선회善會·선당善堂이라고 불리는 자선 자체를 목적으로 하는 단체가 명말 이후 무수히 등장했다.[17] 근대중국의 정당도 사회에 대한 정책적 이해를 공유하는 사람들의 단체라기보다는 선각자에 의한 헌신적·이타적 단체임을 표방했다. 이타적 행위와 이타적 집단은 봉건사회에도 있지만 역할이 갖는 사회적 비중도 다르고 이타적 행위주체를 제약하는 사회관계도 달랐다. 이처럼 중국의 사회생활은 이타적 행위와 일상의 개인적 영위를 포함한 이기적 행위가 분리되어 있고, 사회 내 공공성의 커다란 부분을 이타적 행위가 떠맡았다.

---

16) 伊藤正彦「義役―南宋期における社會的結合の一形態」『史林』75-5(1992).
17) 夫馬進『中國善會善堂史研究』(同朋舍出版, 1997).

제2장 전제국가와 봉건사회

2.1.4 중국사회의 결합원리

봉건제가 성숙해진 뒤 일본사회는 집단중적형集團重積型 구조를 보였다. 나카네 지에中根千枝의 지적에 따르면,[18] 일본사회는 폐쇄적 집단을 단위로 하고, 그것이 쪼개지는 일(cross cut) 없이 집단의 집합으로서 상위 집단이 형성되었다. 전근대에 개별 집단은 자율능력을 가진 공동단체였다. 이러한 단체구조의 사회와 비교하여 사회인류학자들은 동남아시아 같은 사회를 네트워크사회로 특징짓는다. 사람들은 단체적이지 않고 개별적 양자관계로 연결되어 있고 무한하고 종횡으로 연결되는 양자 관계의 총화가 만들어내는 네트워크로서 사회는 존재한다. 나카네는 중국사회를 단체적 사회로 간주한다. 그러나 그 근거가 된 동업단체연구의 현재를 생각하면 중국을 단체적 사회로 분류하는 것에는 따르기 어렵다. 중국은 기본적으로 비단체적이고 양자 관계적인 사회에 속한다. 그러나 그 결합은 동남아시아 사회보다 강고하다고 생각한다.

중국인의 인간관계에는 일견 대립하는 두 가지의 측면이 주목된다. 니이다 노보루仁井田陞는 다음과 같이 지적했다.

> 사람은 살아가기 위해서, 생명과 재산을 더 잘 지키기 위해서 혈연같은 자연적 결합관계는 물론, 인위적 결합관계도 최대한 만들어 열심히 이에 의지하려고 한다. 중국 사회생활의 체계는 모두 이와 같은 경향을 갖고 있다.

---

[18] 中根千枝『社會人類學—アジア諸社會の考察』第7章集團構造(東京大學出版會, 1987).

예를 들면 중국인 사이에 연회가 빈번히 행해지는 것을 사람들은 중국인의 악인인 것처럼 말하거나 혹은 민족성인 것처럼 말한다. 그러나 연회는 잘 모르는 타인을 하나로 연결하거나 지인간에도 교제를 더욱 깊게 하는 역할을 하고 있었다. …반면 중국인에게는 사회의 결합관계, 연대관계가 얕거나 혹은 결여되어 있는 듯한 상태가 보이며 때로 '흩뿌려진 모래', '한줌의 흩어진 모래'에 비유된다. …모래든 결합이든 어느 한쪽만이 결정적인 경향도 아니고 옛 중국인의 의식구조 안에서 양자가 모순충돌하고 있는 것도 아니다.[19]

인간관계의 존중과 건조한 개인주의는 대립하는 것이 아니다. 일본형 사회에서는 나면서부터 단체관계 속에 지위가 확정되어 있다. 이에 대해 개별 인간관계를 기본으로 성립한 사회에서 사람들은 사회적 지위의 확립을 위해 좀더 강하게, 좀더 친밀하게 관계 구축의 노력을 하는 것이어서 두 가지의 인간관은 통일적으로 이해된다. 사회적 업무들이 양자 관계에 의해 처리되는 것을 살펴봤지만, 상행위·정치 등도 개별 인간관계에 깊이 의존한다는 것은 이른바 '꽌시關係사회'로서 근년 주목되었다. 중국도 기본적으로 양자 관계형의 사회에 속한다. 동남아시아와 차이는 양자 관계에 의한 사람들의 결합이 개별 인간관계를 기초로 하면서도 훨씬 큰 집단을 발달시킨 점이다.

일본 봉건사회에서도 양자 관계는 중요하다. 어떤 의미에서 일본 봉건사회 쪽이 사인私人간의 관계는 명시적 기능을 갖고

---

19) 仁井田陞『中國の社會とギルド』第2章.

있다. 일본 중세·근세사의 근본자료는 문서다. 문서는 '특정의 대상에 전달할 의지를 갖고 쓴 의지표시의 소산'[20]이라고 정의된다. 경제관계는 문서를 기초로 성립한다. 토지매매는 매각을 확인하고 앞으로 청구권을 포기한다는 문서를, 파는이가 사는이에게 부여함으로써 확정된다. 매입자는 이 문서 소유를 소유권의 증거로 삼는다. 행정도 문서를 기초로 성립되었다. 쇼군이 번주藩主에게 혹은 번주가 가신 및 무라에 발급하는 명령서의 집적이 행정을 움직였다. 즉 한 개인이 타인에게 발하는 의사표시를 근거로 사회가 구축되었다. 거기서는 타인을 향한 개인의 의사표시가 사회를 구축하는 데 필요한 확정성을 구비하고 있다. 봉건사회형성과 함께 문서사회가 된 것은 상징적이다. 개인 의사표시의 확정성을 전제로 봉건사회의 단체는 안정적으로 형성되고 구성원을 규율하는 것이 가능했다. 역으로 안정적·고정적인 단체와 규범의 존재를 전제로 개인 의사표시의 신뢰성이 확보된다.

중국에서도 문서는 존재했다.[21] 문서에 기재된 사실은 개인적 '메모' 등과 함께 재판을 유리하게 만드는 자료가 될 수 있었다. 그러나 문서를 근거로 사태를 확정하기는 곤란했다. 현재까지도 협정 및 계약은 확정을 의미하지 않고, '앞으로 관계가 친밀화하고 상대방에 많은 요구를 하는 것이 정당화되는,

---

20) 佐藤信一 『古文書學入門』(法政大學出版局, 1971).
21) 岸本美緒 「明淸契約文書」 滋賀秀三編 『中國法制史研究—基本資料の研究』(東京大學出版會, 1993).

하나의 프로세스를 의미'[22]하는데 불과하다.

공동단체에서 합의된 규범이 안정적으로 유지되어 '약속'이 유지되는 일본사회에 비하여, 중국사회에서는 규범의 확정성이 존재하지 않았다. 규범은 논의를 통한 합의로 형성되는 것이 아니라, 영향력이 큰 어떤 개인에 의해 부여되는 것 정도였다. 중국의 약속은 '어떤 사항에 대하여 장래에 걸쳐 정하는 것'(『고지엔廣辭苑』)이 아니라 '단속한다, 가르친다, 제약한다'(아이치대학『중일대사전』)는 것이었다. 일정한 규범을 공유하는 집단은 영향력있는 개인의 제창과 그에 찬동하고 복종하는 사람들의 범위로서 존재한다.[23] 규범을 모두의 의견으로 확정하기 위해, 합의合議의 형태를 취하는 등 다양한 형식이 채용된다. 그러나 제창자를 핵으로 하는 영향력 범위 안에서 규범도 집단도 존재한다. 이것이 앞서 본 동업자집단을 비롯한 중국 사회집단의 특징이다.

---

[22] Lucian Pye, *Chinese Negotiating Style: Commercial Approaches and Cultural Principles* (1992) /『中國人の交渉スタイル』(大修館書店, 1993), p16.

[23] 이런 사회결합에 대해서는 增淵龍夫「戰國秦漢時代における集團の『約』について」『東方學論集』3(1955),『中國古代の社會と國家』(弘文堂, 1960). 寺田浩明「明淸法秩序における『約』の性格」(1994) 및 伊藤正彦「義役―南宋期における社會的結合の一形態」(1992).

2.2 권력의 편성형태

2.2.1 일본 봉건사회의 단체중적체 성격

일본과 중국이라는 대조적인 두 사회는 정치편성도 대조적이었다. 먼저 일본 봉건사회의 편성을 개관해보자. 일본 봉건사회는 자율능력을 가진 단체가 사회의 기초였다. 무라는 소국가로서 이미 하나의 권력이었다. 자치단체의 규모는 제약적이다. 자치적 결합력은 직접적으로 인식 가능한 특정된 사람들 사이에서 만들어진다. 규범의 공유를 위해서도, 이해의 공유를 위해서도 집단은 타자와 구별될 필요가 있다. 따라서 소사회로의 분열이 불가피하다.

그러나 발전된 봉건사회는 광역 과제에 대응할 필요가 있다. 보다 범위가 넓은 과제는 단위단체의 대표자가 만든 단체 혹은 단체 사회의 규범을 사적으로 실현하기에 이른 주체, 즉 영주 혹은 영주에 의해 만들어진 상위의 단체가 담당한다. 이 사회에서는 상위단체도 또한 폐쇄적·자율적 성격을 갖는다. 무라의 상위에 무라 연합 혹은 번藩이 형성되고, 나아가 막부가 형성된다. 사회는 각각 자율성을 갖는다. 따라서 크든 작든 공권력을 갖는 단체의 중적구조를 취하게 된다.

영주의 지배는 단체 관리능력의 어떤 부분을 특정 개인이 집행하는 것을 의미하고, 그것을 근거로 해서 사적 지배도 공적인 성격을 띠게 된다. 영주와 상급영주의 관계는 일면 단체 지도력의 집중적인 실현주체와 그 단체구성원과의 관계라는 성격을 가짐과 동시에, 다른 면에서는 사적인 신종臣從관계에 의해 보강된다. 단체의 중적관계는 계층성을 가진 단체 간 지배관계로 표현된다. 그 조직화는 도쿠가와시대가 되면 광역적이고 중층적으로 고도화했다. 단체와 단체 내 지위는 신분으로서도 표현되고 단체관계는 신분관계이기도 했다. 봉건사회는 사적 신종관계 및 신분관계에 의해 보강되는 단체중적團體重積 체계다.

단체에 대한 지배는 하위단체의 자립능력을 매개로 일정하게 합의하여 실현된다. 연공年貢은 영주가 농민에게 직접 징수하는 게 아니라, 무라우케村請け라는 형태로 무라가 영주와 지불계약을 맺어 무라의 내부행위로 징수했다. 상급권력은 사회의 안정적 단체규범을 매개로 확고하게 지배했다.

2.2.2 전제국가의 사회·정치편성

중국형 사회 위에 존재하는 전제국가를 일본 봉건사회에 대응하는 명청기를 소재로 개관하겠다. 먼저 명조의 형성을 보자. 그것은 사회 편성양식으로서도 관료제 체계로서도 고도의 전제국가 체제였고 게다가 이민족의 외부침입에 의한 것이 아니라 중국인 사회 스스로 실현했다.

인위적으로 만들어진 사회편성. 이것이 명초 전제국가 형성의 특징이다. 명초 인민의 재배치와 조직화를 상징적으로 보여주는 것이 남경南京의 창출이다. 중서성의 장관인 호유용胡惟庸의 모살謀殺에서 시작된 정치탄압과 연동하는 형태로 기존

주민을 운남으로 축출하는 한편, 강절江浙 선진지대의 상호上戶 45,000여가를 강제로 이주시켜 행정구역을 편성하고 각종의 역을 담당하는 호가 조직되었다.[24] 20만을 넘는 수도 거주 상비군在京諸衛과 관료에 이들의 가족이 더해지면서, 전제국가의 창출은 그 자체가 거대한 정치도시의 창출이었다. 창출된 것은 도시만이 아니었다. 농촌 지역에서도 수많은 인민의 강제이동=사민徙民이 실시되었다. 『명실록』같은 문헌에도 명령 사례가 많이 남아있지만, 특히 광범하게 사민이 실시된 화북에서는 민국기의 청취조사에서도 대부분의 촌락이 그 기원을 명초의 강제이주에서 찾고 있는 것처럼 전승되는 기억에도 흔적을 남기고 있다.[25] 토지소유가 집중되어 있던 강남에서도 주민의 이동을 수반하면서 자산의 몰수와 재분배, 즉 적몰籍沒과 수전授田이 광범하게 행해졌다.[26] 이런 정책들을 통하여 이주농민에게는 토지와 함께 소와 종자가 지급되어 자작농의 육성을 꾀했다. 물론 모든 농민이 이동·재편된 것은 아니었지만, 농촌내부까지 상호적발을 요구한 홍무·영락기(1368~1424)의 엄형주의가 정착된 전제국가는 사회에 강하게 개입했다. 영주편성에 선행하여 독립한 단체로서 무라가 존재했던 일본 사회와는 양상이

---

[24] 顧起元『客座贅語』卷二 坊相始末. 이에 대해서는 檀上寬「明王朝成立期の軌跡—洪武帝の疑獄事件と京師問題をめぐって」『東洋史研究』37-3(1978), 『明朝專制支配の史的構造』(汲古書院, 1995).

[25] 이에 대한 정리로는 北京大學農村經濟硏究所『華北における現存諸部落(自然村)の發生』(1941). 또 山本斌『中國の民間傳承』I 中國農村に關する斷章(太平出版社, 1975).

[26] 森正夫『明代江南土地制度の研究』(同朋舍, 1988).

다르다.

인민의 이동·재편의 계기는 긴장국면을 연출한 일련의 의옥疑獄사건이었다. 그 절정은 1380년 정월 호유용의 옥과 뒤이은 만 단위의 관료·부민富民 대숙청 이었으며 이 과정은 동시에 이갑제 체제라는 통일적 인민편성의 창출과정이기도 했다. 호유용 옥사와 대량숙청에 병행하여 적몰·사민이 계속되는 한편, 곧바로 전국적 회계조사가 진행되었다. 각지의 수입과 재고 확인, 주요 지출과의 균형 조사, 문무관료 봉급 및 염인鹽引가격 설정 등이 숨 돌릴 틈 없이 실시되었고,[27] 기본적인 재정을 파악한 후인 1381년 정월 부역황책편조賦役黃冊編造의 조서가 반포되었다. 부역황책으로 파악된 전국의 호는 가족 수와 자산을 기준으로 11호를 1갑, 110호를 1리로 하여 원리적으로는 기계적·산술적으로 이갑제에 통일 편성된다. 이갑제를 통해 조세가 징수되고 이갑정역里甲正役이라는 행정 및 사회 관리를 위한 노동이 징발되고, 편성된 호의 종류에 따라서 군역 및 기술노동을 징발했다. 자율 집단을 단위로 하는 행정체계와는 대조적이다.

---

27) 『명실록』에 보이는 이 시기 재정계획에 관한 정책 가운데 주요한 것은 아래와 같다. 홍무13년 정월 경술(庚戌) 천하 창고의 축적조사, 홍무13년 2월 임술삭(壬戌朔) 천하 금곡(金穀)의 양 조사, 홍무13년 2월 정축(丁丑) 문무관 봉록 결정, 홍무13년 3월 계축(癸丑) 염장(鹽場)조사, 염인액(鹽引額) 개정, 홍무13년 4월 임신(壬申) 천하 창고의 축적조사, 홍무13년 6월 을해(乙亥) 운량하도(運糧河道) 정비, 홍무14년 정월 시월(是月) 부역황책 편조(編造)의 조(詔), 홍무14년 2월 경진(庚辰) 천하 관전(官田)을 조사.

제 2 장 전제국가와 봉건사회

　통일적인 인민편성을 통해 실현된 조세는 원리적으로 중앙의 관리 아래 있고 재정은 단일적이었다. 행정실무 경비의 대부분은 정규화되어 있지 않고 각 단계에서 비공식적으로 추가 징수되었으며, 조세 대부분이 할당된 납입처에 1대 1로 송달되어 중앙을 꼭 거치지는 않았다. 그러나 부현 레벨에서 정규적으로 지출되는 경비는 적고, 궁정·관료·군대가 집중되어 있는 수도와 북쪽 변경의 방위거점에서 대부분 지출되었다. 이갑제·부역황책 체제의 창출은 이러한 전국적 재정시스템의 구축이기도 했다. 1380년은 황제전제적 관료제의 확립 시기이기도 했다. 중서성 승상이 폐지되고 6부의 행정부문이 황제에 직속되었다. 과거에 의한 선발, 이부吏部에 의한 전형, 황제에 의한 임용, 본적지 회피제도와 근무평가의 정비를 통하여 관료의 일원적 인사관리가 진전되었다.

　중앙 관료기구에서는 행정집행기구·감찰기구·황실업무기구 등이 내부의 수평적 직무 분담체계로서 배치되고, 각 부문의 내부 또한 수평적으로 직무가 분할되었다. 지방 행정구획은 대체로 통일된 기준에 의해 단계별로 구분되었고, 각급 관료기구가 설치되었으며 그 하부의 행정적 인민편성으로 연결되었다. 이와 같이 수평적·수직적으로 체계화된 전근대 사회편성은 아마 중국을 제외하고는 세계적으로 유례를 찾아 볼 수 없을 것이다.

　통일된 사회편성의 중심에 결정권을 집중시킨 황제가 존재했다. 명청 시대에 관료들의 결재능력은 실질적으로 낮았다. 중간적인 지방 행정기구는 형성의 유래나, 실질적 기능으로 봐도 행정 감찰기구로서의 성격이 강하고 독자 결재범위는 좁았다. 중앙의 6부도 안건의 실무적 심사기구이고, 정치적 판단기능은 황제 및 황제 권능의 대행자이기도 한 측근에 맡겨졌다.[28] 황제가 내리는 결재가 언제나 법이 되고, 그것들은 각급기관에 보존되어 필요에 따라 일정하게 정리되면 이후 사무 처리의 준칙이 되었다. 청대에는 한층 명확하게 황제로 기능이 집중되었고, 많은 상주가 황제에 직접 제출되는 주접奏摺의 형태를 띠었다. 역으로 중요한 상유는 황제 및 군기처가 직접 수령자에게 보내는 기신상유寄信上諭의 형태였다. 고관의 선임도 황제의 판단에 직접 의거하게 되었다. 의사결정은 황제에 집중되었다. 1384년 9월 14일부터 8일 동안 황제는 3,391통의 상주를 결재했다.[29] 황제의 자유로운 의사결정에 의존적이고 권한없는 관료제에 기초한, 통일적 사회편성체로서의 전제국가가 사회에 직접 대면하고 있었다. 자율적 능력이 없었기 때문에 권력의 개입을 기다리는 비단체적 사회 위에, 그것을 통일적으로 행정 편성하는 권력이 솟아 있었다. 권력 자체도 황제의 전권에 의존하는 비단체적인 것이었다.

---

28) 谷井陽子「戶部と戶部則例」『史林』73-6(1990).
29) 『明實錄』홍무17년 9월기미조(己未條).

제 3 장

전제국가의 형성

3.1 전 국가사회의 발전이론

3.1.1 공동체 해체사에서 단체 형성사로

지금까지 중국전제국가와 사회에 대해 개관했다. 이제까지 확인된 중국의 사회·국가구조를 인류사의 일반적 발전과정 안에 자리매기는 것이 본장 이하의 과제이다. 장기간의 시야를 확보하기 위해 자연인류학·문화인류학·고고학·문헌사학 같은 다양한 분야의 지식과 견해를 사회집단 발전의 관점에서 정리하고 그것을 역사적으로 연속시켜 볼 것이다. 나의 전공과는 꽤 먼 분야도 논해야 한다는 점을 제외하고도 두 가지 문제가 있다. 하나는 현존하는 대상에 대한 과학인 자연인류학 및 사회인류학의 성과에서 흡수 가능한 역사적인 논점을 이끌어내는 방법, 말하자면 현상 유형을 역사에 이용하는 것의 문제점이다.

제3장 전제국가의 형성

이 점에서 관한 한정에 대해서는 각 과제를 서술할 때 언급하겠다. 또 하나는 자연인류학부터 문헌사학까지 각각 대상으로 하는 분야가 개별 연구사정으로 세계각지에 분산되어 있다는 점이다. 수렵채집사회의 요건은 아프리카를 중심으로 한 필드워크로 확인하고, 초기 농경사회의 집락구조는 일본고고학의 성과에 의거하는 것이 편리하다. 중국전제국가의 형성을 논하기 위해 일단 세계를 둘러봐야 한다.

인간 사회구조 발전의 대국大局을 논하면서 이제까지 역사학에 큰 영향을 미친 것은 인류사, 특히 전근대사를 집단결합의 완화·해소과정으로 보는 견해이다. 널리 알려진 오오쓰카大塚 사학이 한 전형이다. 거기서는 근대 이전의 역사는 공동체의 자기전개 역사로 간주된다. 인류사는 "자연적인 개인들이 '자연'상태에서 '역사' 속으로 직접 가져온 원생적原生的 집단성"에 기초한 원시공동체에서 출발한다. "공동태라는 원시적 집단성과, 그 한 가운데서 그것에 대항해 새롭게 형태를 갖추게 되는 생산력의 담당자인 개인의 사적 상호관계, 그러한 이원성"의 모순적 전개과정 속에서 공동단체는 점차 해체된다. 그에 조응하여 아시아적·고전고대적·봉건적인 생산양식이 특정한 계기로 전개되고 그 최종적 해체 후에 근대가 탄생했다고 본다.[1] 이 이론이 '세계사의 기본법칙'에 따른 중국연구를 지탱하고 있다.

이러한 견해는 무라·이에를 비롯한 공동체가 중세이후의

---

1) 大塚久雄『共同體の基礎理論』(岩波書店, 1955).

산물이라는 인식이 일반적으로 공유되면서 이미 과거의 것이 되었다. 그러나 인류사 특히 초기 인류사를 단체규제의 완화 과정으로 보는 견해는 오오쓰카 사학 외에서도 보인다. 엥겔스의 『가족·사유재산 및 국가의 기원』에서 정식화되었지만, 재산을 공유하는 모계제 씨족집단에서 재산을 사유하는 부계제 가족이 형성되는 것을 국가와 문명의 시작으로 보는 견해도, 난혼집단에서 단혼가족으로라는 집단의 발전적 해체사를 전제로 하였다. 마르크스도 공유한 전제적 아시아의 기초를 공동체의 잔존에서 찾는 19세기 유럽의 세계·역사 인식도 같은 입장이다. 이런 이해를 바탕으로 아시아적 전제국가를 공동체의 전화물로서 이론화하려고 한 수많은 연구사가 있으나, 여기서 상세히 다룰 수는 없다.

그러나 설령 공동체의 해소·개별화 가운데서 역사발전을 발견하는 견해에 서더라도 '공동체' 해소 후 사회는 어떻게 통합되었는지 질문해야 한다. 분업이 적은 자기완결적 소경제단위에 의해 성립한 사회에서 시작하여 점점 생산력=분업발전이 실현되면서 기능적으로 다른 부분들에 의해 구성되는 한층 더 큰 구조체로 사회가 변화한 것, 이 구조체들이 각각 고유한 결합원리에 의해 지탱되어야 했던 것, 생산력=분업발전은 기능분화·구조확대·결합강화에 의해 담보된다는 것은 논리적으로 자연스럽다. 이것은 역사학 이외의 분야에서는 오히려 일반적으로 인정되었다. 1장에서 살펴본 뒤르켐 사회학은 인류사를 분업없는 무기적無機的 연대에 의한 분절적인 환절사회로부터,

분업으로 구조화된 유기적 사회로의 확대발전과정으로서 파악했다.

급속하게 확대된 민족지적 지식을 바탕으로, 제2차 세계대전 이후 진화주의를 재구축한 신진화주의의 성과는 이러한 단계론을 한층 실증적으로 구체화한 것이고 개별 민족지를 통한 인류사 일반진화의 단계구분이 시도되었다. 거기서는 보다 많은 부분을 효과적으로 통합하고 복잡성이 큰 사회로 진화한다고 본다. 새로운 통합수단이 더해질 때 복잡성을 수반한 새로운 단계로 성장한다. 사회를 통합하는 단계적 수단으로서 친족과 혼인의 가족적 유대 및 범부족적 연대와 같은 카테고리가 설정되고, 무리(band)사회·부족사회·수장제首長制사회·국가·산업사회 같은 단계가 구분되었다[2].

본장에서는 인류사를 집단의 확대발전과 그에 조응하는 새로운 통합원리의 개발사로 파악하겠다. 이런 관점에서 각 학술분야의 성과를 계승하면서 전제국가와 봉건사회 형성에 이르는 사회편성의 발전과정을 개관하고, 그 안에서 어떻게 전제국가가 생겨났는가를 생각해보겠다.

---

[2] 이런 전체적 구상에 대해서는 Elman R. Service, *Primitive Social Organization; an Evolutionary Perspective* (1971) /『未開の社會組織―進化論的考察』第6章 (弘文堂, 1979).

3.1.2 인간사회의 형성

인류사의 기점을 원숭이사회로 잡는 것은 형식적으로 부적절하다. 그러나 초기 인류사를 정리할 때 인간사회와 통합논리를 달리하기는 하지만 원숭이사회도 집단확대의 여러 단계를 거쳤다는 의미에서, 또 원숭이사회의 도달 단계를 명확히하는 것은 인간사회의 출발점을 밝히는 데 도움이 된다는 의미에서 원숭이사회의 발전사는 중요하다. 다양한 원숭이들의 사회구조를 밝히는 연구는 개체식별에 의한 집단관계 분석을 바탕으로 근년 큰 성과를 거두었다. 단독행동형과 함께 단혼·일부다처·모계·부계·쌍계 등 각 종에 고유한 여러 가지 BSU(basic social unit, 기본적 단위집단)가 존재하는 것이 확인되고 있다.[3] 이러한 분류 성과를 바탕으로, 영장류 각과各科·아과亞科에 포함되는 다수의 BSU를 정리함으로써 원숭이사회의 발전계열을 추정하는 연구가 진행되고 있다.

거기서는 현존하는 많은 종의 BSU가 무리하게 BSU간의 발전과정으로 바뀌어 해석되었다. 오래된 형질과 채식의 행동양식을 유지하는 원숭이가 잘 보존되어 있기 때문에 그렇게 추정할 수 있다. 이타니 준이치로伊谷純一郎씨가 만들어낸 각 BSU 간 발전계열은 많은 BSU를 엮어 복잡하게 구성되어 있지만,

---

[3] 자연인류학에서 관용적으로 사용되고 있는 부계·모계 등의 표현은 출신관계를 산정하는 시스템으로서 정식의 부계·모계가 아니다. 쌍이 형성된 후 혹은 성적 성숙 후에 어떠한 집단에 귀속할 것인가, 말하자면 혼인거주규칙인 것이어서 부측 거주집단, 혹은 부처집단(父處集團)이라고 하는 것이 정확하지만, 일단 관용적 표현에 따른다.

제3장 전제국가의 형성

주요 BSU 사이만의 주요 흐름을 표시하면 그림 1과 같다.[4]

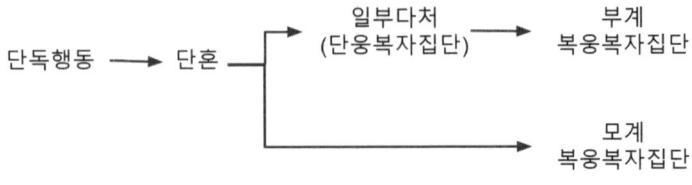

그림 1　주요 BSU(기본적 단위집단)의 흐름

원숭이에게 안전하고 식료가 풍부한 열대우림이라는 적합한 생존조건 덕에, 현존하는 원원류原猿類 가운데에는 6500만 년 전에 태어난 최초 원숭이의 형태를 매우 잘 보존하고 있는 것이 있다. 그들의 사회구조는 이타니가 말한 대로 단독행동이다. 그들은 작은 원숭이이고, 야간에 행동해서 곤충류를 잡아먹었다. 최초의 '집단'은 싱글이었던 것이다. 진원류眞猿類 등장을 전후로 원숭이는 발정기가 아닌 기간에도 이성과 쌍을 이루게 된다. 집단을 구성한 원숭이는 행동의 안정성을 높이면서 주간행동으로 바꾸고 행동범위와 식량채집대상을 확대해 간다.

진원류 주류가 한층 더 집단을 확대해 간 방향은 일본원숭이에게 보이듯이 '모계'집단화, 즉 그림 1의 아래 계열이다. 다수의 수컷과 암컷을 포함한 보다 큰 집단을 형성하는 과정에서 그들은 번식과는 무관한 우호 관계를 맺게 된다. 이 확대된 집단을 지지하는 새로운 결합원리는 암컷 사이에 작동하는 혈연적 친근감이라는 보조적 요소를 제외하면, 기본적으로는

---

[4] 「靈長類社會構造の變化」『靈長類社會の進化』第8章(平凡社, 1987).

암수 각각에, 특히 수컷에 존재하는 엄격한 순위제^{順位制}이다.

이에 대해 유인원의 발전계열은 그림 1의 윗 계열 즉 한 마리의 수컷이 다수의 암컷을 거느리는 일부다처집단의 형성, 나아가 다수의 수컷과 다수의 암컷이 공존하는 부계 다부다처집단의 형성이라는 방향이었다. 화석인류 연구와 DNA에 의한 현존 원숭이의 분기에 관한 연구는 점차 결론이 일치되어 가고 있다. 분기를 그림으로 나타내면 그림 2와 같다.

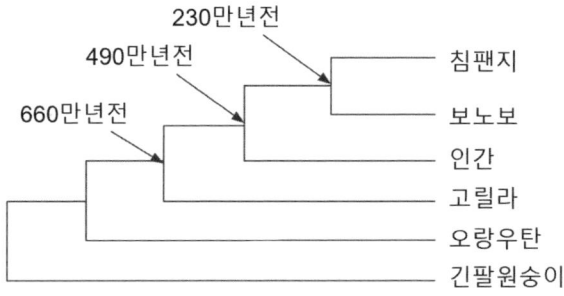

그림 2   현존하는 유인원의 분기

인간을 일단 제외하면 BSU의 결합을 약화시키면서도 쌍 구조의 긴팔원숭이나 오랑우탄도 일부다처의 집단 구조 형태를 보이고 고릴라는 명확한 일부다처집단을 이룬다. 나아가 침팬지·보노보의 '부계'제 다처집단으로 집단규모가 한층 확대된다. 고릴라의 '말자^{末子}상속'에서 보듯 일부다처집단으로부터 수컷이 나가지 않게 되고, 수컷끼리 배타성을 약화시키면서 부계 다부집단이 형성되었다고 생각된다. 이 전개에서 주목되는

제 3 장 전제국가의 형성

두 가지 점을 확인해둔다. 하나는 침팬지도 보노보도 일본원숭이처럼 집단의 확대과정에서 일부일처라는 기존의 기초단위를 해소하고 난혼화했다는 점이다. 그들은 일부일처를 유지하면서 포괄적인 상위집단을 구성할 수 없었다. 두번째는 확대된 집단을 지지하는 원리가 침팬지·보노보의 경우 일본원숭이 등과 달랐다는 점이다. 그들의 사회, 특히 침팬지사회에서는 순위제가 현저히 약화되고 대신 발달한 다양한 커뮤니케이션 활동으로 사회관계를 조정했다. 신체언어라고도 할 수 있는 정형화된 다양한 동작, 생식목적을 벗어난 수단으로서의 성, 초보적 분업 같은 행위가 일정 수의 성숙한 암수의 개체를 포함한 평등성이 높은 사회를 뒷받침했다. 그들의 발달한 지적 능력이 다른 원숭이와는 다른 구조 원리를 만들어내고 있었다.

인간으로의 접근은 이와 같은 원숭이 사회의 발전사 가운데 어디에 위치할까. 종래의 원숭이연구는 다양한 구조의 원숭이 사회를 검출한 반면, 원숭이 사회의 유형들을 암묵적으로 사람의 각종 사회유형과 연결시키는 경향이 있었던 듯하다. 확실히 '모계' BSU, 일부다처 BSU, 단혼 BSU, 인간의 무리에 비견되는 중층사회 등은 그렇게 유추하는 동기가 되었다. 그러나 인간은 다른 종과 마찬가지로 본래 하나의 BSU밖에 갖고 있지 않았을 것이다. 인간 집단유형의 본격적 다양화는 농경화와 함께 기껏해야 만년 정도전부터 시작되었다고 보인다.

또 원숭이에서 인간으로 가는 과정에 대한 연구가, 인간과 가장 가깝고 지적으로도 발달한 침팬지나 보노보 사회에서 인간사회로의 이행을 상정하는 것은 어쩌면 당연한 일이었다. 이런 전제 위에서 인간가족에 대응시켜 엄밀하게 정의된 의미에서의 가족이 당연히 인간에게만 존재하는 점에 주목한다면, 난혼적 침팬지나 보노보 사회로부터 끌어낸 가족의 형태야 말로 인간사회의 형성으로 이어지는 것이다. 난혼집단에서 시작되어 부계가족이 형성되는 시점을 문명 개시기로 보는 이전의 구분을 원숭이와 인간의 경계로까지 소급시킨 것이다. 그럼 인간은 가족의 원형인 쌍 구조를 일단 포기한 뒤에 다시 본격적인 가족을 재형성한 것일까.

인간사회의 원형을 직접적으로 고릴라형 사회에서 찾는 야마기와 주이치^{山極壽一}씨의 견해는 매우 매력적이다.[5] 그림2의 결론은 인간과 침팬지·보노보 공통 조상은 660만 년 전에 고릴라의 조상과 분기한 후 490만 년 전에 인간과 침팬지로 재분기한 것을 보여준다. 인간과 침팬지의 분기점에서 BSU는 인간 BSU와 침팬지 BSU 양쪽 모두로 전화 가능한 BSU였고, 고릴라 BSU 혹은 그 전화물이라고 생각된다. 고릴라형 일부다처 BSU로부터 침팬지형 부계다부 BSU로의 이행은 앞에서도 서술한 것처럼 성숙한 수컷이 집단에서 나가지 않게 되면서 수컷의 암컷에 대한 배타적 독점성이 약해져 가능하게 되었다.

성적 이형^{性的二型} 즉 암수의 성차는 종이 갖는 사회구조의 형질적 표현이기도 하다. 단혼 BSU에서는 일반적으로 암수 크기에 차이가 없고, 보노보와 같이 난혼화하여 암컷을 둘러

---

5) 『家族の起源―父性の登場』(東京大學出版會, 1994).

제 3 장 전제국가의 형성

싼 수컷들의 경쟁이 감소한 사회에서도 성차는 두드러지게 감소한다. 일부다처집단 혹은 수컷의 순위제가 엄격한 사회에서는 일반적으로 성차가 크다. 인간과 침팬지의 공통조상은 고릴라와 같이 수컷이 큰 형질로부터 출발했다고 생각된다. 침팬지와 보노보는 성적 이형을 약화시키면서 앞서 말한 집단변화를 이룩했다. 인간은 오스트랄로피테쿠스 아파렌시스(Australopithecus afarensis)단계까지 남녀간 2배 정도의 현저한 성적 이형을 유지하고, 이후 점차 그 차이를 축소시키면서도 현재에 이르기까지 상당한 성차를 남기고 있다. 난혼상태로부터 단혼·복혼가족으로 이행한 동기를 집단레벨에서는 생각하기 힘들기 때문에, 인간은 일부다처 혹은 복혼집단 이후에 점차 이들의 상위조직으로서 무리(band)를 형성했다고 생각하는 편이 가장 자연스럽다. 현존하는 사회 가운데 초기 인류의 생태적 조건이 가장 가까운 무리사회가, 결합의 가변부분을 가족집단이 만들어 내는 상호관계에 두고 있는 것과도 정합한다. 뒤에서 보는 것처럼 수렵채집사회에서는 가족 내 결합 자체가 여전히 불안정했지만, 가족 간 관계는 더욱 불안정했고 가족 간 결합의 실현이 최대과제였다.

원숭이에서 인간으로의 진화사는 이상과 같이 정리할 수 있을 것이다. 단독행동에서 쌍으로, 쌍에서 더 큰 집단으로 영장류사회는 확대되었고, 그 과정에서 생태계의 우위를 점하면서 적응방산適應放散[6]을 이뤄왔다. 그 속에서 일본원숭이 등

---

6) [역주] 생물의 한 분류군이 형태적·기능적으로 다양하게 분화하는 현상

● 3.1 전 국가사회의 발전이론

진원류 주류 및 침팬지·보노보 등이 기존의 사회집단을 해소하면서 보다 큰 집단을 결성했다. 그에 비해 인간은 기존의 쌍적인 혹은 가족적 집단을 전제로 그 위에 상위집단을 결성하고, 그에 의해 새로운 사회적 기능을 부가적으로 획득했다.

그러나 원숭이의 집단구성 원리는 인간의 그것과는 다르다. 인간집단이 사회 구성요소의 기능을 분화시켜 구조적으로 형성된 것에 비해, 원숭이집단은 기본적으로 개체의 단순한 집합으로서, 집단규모 확대에 따른 메리트의 결과로 존재한다. 집단구성을 '허용성'개념으로 설명하는 것은 그래서 적절하다.

그럼에도 침팬지·보노보 단계가 되면 새로운 성격이 더해지기 시작한다. 다양한 사회관계 조정행동과 함께, 분여分與 혹은 교환유사행위가 생겨나 수컷만이 수렵에 참가하는 식으로 암수 간 초보적인 '경제' 분업이 보이고, 수렵에서 수컷끼리의 공동행동도 보이게 된다. 집단은 구조화를 시작한다. 인간은 이런 방향성을 근접종近接種으로서 공유하면서 한층 강화한다. 500만 년 전 가장 심했던 한랭화와 건조화 속에서 어쩔 수 없이 열대우림을 나온 원숭이는 안정과 효율을 위해 직립 보행을 시작하는데, 그 결과 해방된 양손은 도구의 사용과 함께 갖고 돌아가 먹는 것, 즉 본격적 분업을 촉진했다. 직립에 따른 후두喉頭의 하강은 발음을 획기적으로 풍부하게 만들었고, 침팬지·보노보도 갖고 있던 높은 상징 조작능력이 급속히 언어로까지 이어졌다고 추정된다. 발달지연과 유형진화幼形進化는 인간에게 발달한 대뇌와 장기간에 걸친 학습을 가능하게 만들었다. 이런

제3장 전제국가의 형성

변화로 인간은 분업 가능한 조직과 집단을 만들고 운영할 수 있는 조건을 현저히 확대시켰다. 발달한 뇌는 성을 관리가능하게 했고, 가족적 단위집단을 해소하지 않고도 집단을 확대할 수 있는 조건을 만들었다. 이리하여 성과 연령에 따른 분업이 수반된 공동 경제단위로서의 가족으로 일부다처집단을 진화시키면서, 나아가 가족을 넘어선 상위집단을 형성하는 방식으로 원숭이는 인간으로 이행해 갔다.

가족 위에 상위집단을 구축한다는 집단중적구조는 이처럼 인간이 획득한 능력을 조건으로 형성됐는데 이 구조가 인간에 의해 본격적으로 실현된 의미를 생각해보자. 집단중적구조는 국가단계에 이르기까지 이후 인류사회의 발전과정을 관통하는 것이다. 이 구조의 기본 장점은 하위레벨의 집단이 기초적인 사회적 업무들을 자기 집단 내 과제로서 어느 정도는 집행가능하고, 그 이상의 상대적으로 한정된 과제에 대해서만 집단 간 관계로서 상위집단 내에서 문제가 처리된다는 점이다. 이에 따라 한정된 구성원 사이에 성립되는 비교적 약한 결합력을 기초로, 기초집단 내에서 특별한 관리시스템 없이 다수의 문제가 처리될 수 있다. 상위집단은 한정된 과제만을 집행하면 되고, 한정된 집단결합·관리력으로 큰 집단의 결합을 유지할 수 있다. 만약 가족이라는 집단이 스스로 재생산을 할 수 없다면, 무리·부족 같은 체제는 식량 확보와 분배, 아이들의 보육·교육 같은 매우 많은 과제를 특별한 기구와 조직된 노동을 통해 처리해야만 한다. 집단중적구조가 아니라면 특별한 기구와 조직된 노동을 갖추지 않는 이상, 대규모화한 집단은 분업 없는 집합체제에 머물 수밖에 없는 것이다. 이것은 결국 앞으로 보는 것처럼 전제국가구조의 문제이기도 하다.

3.1.3 무리에서 수장제까지

무리사회

490만 년 전부터 1만 년 전까지 인류사의 대부분을 점하는 수렵채집을 기초로 한 초기의 인간사회 구조를 추적하는 것은 자연인류학은 물론 고고학적으로도 한계가 크다. 본질적으로 불안정한 수렵사회는 캠프의 흔적을 제외하면, 제대로 된 집단생활의 흔적을 남기고 있지 않다. 현존하는 수렵채집사회를 초기 인류사회와 동일시하는 것은 물론 오류다. 무엇보다도 현존하는 것은 문화적으로도 차원이 다르게 높은 사회적 결합능력을 가진, 틀림없는 현대인의 무리(band)다. 자연인류학의 관점에서 생각하면 막 탄생한 인류사회가 현존의 무리보다 일부다처적·복혼적 성격과 분열성이 강했고, 집단 간 관계는 한층 가소성可塑性을 갖고 있었다. 수렵채집이라는 생업형태와 그에 규정된 사회 자체가 이미 역사적으로 변용을 하였다. 현존하는 수렵채집사회는 근대사회와 접촉하면서 크든 작든 변형된 것이다. 근대사회의 침입으로 수렵민 대부분은 본래의 좋은 거주지에서 쫓겨났다. 원래 점유하고 있던 좋은 수렵채집지의 경우, 그 사회규모는 현존 무리사회보다도 대규모였을 가능성이 높다. 수렵수단이 진보했고 역으로 수렵대상은 감소했다.

제3장 전제국가의 형성

사회형태에 미치는 근년의 이동과 환경변화의 역할도 크다. 그럼에도 불구하고 현존하는 수렵채집사회에 대한 사회인류학적 지견은, 초기 인류사회의 수렵채집이라는 생태적 조건이 사회집단의 구조와 어떠한 관계에 있는가라는 기본 문제 해결의 단서를 제공해준다. 이 점을 전제로 그래도 현존사회에서 가장 집단결합이 느슨한 무리사회를 통하여 역사단계로서의 수렵채집사회가 갖고 있는 성격을 생각해보자. 무리사회에 관한 이하의 서술은 신진화주의의 입장에서 무리사회에 대해 포괄적으로 기술하고, 그 밖에도 다나카 지로田中二郎와 이시카와 미쓰오石川光雄의 !쿵족(!Kung people)과 음부티족(Mbuti people)에 관한 연구를 내 나름대로 해석하겠다.[7]

무리는 주지하는 대로 일부 복혼複婚을 포함한 단혼적 가족 몇 개가 모여 만든 부계 거주집단으로 상위집단을 갖지 않는다. 특정 무리 사이에는 혼인관계에 따라 친근성이 존재하지만 조직을 형성하지는 않는다. 무리사회의 특색은 집단의 고정성이 두드러지게 낮다는 것이다. 부부의 결합도 고정성이 부족하고 대부분 남편 또는 처가 동거생활을 이탈하면 부부는 해소되는 것으로 간주된다. 게다가 가족 내 결합 이상으로 가족 간 결합은 불안정하다. 먹거리 채집조건이 좋지 않은 지역에서는

---

7) Elman R. Service, *Primitive Social Organization*(1962) /『未開の社會組織―進化論的考察』(弘文堂, 1979). Elman R. Service, *The Hunters*(1966) /『狩獵民』(鹿島硏究所出版會, 1972). 田中二郎『ブッシュマン―生態人類學的硏究』(思索社, 1977). 市川光雄『森の狩獵民―ムブティ・ピグミ-の生活』(人文書院, 1982).

3.1 전 국가사회의 발전이론

가족마다 단독행동을 하는 경우도 많다. 또 계절적으로 봐도 채집조건이 좋은 시기에 모인 몇 개의 가족이 채집조건이 좋지 않은 시기에는 따로따로 행동하는 경우도 많다. 수년간 공동 행동하는 무리에서도 그 분열과 재편은 수시로 일어난다. 현존하는 무리사회에서도 역시 가족보다 상위의 집단은 불안정하다. 인간사회의 형성과정과 연결 지어 생각해보면, 인간은 강고한 원시공동체가 아니라 불안정한 가족의 집단에서 출발했다고 생각해야 한다.

이 불안정한 무리결합은 상호 의존상태에 의해 유지된다. 개인 및 가족에 선행하여 공동체가 존재했던 것이 아니다. 거기에는 그럴만한 이유가 있다. 활·화살 등의 소유는 명확히 개인에 귀속되고, 그것들로 얻어진 수렵의 획득물도 일단은 개인에 귀속된다. 그러나 획득물은 집단적으로 소비된다. 획득물은 수렵참가자 사이에서 일정한 관습에 따라 1차로 분배되고, 캠프로 가지고 온 1차 분배물은 혈연자·이웃 사이를 오가며 철저하게 2차 분배되고, 특수한 부위를 제외하고는 결과적으로 캠프의 구석구석까지 빠짐없이 분배된다고 한다. 더욱이 각자 가족에게 가져가는 고기는 여자가 조리하여 캠프광장의 중심에 모인 남자들에게 가져온다. 그 비슷비슷한 조리품들을 남자들은 서로 돌려가며, 말하자면 다시 분배하여 먹는 것이다. 합리적 감각에서 보면 불필요할 정도로 철저하게 호혜, 호수互酬원리에 기초한 분배가 집단을 유지하고 있다. 동시에 이것은 저장을 하지 않기 때문에 가족원 중 일하는 사람에 문

제 3 장 전제국가의 형성

제가 생기면 곧바로 위기에 빠져버리는 가족경제에 꼭 필요한 안전장치가 되었다. 이 사회를 지탱하고 있는 것은 남자들의 연대다. 개개의 가계를 책임지는 여자들이 독자적인 이해를 반영한 행동양식을 취하는 경우가 많은데 비해 남자들은 협동적이다. 무리 내에서의 사회적 의사형성은 평소 토론을 좋아하는 남자들의 일상적인 토론에 의해 실현된다. 캠프 내 이동 등 무리의 운영에 관한 의사결정도 장소와 시간을 특정하여 논의하지 않는다. 캠프 광장의 중심에 모여 이뤄지는 평소 잡담의 일부로 이야기는 진행된다.

거기서 토론을 지도하는 특정한 리더는 존재하지 않는다. 코끼리 사냥 기술이 뛰어난 자, 해마다의 기상 지식이 풍부한 노인 등 사람들은 각자 능력에 따라 개별 토론 국면에서 지도적 역할을 한다. 그러나 그것도 그때 뿐이고 오히려 특정화를 배제하려는 움직임이 작동한다. 지도자가 나타나는 비교적 안정성이 강한 무리에서도 그 역할은 제한적이다. 또 집단의 의사형성에서 결론을 강제하는 독자적인 체계는 존재하지 않는다. 이것은 조직의 불안정성을 의미하며 동의하지 않으면 이탈하거나 분열한다. 새로운 캠프지에 동의하지 않는 가족은 독자적으로 행동하면 되는 것이다. 불확정적인 의사결정 시스템은 집단의 이합집산성에 담보된다고 할 수 있다. 인간은 일단 가족을 기초로 하고, 가족경제의 보강을 위해 불안정적으로 중적시킨 무리에서 출발했다고 생각된다. 본원적으로 비고정적이고 불안정한 수렵채집 경제에는 이와 같은 소규모적이고 느슨한 결합 형태로 대응이 가능했고 또 가장 적합했다.

농경화와 사회발전

말할 필요도 없이 농경의 개시는 인류사의 획기적 사건이었다. 일본의 조몬 문화처럼 특별하게 안정된 수렵·어로 및 채집조건이 갖춰져 있고 게다가 수확물을 처리하고 보존하는 상당한 기술수준을 가졌던 경우를 제외하고, 정주화는 농경과 함께 본격적으로 시작되었다. 정주는 저장을 가능케 한다. 수렵채집경제는 노동생산성이 낮아서 저장물을 가질 수 없었던 게 아니다. 보존조건이 없기 때문에 그들은 매일 필요한 식료를 위해 매일 적은 시간만 노동하면 족했다. 수렵채집생활은 계절에 따라 이동하므로 부동산은 물론 제대로 된 동산이나 저장과 거리가 멀었다.

저장이 가능하게 되는 것은 잉여형성·잉여수취의 발생과 표리일체다. 생산력이 '상승하여' 잉여가 발생하는 것이 아니다. 오히려 잉여가 발생하는 생업형태의 개발이 축적동기를 유발하고, 사람들로 하여금 보다 장시간의 노동으로 생산증대를 꾀하게 했다. 농경의 개시는 다양한 농산물, 곡식에 불가결한 소금, 농구의 소재 등 생산부분을 다양화시키고 지역 간 교환을 본격화시켰다. 나아가 농경은 인구밀도를 비약적으로 높였다. 일반적으로 수렵채집에 비해 건지(乾地)농법은 20배, 관개농법은 100배 정도 인구밀도가 높아졌다. 이러한 변화는 집단구성에 결정적 변화를 초래하였다. 수렵채집집단은 기본적으로 불안

제3장 전제국가의 형성

정했기 때문에 무리사회의 자기관리는 느슨했다. 정주화는 집단의 고정화와 이를 견딜 수 있는 결합양식을 요구한다. 관개灌漑가 전형적인데 농경은 많은 사람들이 참가하는 조직된 노동의 필요성을 증대시켰다. 또 철기에서 보듯이 집단의 재생산을 위해 교역은 필수적이었다. 농경의 개시는 집단이 담당해야할 업무를 비약적으로 증대시켰다.

농경화에 따르는 노동편성 요구는 집단들 위에 상위편성을 필요로 했다. 동시에 농경화에 따르는 인구밀도의 증대와 토지점유관계의 강화는 집단 간 관계조정을 요구했다. 인간은 가족 위에 가족을 포괄하는 무리를 만들었지만, 여기에 더 상위의 집단을 더하게 되어 수렵채집 단계보다도 훨씬 큰 통합에 도달했다. 고고학적으로 검증가능한 일본의 초기 농경사회에 맞춰보면 집단은 다음과 같이 중첩된다.[8] 최소단위로서의 가족. 무리 혹은 무리 내부에 존재하는 작업 단위 집단인 4~5개의 가족으로 구성된 이른바 세대공동체. 그것들이 몇 개 모여 생겨난 비교적 대형의 촌락. 중심촌락과 주변 소촌락을 모아 생긴 집단. 이들이 모인 한층 더 상위의 집단.... 이 집단들은 각각 사회적 기능을 수행했다. 수혈식竪穴式주거의 내부에 화로火爐를 갖는 소비단위로서의 가족, 고상식高床式의 수확물 수납창고를 갖는 생산 기본단위인 '세대공동체'. 생산의 기초조건 정비 등의 업무를 담당하는 촌락. 생산조건의 정비와 함께 교역·방위·제사 같은 기능을 집단적으로 수행하는 촌락의 집합체....

---

[8] 都出比呂志『日本農耕社會の成立過程』(岩波書店, 1989).

원숭이에서 인간으로 바뀌었을 때와 마찬가지로 농경화한 사람들은 기존의 집단을 유지한 채 상위집단을 더하면서 새로운 사회적 기능을 실현하였다. 사회적 기능은 각 집단이 느슨하게 분할하여 담당하였고 하위집단은 독립한 기능단위이기는 하지만 자기완결적인 집단은 아니었다.

이리하여 집단은 구성원을 증가시키고 고정하지 않을 수 없게 되어, 해야 할 업무가 비약적으로 증대되었다. 더욱이 집단의 중적을 포함하여 집단간 관계 조정이 필요해졌다. 새로운 집단을 지탱하는 원리의 하나가 혈연이다. 무리사회에서도 혈연적 친근성이 일반적으로 존재했지만, 그 사회는 혈연적으로 결코 강고하게 결합되지는 않았다. !쿵족 및 음부티족 사회에서 혈연은 극히 한정된 범위에서만 자각된다. 친족조직은 발달하지 않았고, 씨족(clan) 및 종족(lineage)의 조직화는 없다. 경우에 따라서 특정한 다른 무리와 통혼관계가 보이지만, 불안정한 수렵채집 무리의 경우에는 그조차도 발달하지 않았다. 농경화에 따른 새로운 집단을 뒷받침하기 위해 혈연 원리를 '발견' 혹은 재고하게 된 것이다. 8~9세대에 걸쳐 계보를 인식하는 씨족 집단 및 십 수 세대 전으로 설정된 공통의 조상을 매개로 관계가 만들어진 종족 집단이 기능하게 된다. 그것들은 처음부터 거주 집단과 반드시 일치하는 건 아니지만, '세대공동체'를 세대로 확정하는 데서 출발하여 소위 원추圓錐 씨족의 형태로 집단에 질서를 부여하게 되기까지, 고정되어야 하는 집단·집단 간 관계의 지지원리로 기능했다. 그 때 사회의

제3장 전제국가의 형성

여러 상황에 응하여 원래의 BSU로서는 '부계'였던 인간사회에 부계·모계·쌍계 등 다양한 인식 틀이 만들어졌다.

다만 혈연집단은 강고하고 고정적이며 혈연은 인간이 본래 갖추고 있던 결합 원리다라는 역사학의 암묵적 오해를 바로잡을 필요가 있다. 원래 혈연은 친자관계가 종횡으로 무한하게 확대되는 연쇄의 어떤 부분을 부계든 모계든 어떤 원칙에 따라 잘라내어 집단을 만들어내는 수단이다. 부계·모계·쌍계 등 어떤 원리를 채용해도 여전히 혈연의 연쇄는 무한하게 확대된다. 그 연쇄의 어떤 부분을 잘라내어 집단으로 할 것인가는 혈연 이외의 정치적·경제적 조건에 규정되고, 혈연은 그런 의미에서 전제조건에 불과하다. 표준적 집단 규모에 관한 각각의 사회통념을 전제하더라도, 각각 어떤 부분을 잘라낼 것인가는 개별 상황에 의존하며 혈연집단이 자연적·확정적으로 존재하고 있는 것은 결코 아니다. 그 때문에 혈연은 실효적 지배의 추인 틀로 편리하게 이용된다.

또 혈연은 개인 혹은 집단을 타자로부터 구별하거나 타자와 관계 맺게 하는 비교적 단순한 설명원리에 지나지 않으며, 그 자체가 고차원적인 문제처리 능력을 갖고 있는 것은 아니다. 그것은 사회기반 위에서 작동하는 상대적으로 '약한 힘'이다. 따라서 혈연은 농경화에 따른 집단 고정화와 집단 간 관계를 설명해야할 필요 때문에 등장했고, 이후에도 다양한 상황 속에서 집단결합의 소재로 재발견된다. 명청기가 되어 종족이 기능을 확대한 것도 그 사례이다.

농경 규모가 확대되고 안정성이 필요해진 집단을 위해, 이것을 지탱하는 또 하나의 새로운 힘으로서 신神이 창출되었다. 무리사회는 결코 종교적이지 않았다. 자연의 많은 것들에 정령精靈이 존재하고, 사람들은 샤먼을 매개로 그것들과 교류하며 병의 진단 및 치료 등을 행했다. 그러나 일반적으로 신을 모시지는 않았고, 무엇보다도 신은 도덕적인 힘을 발휘하지 못했다. 종교적 이데올로기는 도덕적·윤리적 내용을 전혀 갖고 있지 않았다. 신은 사회의 다른 이름이다. 신은 초보적으로는 혈연과 마찬가지로 집단과 집단 사이를 구별 짓기 위한 상징으로서 기능한다. 조상신의 체계는 부족사회에서 집단의 분절과 일치한다. 나아가 신은 마셜 살린스가 말하듯 사회에서 가장 중요한 가치와 관계들이고, 사회를 통합하고 결합력을 높여 일체화를 촉진해 공동체를 유지하는 모든 기능을 상징한다.[9] 사회가 조직적이고 명시적인 합의에 기초하여 규범을 공유하고 규범으로서의 강제력을 실현하는 것이 아직 곤란한 단계에서는, 일반적 가치 및 관계는 신에게 예탁되는 것이 바람직하다. 그럼으로써 집단의 안정성이 유지된다. 예탁된 규범은 단체결합을 위한 공유 룰로서 단체결합의 보증인이 된다. 규범은 수시로 상기될 수 있으며 신판神判 등의 힘이 될 수 있고, 지도자·왕이 가지는 규범능력의 전제가 되기도 한다.

이와 같이 신은 혈연보다도 조금 더 기능적인 원리다. 그

---

9) Marshall D. Sahlins, *Tribesman* (1968) /『部族民』第6章 (鹿島研究所出版會, 1972).

제3장 전제국가의 형성

이후에도 사회가 새로운 질과 규모를 갖춘 단체결합의 필요에 직면했을 때, 신은 규범성립의 입회자 혹은 예탁된 규범에 들어맞는 판결자로 재등장한다. 봉건적 단체의 형성기에 요구된 강한 결합의 보증인으로서, 일미신수一味神水[10])의 입회인으로서 신은 중요한 역할을 한다.[11]) 혹 사회관리 능력을 비약적으로 집중시키려는 지배자·지도자는 종종 신의 대리인 혹은 신 자신으로 등장한다. 절대주의 형성과정은 물론 근대국가 형성과정에서도 신이 차용되곤 했다. 사회의 규범능력이 성숙하면 신은 점차 뒤로 물러나게 된다.

사회의 내부에도 집단을 유지하는 조직관계가 형성된다. 의사결정 시스템은 두 가지 방향으로 성숙해간다. 하나는 리더십 형성이고, 또 하나는 집단적 합의형성의 제도화다. 무리사회에서는 양쪽 다 발달하지 않았다. 리더십은 특정 활동에서 개인능력을 기초로 사람들의 지지가 모이는 한도 내에서 제한적으로 기능했다. 사람들의 외경심을 얻어 높은 지위의 개인이 탄생하는 경우에도 강제력을 동반한 리더십은 존재하지 않았다. 사람들의 합의는 캠프 광장에서 이루어지는 남자들의 일상적 대화 속에서 형성된다. 거기에는 특별한 회의장도 없고 합의의 구속력도 없었다.

그런 단계를 벗어나 결정의 장은 점점 특정화되고 제도화

---

10) [역주] 중세 농민 봉기때 사람들이 함께 신수를 마시며 단결을 맹세하는 행위.
11) 勝俣鎭夫『一揆』(岩波書店, 1982).

된다. 종교 집회나 연락인이 공지한 때와 장소가 의사결정의 장이 된다. 토론에 즈음해서 지도적 역할을 하는 사람들이 정해진다. 소집·전달·운영절차 등 회의 규칙이 정식화된다. 이러한 초보적인 민회 상태는 게르만사회 등 많은 곳에서 보인다. 다만 규칙은 아직 확정적이지 않았을 것이다. 호메로스의 서사시에 나오는 아고라는 제대로 갖춰진 전사공동체로서의 고전고대국가 형성에 직접 선행하는, BC 8세기 단계의 상황을 보여주고 있다.[12] 집회는 왕에 의한 소집, 전령에 의한 전달, 장로에 의한 사전논의, 왕들의 좌석, 발언자의 홀장笏杖, 사실상 찬부 표명자로서 민중의 역할 등 많은 점에서 제도화가 진행되었다. 그러나 왕 이외의 인물에 의해 소집되거나 왕 이외의 발언자가 자기발언으로 집회를 종료시키거나 하는 경우도 있어 규칙은 아직 확정적이지 않았다. 집회에서는 투표도 의결도 없었고 집회 내용에 왕이 구속되는 것도 아니었다.

수장제

국가형성론을 구체화하는 과정에서 신진화주의 문화인류학은 적지 않은 공헌을 했다. 그것은 주로 분절적 부족사회와 국가 사이에 수장제首長制라는 고유의 단계를 설정한 데 있다. 멜라네시아같은 사회에서 보이는 구조적·정치적으로 동등하게

---

12) 호메로스에 나오는 아고라의 서술에 대해서는 山川廣司「ホメロスにみられるアゴラ」『北海道教育大學紀要』38-1(1987)에 정리되어 있다. 또 집단적 의사결정 방식을 비롯한 호메로스의 세계에 대해서는 Moses I. Finley, *The World of Odysseus* (1954) /『オデュッセウスの世界』(岩波文庫, 1994) 참고.

제3장 전제국가의 형성

나뉘어진 단조로운 부족사회에 비해 폴리네시아, 미크로네시아 및 환 카리브·아메리카 지역에서 보이는 사회는 수장제로 정의된다. 혈연이 사회관계 질서의 원리로 작동하지만 이미 평등한 사회는 아니다. 혈연집단은 계통의 위치에 따라 서열이 매겨져 질서 지워진다. 원추圓錐 씨족 등을 전형으로 하는 이런 구성은 종종 실력지배를 추인하는 것으로, 혈연적으로 의제擬製된 것이다. 이 서열 체계에 기초하여 각종 재물과 노동력 및 권위가 재분배된다. 집중된 재물과 노동력은 커다란 공공센터와 생산설비 기반 혹은 수장을 위해 특수화된 공예품 등을 만들어내고, 또 이런 기능을 관리하는 권력과 기구를 창출한다. 이미 개인의 리더십이 아닌, 지위·직무에 갖춰진 힘으로서의 권력이 형성되고 왕 및 다양한 기능을 수행하는 신하가 그것을 실현한다.

수장제 정치편성은 민족지적 뿐 아니라 문헌적 혹은 고고학적으로도 추적가능하다. 잉카제국에서의 재물과 노동력의 집중은 통일적 인민편성에 바탕한 조세징수에 의한 것이 아니라, 아이유(ayllu)라고 불리는 사회집단을 기초로 한 재분배 체계의 정점으로 실현되었다. 아이유에서는 상호의무로서의 공동노동이 밭갈이畝立·파종·수확, 혹은 노인·과부 등에 대한 노동봉사, 촌락제사를 위한 술 빚기 등에 행해졌다. 쿠라카(kuraka)라고 불리는 지방수장을 위한 밭 경작도 공동노동의 일부로 행해졌다. 쿠라카는 이런 공동노동을 향유함과 동시에 공동 수확물을 구성원에게 재분배한다. 잉카를 위한 각지의 방대한 저장물도 같은 형태로 조직된 농경·노동봉사로 만들어지고, 그에 대해 잉카는 식료나 옥수수 술 등을 나누는 '인심 후한 분배자'였다. 정규적으로 행해진 왕의 행군은 상납과 분배를 위한 순환로 역할을 하였다. 수천 미터나 되는 고도차가 있는 잉카영역 내에서 해산물·옥수수·감자 같은 다양한 물자가 이와 같은 방식으로 이동하였다고 한다.[13]

왕과 관료기구를 갖춘 아시아적 전제국가로 간주되는 미케네 문명도 수장제를 기초로 한 재분배 시스템으로 이해된다.[14] 지방집단과 그것을 대표하는 지방수장에게서 대량의 물자가 집중된다. 그것을 재분배하기 위해 관리하는 수단이 선형문자 B가 씌어있는 점토판이고, 그것을 수납하는 장소가 지하의 미궁迷宮이라고 칭하는 공간이었다.

---

13) Nathan Wachtel, *La vision des vaincus. Les Indiens du Pérou devant la conquête espagnole (1530-1570)* (1971) /『敗者の想像力』(岩波書店, 1984) 第2部 第1章, 또『現代のエスプリ』125 (アステカとインカ) (至文堂, 1977).

14) 周藤芳幸「再分配システム試論—エーゲ海宮殿社會の經濟構造をめぐって」『歷史の理論と教育』90(1994).

3.2 중국전제국가의 형성

3.2.1 중국수장제의 형성

초기 인류사회 단계에 대한 일반적 인식을 기초로 초기 중국사회가 어떻게 형성 되었는가 확인해두자. 사회에 대하여 어느 정도 감을 잡을 수 있는 것은 농경화 이후다. 중국에서 농경 개시 흔적은 현재 확인할 수 있는 범위에서는 후난성의 펑터우산彭頭山 유적이 가장 오래되었다.[15] 대략 BC 7000년경으로 추정된다. 혹은 이보다 조금 더 오래된 사례가 발견될지도 모르지만, 펑터우산 유적에서 출토된 종자 자체가 아직 균질하지 않고 재배의 초기 단계를 보여준다고 생각되므로 중국 농경이 이보다 크게 거슬러 올라가지는 않을 것이다.

BC 7000년경에 개시된 농경은 2000년 정도 지나 안정성이 높아졌다. BC 4770년±140년으로 추정되는 저장성 위야오시 허무두河姆渡 유적에서는 제법 개량된 골제骨製 경기耕起용구 등이 출토되었다. 같은 시기인 화베이의 양사오仰韶 문화를 포함해서 이 시기에 집단 확대와 중적이 현저해졌다.[16] 산시성의 장자이姜寨・반포半坡에서 둥베이까지 안정된 농경을 반영하는 비교적 큰 규모의 집락이 확인된다. 취사용 화로와 조리기・

---

[15] 중국 초기 농경의 전체적인 배치에 대해서는 甲元眞之「長江と黃河 ―中國初期農耕文化の比較硏究」『國立歷史民俗博物館硏究報告』 40(1992).

[16] 이 시기 집락의 구조에 대해서는 岡村秀典「仰韶文化の聚落構造」『史淵』128(1991), 朱延平「新樂・趙寶溝集落の考察」岡本强編『住の考古學』(同成社, 1997).

식기 등을 갖춘 소형주거가 소비단위로서의 기본가족을 표현하고 있다. 2~3동의 소형주거로 이뤄진 집합체가 세대공동체 혹은 확대가족을 나타낸다. 이것들이 3~4단위 모여 주거군이 형성되고 경우에 따라서는 주거군이 몇 개 모여 하나의 집락을 구성하는 식의 구조가 집락유적 내부에서 관찰된다.

이렇게 시작된 집단의 확대와 중적의 전개에서 BC 3000년은 새로운 위치를 차지한다. 집단 간의 군사대립을 보여주는 지표들이 출현한 것이다.[17] 큰 도끼鉞와 살상용으로 특화한 화살촉鏃 등의 무기가 출현함과 동시에 이런 무기로 살해된 사람의 유해가 출토되었다. 습격을 받아 노인 및 어린이가 살해당하고 불탄 주거가 남아있다. 화베이에서도 룽산龍山 문화가 되면, 명확하게 성벽으로 확인되는 방벽을 가진 집락이 출현한다.[18]

집락 간 관계와 함께 집락내부에도 변화가 나타났다. 집락 내 수요만으로는 생각할 수 없는 대량의 공예품 생산 흔적이 발굴되어,[19] 집락 간 연계가 확대되었음을 시사한다. 특정 인물의 장례가 점차 성대해진 것을 보면 집락구성원 내부에서 계층화가 진행되었음을 알 수 있다. 그러나 성대한 장례에서도 부장副葬된 토기의 양식은 일반 부장품의 양식과 완전하게

---

17) 岡村秀典「中國新石器時代の戰爭」『古文化談叢』30하(1993).
18) 룽산문화의 거주형태에 대해서는 岡村秀典「中原龍山文化の居住形態」『日本中國考古學會會報』4(1994).
19) 中村愼一「石家河遺跡と中國都市文明の起源」岡本强編『住の考古學』(同成社, 1997).

제3장 전제국가의 형성

분리되지는 않았고, 동일양식 내 특수한 상등품이라는 범위를 벗어나지는 않았다.[20] 묘제墓制에 비하면 주거의 계층성은 현저하지는 않은 듯하다. 또 형성과 위치로 봐서 명백히 방벽으로 확인되는 시설을 갖는 집락의 규모는 결코 크지 않았다. 화베이 룽산의 방벽집락 규모는 양사오 문화와 결정적인 차이가 없다. 수장제는 형성되기 시작했겠지만, 그 규모와 힘은 그다지 크지 않았다고 평가할 수 있을 것이다.

집락 혹은 집단 간 정치적 편성이 명확하게 성립하는 것은 은나라 시기로 비정되는 얼리터우二里頭 문화의 후반기, 나아가 얼리강二里岡 문화를 기다려야한다. 대략 4000년 전의 시기일 것이다. 정저우 얼리강에는 성벽으로 둘러싸인 3.5제곱킬로미터에 이르는 커다란 공간이 지배 씨족 거주지, 제사 등의 공공센터, 부속된 수공업자 집단의 거주지로 만들어졌다. 질과 양에서 충실한 청동기는 원료채굴부터 특수화한 가공기술까지 모두 조직된 잉여를 전제로 가능한 것이었다.

궈모뤄郭沫若의 저명한 은주노예제시대론[21]에 대하여 허우와이루侯外盧가 씨족적 마을 공동체의 중적구조로서 은주사회를 분석한 이래,[22] 은주~춘추초기는 노예제시대에서 구조화된 씨족사회의 시대로 평가가 변했다. 량치차오가 주대 봉건제를 씨족사회에 기초한 권력집중화의 한 단계로 봤던 견해로

---

20) 林巳奈夫 『中國文明の誕生』(吉川弘文館, 1995).
21) 郭沫若 『中國古代社會硏究』(上海聯合書店, 1930). 同 『奴隷制時代』 (上海新文藝出版社, 1952).
22) 候外盧 『中國古代社會史論』(人民出版社, 1955).

실증을 거쳐 복귀한 것이다. 전후 일본의 여러 연구는 이 점을 실증적으로 더욱 명확히 했다. 서주西周·춘추기에 이르기까지 사회의 기저에서는 개별가족으로 해소되지 않는 집단이 정치적·경제적으로 기능하고 있었다. 씨족·종족구조를 갖는 유력한 씨氏가 각국의 정치체제를 담당하고 있었고, 군사력을 표현하는 갑甲은 씨를 단위로 보유되고 동원되었다. 공전公田에서 집단노동의 조직화와, 그 생산물을 상층부에서 저장하고 재분배하는 잉카의 아이유와 유사한 집단관계를 『시경』의 농사시에서도 읽어낼 수 있다.[23]

이런 집단들 위에서 은 왕권의 영향력은 광범위했다. 양쯔강 근처의 후베이성 완롱萬龍에까지 일시적으로 군사적 영향력을 행사하고 있었고, 정저우 축성에 든 방대한 노동력(6×10^7 노동일로 추정)은 지배력의 규모를 보여준다. 그러나 그 통합은 긴밀하지도 집중적이지도 않았다.[24] 은왕과 마찬가지로 지방에는 그에 준하는 왕묘王墓가 존재했다. 특정의 갑골문자가 문맥에 따라서 때로는 씨족을, 때로는 그들이 거주하는 지명을, 때로는 그들을 대표하는 개인을 표현하는 식으로 이런 지방적인 정치단위를 표현하고 있었다. 그들은 직능을 갖고 왕권에 참가하였다. 그러한 직능 가운데에는 군사행동 같은 어떤 국면마다 행하는 개별임무가 아니라, 왕과 함께 갑골점을 치는 정인貞人처럼 일정한 연속성을 갖고 수행하는 직무관계도

---

23) 白川靜「詩經に見える農事詩(上)(下)」『立命館文學』138, 139(1956).
24) 은나라에 의한 씨족통합에 대한 이하의 이미지는 주로 白川靜『甲骨文の世界』(平凡社, 1972)에 의거했다.

제3장 전제국가의 형성

이미 있었다.

그러나 통속統屬관계는 불안정했다. 왕비 씨족이 때로 군사행동의 대상이 되었다. 일본의 야마토 정권에서 대왕묘 소재지가 광역적이고 이동이 빈번하다는 것이 지방지배계통의 교체를 의미하는 것처럼,[25] 은 중기 중심도성의 빈번한 이동은 통합체계의 불안정성을 보여준다고 생각된다. 허난성 안양安陽으로 제사센터가 이동한 이후에도 몇 대마다 제사양식이 바뀐 점, 왕의 대마다 정인 교체가 이뤄진 점도 같은 의미일 것이다. 계보에서 왕후로 여겨지는 인물의 수와 왕위 계승자 수 사이에 높은 일치가 보이는 점도 왕비를 내는 집단, 혹은 왕비로 표현되는 집단이 왕위계승의 배경에 있다는 점을 보여주는 것이고,[26] 지배관계의 비고정성을 표현하고 있다.

이어지는 서주에 의한 통합은 커다란 일보전진이었다. 초기에 만들어진 봉건적 관계는 군사거점을 기축으로 영역이 넓어졌지만, 그것은 주 왕실 일족 및 유력 씨족, 혹은 그 분족分族을 계획적·강제적으로 먼 곳까지 재배치하는 것이었다.[27] 왕을 둘러싼 제후집단에 의해 재판 및 정치적 결정 등이 행해졌고, 서주 중기에는 제대로 된 관료임용이 이뤄졌던 것을 책명금문冊命金文을 통해 엿볼 수 있는데, 그들은 직할지의 재정관리

---

25) 和田晴吾「古墳築造の諸段階と政治的階層構成—五世紀代の首長制的體制に觸れつつ」水野祐監修, 荒木敏夫編『ヤマト王權と交流の諸相 古代王權と交流5』(名著出版, 1994).
26) 伊藤道治『中國古代王朝の形成』(創文社, 1975).
27) 松井嘉德「西周期鄭の考察」『史林』69-4(1986).

같은 직무에 종사했다.

그러나 이 관직들은 사토司土·사마司馬·사공司工 등 일정한 체계성을 갖고 있었지만, 아직 개별명령으로서의 성격이 강하고 직무의 체계적이고 수평적·수직적 분할은 불충분했다. 유력 씨족은 '관료제' 질서의 틀 밖에 존재했고 관료제와는 별도로 정치적 기능을 수행하고 있었다.[28] 게다가 이러한 관료제가 기능하는 범위는 수도와 인근 지역만이고, 주변 제후와 주 왕조의 관계는 점점 확인할 수 없게 되었다. 수도는 존재했지만 체계적·구심적인 행정기구의 기능을 공간적으로 표현하는 정치센터는 아니었다. 왕은 장기에 걸쳐 군사행동을 행하는 외에 종주宗周 뿐 아니라 성주成周를 비롯한 각지의 거점으로 이동하면서 책명 등 다양한 행정적 행위를 하였다. 관료제의 성격도 조응하여 지배는 아직 개별적·직접적인 관계 총화로서의 성격을 불식하지 못했다. 덧붙여 서주 중기 이후, 왕의 지배지역에 대한 관료제적 통속시스템이 충실해지는 과정은 동시에 서주 왕실이 실현하고 있던 유력 씨족에 대한 상대적으로 느슨한 통합이 해체되기 시작하는 것을 의미했다. 씨족사회였기 때문에 서주 왕권 아래 수도 인근을 제외하면, 각지에 구조적으로 유력 씨족을 정점으로 하여 그 인근을 구성하는 유사한 구조가 존재했다. 서주 왕실을 본보기로 유력제후도 자기 휘하에 관료제적 통속에 의한 지배체계를 만든 것이 지방판 책명금문에

---

28) 古本道雅「西周冊名金文考」『史林』74-5(1991).

의해 확인 된다.[29] 상대적으로 느슨한 통합은 보다 강한 집단 단위로 분열을 시작했다.

3.2.2 국가형성을 이끈 두 개의 힘

전제국가 형성에 선행하는 수장제의 형성과정을 통관해보았다. 국가형성단계를 논하기 전에 공동체형 사회와 전제국가라는, 다른 구조를 지탱하는 다른 힘이 형성·분기하여 가는 과정을 분쟁처리 양식의 역사적 발전경향을 통하여 개관하겠다.

먼저 두 개의 구조를 표현하는 두 가지 재판제도의 도달점을 확인한다. 한쪽의 사례는 공동체사회에서의 아곤(agon)형 소송이고, 다른 쪽은 중국전제국가에서의 제소형訴え소송이다.[30] 중국과 거의 때를 같이하여 국가형성을 이룩한 고전기 아테네에서는 민중법정에서의 원고와 피고가 엄밀하게 제도화된 대등한 변론과, 배심원의 양자택일 표결에 의해 재판은 결론이 났다. 원고·피고·판결자를 포함한 공동체 구성원 사이의 규칙공유를 전제로 다툼을 벌이는 양자 사이에서, 확정된 쟁점에 대한 심판으로 아곤 소송의 결론은 확정된다. 이에 비해 중국의 재판은 소송에 응한 행정기구의 처분을 기본성질로 한다. 진대에 기본적으로 제도가 확립된[31] 중국재판은 현에 제소하는

---

29) 白川靜『金文の世界』(平凡社, 1971).
30) 아곤형 소송과 중국내 재판의 기본성격, 재판의 절차에 대해서는 滋賀秀三「左傳に現れる訴訟事例の解說」『國家學會雜誌』102-1·2(1989), 同『淸代中國の法と裁判』(創文社, 1984).
31) 籾山明「秦の裁判制度の復元」『戰國時代出土文物の硏究』(1985).

것으로 시작되어 구인·신분확인·조사·자백과 그에 따른 형의 양정量定·판결로 진행되는 행정행위다. 판결은 다투는 양자가 확인한 논점에 대한 판정이 아니라, 상황과 법률에 의거한 질서회복을 위한 적절한 조치다. 지방 행정기구의 발달에 따라 현부터 시작하여 사안의 경중에 따라 여러번 재심하는 제도가 정비되지만, 판결은 확정되는 경우가 없고 본인이 자백을 뒤집으면 고문을 동반한 조사와 재판이 계속되었다. 이런 양자의 재판은 어떠한 발전의 산물인가.

독자의 집단적 의사결정기구가 빈약한 무리사회는 재판이라는 특정행위도 드물다. 특정한 중재자도 강제력도 그곳에는 존재하지 않고, 가장 분산적인 형태의 무리사회에서는 분쟁처리도 광장에서 벌어지는 일상대화의 연장선에 있다. 곤란한 문제의 해결수단은 역시 집단의 분열 및 집단에서의 이탈이다.[32] 좀 더 조직화된 무리사회에서는 조정에 뒤이어 공중公衆 앞에서 경쟁적으로 호소한다. 이 다툼의 결론은 본인들의 상황판단에 의거하고 있고 일방적 강제력을 결여하고 있지만, 아곤적 소송으로 발전할 맹아를 품고 있었다.[33]

중국 재판과 비교해서 흥미로운 부족사회단계 분쟁처리의 사례를 하나 들어보겠다. 케냐의 칸바족에게는 씨족의 집회가 재판의 장소가 된다. 사건 당사자 집 부근의 수풀 속에서

---

[32] 田中二郎『ブッシュマン―生態人類學的研究』(思索社, 1977), 市川光雄『森の狩獵民―ムブティ・ピグミ-の生活』(人文書院, 1982).
[33] Elman R. Service,『狩獵民』에 나오는 창 던지기, 혹은 노래시합의 사례.

제3장 전제국가의 형성

저녁부터 시작되어 철야로 진행된다. 참가자는 보통 30~40명으로 멤버는 확정되어 있지 않다. 재판의 중심을 이루는 것은 장로로, 논점의 설정·교체·심증을 위한 증언, 장로의 질문·의견·권유 등 원고·피고·장로의 공방이 이어진다. 설득력 있는 웅변은 중요하고 존경받는다. 이 논쟁이 재판의 대부분을 차지한다. 따라서 원고·피고 간 논점은 확정되지 않고, 장로들은 사건의 흑백 결정을 목적으로 하지 않으며, 조정과 화해 및 사건의 재발방지를 기본으로 한다. 최종적으로는 장로들이 모여 중재안을 제시하지만, 당사자 합의가 결착의 전제다. 결론으로 다툼의 성격에 따라 채찍형이나 씨족 전체성원에게 보상으로 소牛를 제공한다.[34] 여기서는 재판이라는 특정행위가 형성되고 있다. 다만 그 제도화 수준이 높지는 않다. 논점 확정이 없는 자유로운 토론과 조정을 내용으로 한다. 결과의 강제력은 형성되기 시작했지만, 본인 동의를 얻는 과정은 용이하지 않았다. 잘 알려진 누아족 사례에서는 자력으로 불이익을 해소하는 것이 기본이지만, 중재행위에 대해서만 리더십을 갖는 표피수장豹皮首長을 중심으로 몇 명이 중개·조정의 담당자가 되어 질서는 회복된다.[35] 거기서도 당사자들의 동의 확보라는 어려운 과정이 분쟁처리의 중심이 된다.

고전고대의 국가형성에 선행하는 BC 8세기 호메로스 단

---

34) 上田將「カンバのクラン會議」『季刊民俗學』12(1980).
35) E. E. Evans-Pritchard, *The Nuer: A Description of the Modes of Livelihood and Political Institutions of a Nilotic People* (1940) /『ヌアー族―ナイル系一民族の生業形態と政治制度の調査記錄』(岩波書店, 1978).

계의 그리스에서도 문제해결은 기본적으로 실력주의다. 재판은 다투는 양자의 합의로 장로들을 중심에 두고 아고라에서 군중을 앞에 둔 채 진행된다. 장로들은 원형의 좌석에 앉아 홀장勿杖을 짚고 차례로 재판을 행하는데, 가장 올바른 재판을 행한 자에게 상이 수여된다.[36) 중재자·중재장소 등 절차는 제도화되어 있고, 당사자의 논쟁을 기초로 재판은 진행되지만 당사자 간 쟁점 확정과 판정이라는 아곤 소송의 요건에는 다다르지 못한다. 앞서 본 당시 아고라에서의 집회가 규칙 확정성이 불충분했던 것과 유사하다. 다툼을 기본으로 하면서도 직접적인 실력주의가 배제되고, 재정에 이르는 규칙이 확정되고, 확정된 논점에 주어진 일방적 판정에 대한 복종이 사회적으로 확보되었을 때, 고전기 아테네 재판으로 전환된다. 사회구성원 전체에 의한 이런 규칙공유의 확립이 전환의 전제다.

서주에서 춘추기까지 재판에 대한 연구 성과 축적은 두텁다. 거기에 등장하는 것은 사료 성격상 스스로 군사력을 가진 유력 씨족 구성원들이고, 오형삼차五刑三次로 상징되는 광범한 실력주의의 흔적을 남기면서도 재판은 제도화되었다. 서주기의 재판은 이미 고소로 시작된다. 지배 씨족의 다툼에는 주왕의 관여 아래 임무를 맡게된 상급귀족 몇 명이 재판 주재자가 되었다. 원시적인 재판에 종종 보이는 집회적 성질은 없어지지만, 그래도 몇 명의 합의에 기초하여 재판이 진행된다. 재

---

36) 山川廣司「ホメロスにみられるアゴラ」(1987), Moses I. Finley, *The World of Odysseus*(1954) /『オデュッセウスの世界』(岩波書店, 1994).

제3장 전제국가의 형성

판의 주안점은 양자의 소명을 듣고 적절한 해결책을 발견하는 것이고, 당사자 간 명확한 논점에 대한 판정이라는 형태를 취하지는 않는다. 재판종결의 전제로 당사자들이 자기저주를 동반한 서약을 해야 했다. 재판결과는 기록관이 기록하거나 혹은 왕에게 보고되기도 했다. 이러한 왕권이 관계하는 재판의 대척점에는 지배 씨족 상호 간 논쟁과 화해가 있지만, 그때도 재판종결의 전제로서 당사자들이 자기저주를 동반한 서약을 하는 것이 필요했다.[37]

춘추기 재판도 고소로 시작된다. 제후 간이라면 패자覇者나 주왕에게 고소하고, 도비都鄙[38]에서라면 당해지 관료에게 고소하는데 거기서도 집회요소는 거의 없었다. 다툼의 성격에 따라 다르지만 대체로 권력자·실력자에 의한 제재에 가깝고 원고·피고에 의한 논점의 확정과 판정은 아니며, 평화회복을 위한 조정 혹은 처분을 내용으로 하였다. 권력을 배경으로 한 재판이지만 여전히 최종국면의 본인서약이 확정을 위한 요건이었다.[39] 부족사회 이래의 일일이 들어주는世話燒き형태의 조정형식을 답습하면서도 재판을 진행시키거나 중재를 준비하는 중의衆議가 사라지고, 지도자·지배자에 의한 조정기능의 강화가 이를 대신했다. 이런 경향은 칸바족이나 호메로스에서도 나타나고 있지만, 중국에서는 발달한 수장제 권력이 이를 두

---

37) 伊藤道治 『中國古代國家の支配構造—西周封建制度と金文』(中央公論社, 1987), 白川靜 『金文の世界』.
38) [역주] 피지배 씨족의 거주지
39) 滋賀秀三 「左傳に現れる訴訟事例の解說」(1989).

드러지게 하고 있었다. 그러나 재판결과의 확정성은 여기서도 아직 약하다.

전제국가 성립과 함께 제소형 소송의 틀도 확정되었다. 왕이나 패자가 맡은 기능은 행정기구에 의한 재판으로 명확해졌다. 다투는 양자에 대한 판정이라는 요소는 모습을 감춘다. 행정재판의 준칙으로서 성문법이 성립되고, 그에 기초한 어느 정도의 법정형주의法定刑主義[40])가 실현된다. 본인 진술이 여전히 판결의 전제였지만, 더 이상 판정내용 자체에 대한 서약이 필요하지 않게 되었다. 재판결과를 국가가 강제할 수도 있었다.

장기적 관점에서 조감해 보면 특정된 재판행위가 존재하지 않는 상태에서 시작되어, 서서히 제도화된 합의를 배경으로 조정결과에 대한 복종을 요구하는 재판으로 진행하였다. 재판의 권위를 한층 높여가는 과정에서 두 갈래로 길이 갈라졌다. 하나는 집단 내 규칙공유 관계를 강화하는 것으로, 재판의 집단적 제도화를 강화하고 판정복종에 대한 단체 내의 일반적 합의를 높여서 판정을 확정하는 길이었다. 또 하나는 집단발전 과정에서 합의형성의 제도화와 나란히 진행되고 있었던 지휘관리 기능의 강화에 의거하여, 조정 확정성의 강화하는 길이었다. 후자에서는 조정대상자를 포함하여 규칙의 공유관계가 존재하지 않기 때문에, 조정은 그 자체로서는 최종 확정성이 부족했지만 권력이 이를 보완했다. 사회 질서를 유지한 이 두

---

40) 中村茂夫「傳統中國法=雛形說に對する一試論」『法政理論』12-1(1979).

3.2.3 전제국가의 형성

춘추초기의 정치구조

중국 국가형성의 직접적인 전제로서 춘추초기의 사회편성을 정리해 두자. 제후 영역지배의 중심인 읍邑은 '국國'으로 불렸는데 지배 씨족의 집주지역이었다. 거기에는 제후·경·대부·사士[41]같은 지배 씨족과 함께, 센터로서 '국'의 기능과 밀접하게 연결된 상商과 공工이 거주하고 있고, '국' 주변에는 피지배 씨족의 읍인 도都와 비鄙가 존재했다.[42] 사회의 기초단위로서는 혈연적인 씨와 씨족이 기능하고 있었다. 그 의미에서 춘추초기는 씨족사회였다. 그러나 씨족사회는 원래 고정성이 강고한 사회는 아니다. 혈연원리가 결합력이 약한 사회를 보강하는 추인원리에 지나지 않는다는 것은 일반론으로서 확인한 대로다. 제후나 세족世族의 씨는 유력한 씨족집단의 일부를 이루고 있고, 유력한 씨는 소속 씨족집단에 대해 일정한 영향력을 갖지만, 국의 정치질서가 씨족결합에 우선한다. 족 내부의 지도권을 두고 씨는 종종 격렬하게 싸웠다.[43]

국 전체의 통합에도 지배 씨족들 사이에 원래부터 통속관

---

41) 협의의 국인(國人)이자 하층의 지배 씨족.
42) 松本光雄「中國古代の邑と民·人との關係」『山梨大學學藝學部研究報告』3(1952).
43) 吉本道雅「春秋世族考」『東洋史研究』53-4(1995). 吉本道雅「春秋國人考」『史林』69-5(1986).

계가 강했던 것은 아니다. 군사·제사 등의 과제를 느슨하게 공유하는 집단으로 평가된다.[44] 서주 왕권이 후반기에 실현한 것처럼, 각국 제후는 세족을 비롯한 국 내부의 씨족들에 대하여 초보적 관료제의 일원으로 임용할 수 있는 지휘명령 능력을 갖기 시작했다. 그러나 제후는 가장 유력한 씨족이기 때문에 영역 내 지배력을 가지면서도, 영역에 대한 권력은 자기 완결적이지 않았다. 중요한 결단은 국의 군사력을 맡고 있는 국인의 합의를 조달해야 비로소 실현할 수 있었다. 국인을 '조朝'하게 하여 군사행동·제후의 후계자에 대한 동의를 구했다.[45] 국인들은 결코 결정회의의 주인공은 아니었지만, 그것은 호메로스 시대 및 초기 게르만의 민회 형식과의 유사성이 있었다. 구성원의 합의에 의한 의사결정 시스템은 미숙하지만 남아있었다. 마찬가지로 국에서 제후와 함께 지도적 지위에 있는 세족 사이에는 비교적 고정성이 있는 멤버십과 서로 간에 일정한 평등성이 존재하여 중대한 정책결정은 경卿 전원의 합의로 이뤄졌다고 한다.[46]

이 단계에서 공권력의 근거는 여전히 일정한 자립성을 갖고 있는 주체들 사이의 합의형성에 있었다. 군사행동의 규율 조달이나 나아가 행정상 규범의 형성에도, 군사행동에 앞선 집회 및 군사교련의 장인 '수蒐'에서 행하는 국인들의 '서誓' 가

---

44) 增淵龍夫「春秋戰國時代の社會と國家」『岩波講座世界歷史』4(1970).
45) 국인집회에 대해서는 貝塚茂樹「中國古代都市における民會」『東方學論集』2(1954).
46) 吉本道雅「春秋世族考」(1995).

전제였다.[47] '명命'이나 '서誓'는 물론 대등한 주체 사이의 서약이 아니라 명령부여의 성격이 있었지만, 공권력에 의한 개별 결정이 집단의 명시적인 동의를 필요로 하고 있었던 것 자체가 중요하다. 제후의 '국가 간' 질서형성에서 전형적으로 기능하는 '맹盟'은 지배적 요소를 강하게 가지면서도, 보다 자립성이 강한 주체들 사이에서 만들어진 회맹에서 결의된 집단적 합의에 의거하였다.[48] 따라서 그 보증은 당시 중국사회에서 기능하던 공유 가능한 외부의 힘=신에 의존하고 있었다. 명령성을 갖는 합의형태인 약約은 전제국가 형성 이후에도 중국사회에 존속했지만, 점점 명령성이 강해져 공권력 행사의 필수 요소가 아니게 되었다. 전제국가 성립 후 맹·서는 국가의 재판에서는 기능하지 않게 되었다.

이 시기 전면에 나타나는 또 하나의 사회관계는 후견-피후견(patron-client) 관계다. 세족 등 유력한 지배 씨족이, 관료적 형식을 갖는 신종臣從관계 이외에도 국인층을 광범위하게 피후견인으로 포섭해 간다.[49] 후견주의(clientelism)의 기원은 결코 씨족사회의 해체에 있지 않다. 부족사회 및 수장제사회의 리더십은 후견주의의 묶음 위에 존재했다고 할 수 있다. 통일적 사회질서가 확립되지 않은 채 새로운 권력의 핵이 생기기

---

47) 籾山明「法家以前」『東洋史研究』39-2(1980).
48) 滋賀秀三「中國上代の刑罰についての一考察—誓と盟を手がかりとして」『石井良助先生還曆祝賀法制史論集』(創文社, 1976).
49) 增淵龍夫「漢代における民間秩序の構造と任俠的習俗」『一橋論叢』26-5(1951), 『中國古代の社會と國家』(弘文堂, 1960). 吉本道雅「春秋世族考」.

시작하면, 고대국가 형성 전 뿐 아니라 봉건사회의 형성기나, 근대국가 형성과정에서도 후견주의는 기능범위를 확대한다. 후견주의도 또한 옛날부터 존재하는 일반적 사회결합 원리였다. 관료적 신종관계가 강화되고 있고, 공동체적 의사결정 원리도 일정하게 구체화되고, 또 후견-피후견 관계도 확대되면서 춘추 중기를 맞이한다.

춘추중기 이후의 편성 변화

제후 영역의 자립적 통합강화에 의해 서주가 제후국으로 해체되는 흐름에서, 제후 영역의 내부에서는 자기들도 각각 통합을 강화해가는 세족들의 권력투쟁이 벌어지게 되었다. 권력은 점점 하강한다. 피후견 국인들을 흡수하면서 제후·세족 상호간에 격렬한 해체전쟁이 시작된다. 이 투쟁 속에서 지배 씨족의 행정=군사편성이라는 단계를 경과하면서, 제후·세족은 군사적 필요에서 '국' 이외에 '도都' 등으로 불리는 여러 읍들도 직접적 군사편제로 흡수하기 시작했다. 이들을 기초로 국들 간의 군사항쟁은 격화했다.

　은주 시기를 통해 고도화한 수장제 아래 신종·관직수여관계가 발전하고 있었다. 그것은 국인들의 공동성을 갉아먹어 사회적 합의형성을 위에서 주어지는 것으로 만들기 시작했다. 여기에 더해 광범위하고 중층적으로 형성되어 있던 수장제 통합을 기초로, 종래 공동체적인 정치구성원이 아닌 광범위한 피지배 씨족에까지 일거에 군사편제가 확대되면서 공동체적

제3장 전제국가의 형성

의사결정 원리는 지휘관리 기능에 압도되었다.

이 과정은 위로부터 그리고 아래로부터의 씨족해체와 병행하고 있었다. 제후·세족 간의 전쟁은 쌍방의 씨족 해체정책과 현縣으로의 편성변화라는 양상을 띠기 시작했지만, 사회의 기층에서도 농업생산력의 발전을 기초로 하는 개별농민의 경영강화가 새로운 형태의 사회편성 조건을 만들고 있었다.[50] 춘추기에 시작되어 전국기에 보급된 철제농구는 땅을 일구고 김매는 과정의 개선을 통해 경지를 안정적으로 사용할 수 있는 길을 열었다. 이 과정에서 개별가족을 단위로 하는 경영이 확립되었다. 그와 동시에 원전제轅田制라고 불리는 정기적으로 토지를 바꿔야하는 조건부의 사적 점유 대신, BC 4세기경에는 개별농민에 의한 토지 사유화가 천맥제阡陌制라는 형태로 실현되었다. 전국시대의 전란과도 연동되어 토지사유는 '가부장제적 노예제'의 형성이라는 계급분해를 초래하게 되었다.

이러한 소농경영 확립은 생산력발전의 결과임과 동시에, 여러 국들이 군사경쟁 속에서 군사 편성단위로서 소농을 자립화시키려는 정책의 결과이기도 했다. 『손자병법』잔간殘簡에도 보이듯이 원전제는 군사부담의 할당과 표리일체였고,[51] 천맥제는 천맥의 군사편성과 일체였다.[52] 상앙변법商鞅變法의

---

50) 渡邊信一郎『中國古代社會論』第1章(靑木書店, 1986).
51) 銀雀山漢墓竹簡整理小組編『銀雀山漢墓竹簡 壹』(文物出版社, 1885).
52) 米田賢次郎「趙過の代田法—特に犂の性格を中心にして」『史泉』 2728(1963),『中國古代農業技術史硏究』(同朋舍, 1989).

소농자립화 정책은 유명하다. 이제까지의 사회는 단혼가족을 기초로 하고, 그 위에 집단이 중적되어 성립하고 발전해왔다. 여기에 이르러 개별가족을 직접적으로 광범위하게 재편하는 새로운 결합의 단계가 도래했다. 그 필요성과 가능성의 형성은 지금까지 서술한 대로다.

그래서 보다 강고한 결합을 가능케 하는 통합원리가 추구되었다. 특정한 집단적 의사결정방식이 없는 사회에서, 집단의 고정화에 조응하여 집단 내 합의제와 리더십이 점차 성장해 갔다. 새로운 결합에서는 집단 내 협의과정과 합의의 확정성을 강화하여 구성원의 규율능력을 높일 수가 있었다. 또 조직된 지휘관리 기능을 비대화시켜 구성원을 규율하는 것도 가능했다.

불완전하나마 집단적 합의를 전제로 조직되어 있던 국인층을 넘어, 도비都鄙의 농민도 포함한 전 인민에 걸친 군사편성이 만들어졌다. 한편에서는 소농자립에 뒷받침되고 다른 한편에서는 그것을 촉진하면서 오인조五人組를 기초로 하는 보병전 체계가 가다듬어졌다. 그에 적응하는 형태로 인민은 오가五家를 기초로 하는 군사편성으로 조직되었고, 그것은 그대로 행정편성이 되었다. 군사=행정편성 성립과, 그것이 피지배 씨족을 포섭해가며 확장되는 과정은 진晉의 삼국오비제도參國伍鄙制度에 집약적으로 나타나 있다.[53] 최후의 한 나라를 향하여 140여 국이 생사를 걸고 싸웠다. 그것이 가져온 군사적 긴장은 편성의

---

53) 岡崎文夫「參國伍鄙の制について」『羽田亨博士頌壽記念東洋史論叢』(1950).

확대와 전면적 합리화, 그리고 명시된 규율에 대한 절대 복종을 요구하는 법의 강제를 만들어 갔다.[54] 엄벌주의로 조직된 강제력의 체계로서 전제국가가 출현한 것이다.

서주에서 춘추초기의 관료는 아직 사적인 지배력을 갖는 인격이고, 느슨하나마 집단성을 갖고 있었다. 전국기에 벌어진 씨족 기반의 붕괴는 그들을 왕이 부여한 직무를 순수하게 수행하는 종속자로 변화시켰다. 동시에 사회전체를 뒤덮은 통일적 군사=행정편성과 군사적 긴장 아래 관료가 합리적으로 순화純化하는 가운데 종전의 관료제가 지닌 지휘관리 기능의 부분성·개별성은 극복되었다. 사회전체가 직무에 따라 분할관리되는 것이다. 중국 관료제는 여기서 발견된 것이 아니라, 서주 이래의 발전 속에서 순화되었다.

전제국가적 복합체

전국의 동란을 통해 황제와 관료기구, 통일적 군사=행정편성, 재정과 중국적 법 규범 같은 전제국가의 제도적 틀이 탄생했다. 이 과정은 동시에 2장에서 본 고유의 사회 및 윤리 등 전제국가적 관계들의 총체, 즉 전제국가 복합체의 형성과정이기도 했다.

비단체적인 중국적 사회구조가 드디어 모습을 드러냈다. 초기 인류사회는 원래 단체적이지 않았다. 사회의 고정화에 따라

---

54) 籾山明「法家以前」(1980).

3.2 중국전제국가의 형성

단체적 결집력이 점차 강해져 왔고, 고전고대국가와 봉건사회는 이 단체관계를 독자적으로 강화시켰다. 전제국가는 단체적 결합을 강화시키지 않고 오히려 통일적인 관리의 대립물로서 새로운 결합형성을 저지시켰다. 집회 및 사사私社의 금지에서 보듯이 중간단체는 억압되었다. 운몽진간雲夢秦簡에 엿보이는 가족은 부권이 상대적으로 우위에 있었지만, 가장권家長權은 없는 것과 마찬가지고 가족 간에는 재산권조차 분열되어 있었다. 가족 내부에도 국법은 침투해 있었고, 상당히 광범하게 형성되어 있던 노예 지배도 중국에서는 일관되게 국법의 규제 안에 있었다.

이 시기 형성된 유교윤리가 전제지배와 비단체적 사회에 대응하는 것이었음은 1장에서 본 쓰다 소키치의 유교비판에 잘 나타나 있다. 거기서는 사회구성원 사이에 확정적·일반적으로 공유될만한 도덕률이 존재하지 않고 인간관계의 국면에 있어 개별적인 '정情'에 따라 취해야 할 행동원리가 생겨난다. 공동체도 확정된 규범도 존재하는 않는 사회에 조응하는 행동윤리이고 개별적인 복종의 체계로서 인륜의 체계가 만들어진다.

확정된 규범 공유에 기초한 단체적 지배가 아니라 궁극적으로는 황제 개인의 판단에 의존하는 전제지배에서, 신이라는 절대적 진실은 대립물이기도 했다. 명시적으로 타자와 공유 가능한 신은 소멸한다. 초기 인류사회에는 규범을 표현하는 신이 없었지만 이후 규범을 예탁하는 대상으로서의 신을 점차 만들어냈다는 것은 앞에서 논했다. 중국에서도 은주·춘추기

제3장 전제국가의 형성

까지 신은 서서히 성장하며 존재하고 있었다. 맹盟과 서誓에는 신이 입회했다. 그러나 춘추전국 시기의 제가諸家, 특히 공자와 노자 이후 그때까지 인격신의 성격을 갖고 있던 천天[55]에서 인격성이 급속히 엷어지고, 세계를 형성하는 일반적·철학적 원리라는 측면이 강화되어 천과 귀신은 아무것도 말하지 않는 존재가 된다.[56] 신은 사회의 단체적 규범을 보강해주던 존재였지만 점차 국가의 강제력이 제도화되어 쓸모없게 되거나 오히려 유해한 존재가 되고 황제와 겨우 연결되는 대상으로 남았다.

절대적 진실의 부재는 분석적이고 체계적인 과학의 소멸과 기술의 번영을 의미했다. 이른바 3대 발명으로 대표되듯이, 중국은 세계에 많은 기술을 제공해왔다. 그러나 기술의 번영에도 불구하고 자연과학을 분석적·체계적으로 발전시킬 수 없었던 것이 중국의 특징이다. 논리학 자체인 수학도 중국에서는 발달한 해법의 집합이었다. 중국의 본초학과 아리스토텔레스에서 시작하는 생물분류학은 자연이라는 대상에 대한 두 가지 세계 인식의 차이를 상징한다. 식물은 유용성의 관점에서 의가醫家의 본초서와 농가의 농서로 분리되고, 다시 유용성을 기준으로 상세하게 분류된다. 유럽 과학은 대상의 형상을 분류하는 것에서 시작하여, 대상자체 가운데 합리적인 체계성을 인정하는 것을 통해 대상의 분석으로 발전한다.

과학과 종교의 분리가 명확해진 현대에서조차 양자의 공통

---

[55] 林巳奈夫「殷周の『天』神」『古史春秋』6(1989).
[56] 郭沫若「天の思想―先秦思想の天道觀」『岩波講座東洋思潮』(1935).

성은 진지한 과학자들이 느끼는 바다. 아인슈타인의 종교론은 그 전형이다.[57] 분석적인 과학과 종교는 논리 차원을 공유하고 있다. 양자 모두 자기를 초월한 곳에 절대적 진실을 승인한다. 그 때문에 과학은 대상 자체의 객관적 합리성을 승인한다. 양자는 확정성과 공유가능성을 조건으로 한다. 발생과정에서도 과학과 종교는 근접해 있다. 근대초기에 벌어진 양자의 대항도, 동일한 의미공간을 둘러싼 다툼이었다고 할 수 있다. 근대에 들어 사회규범이 보다 명시적으로 공유됨에 따라 신의 역할은 감소했지만. 절대적 진실도 신도 없는 이 공리주의적인 세계에서 타자는 수단화된다. 거기서 인격은 조숙하게 물상화物像化된다.

---

[57] 아인슈타인의 다음 발언들 참조. "세계의 구조적 합리성에 보내는, 뭐라 말할 수 없는 깊은 신뢰, 어디까지나 납득을 추구하는, 뭐라 말할 수 없는 동경, 설령 이 세계에 현시되고 있는 이성의 한줄기 희미한 섬광에 불과하다고 할지라도, 이런 종류의 감정이 케플러나 뉴턴의 몸속에서는 면면히 살아있었음에 틀림없다. 그 결과 이 사람들은 오랜 시간에 걸친 고독한 작업 속에서 천체 역학의 원리를 해명할 수가 있었던 것이다", "일반적으로 물질주의적인 경향을 보이는 우리시대에, 독실한 연구자야말로 유일하게 깊은 종교적 인간이다라는 우리 동시대인의 말은 부당한 것이 아니다.", "과학이라는 것도 진리와 이해를 추구하는 소망에 휩싸인 사람들에 의해서만 창조될 수 있는 것이다. 이런 감정의 원천은 종교영역에서 발단한다. 존재하는 것의 세계에 타당한 규칙성은 합리적 즉 이성에 의해 이해 가능하다는, 가능성에 대한 신념도 또한 이 영역에 속한다. 진정한 과학자로서 이런 종류의 깊은 신념과 인연이 없는 사람을 나는 생각할 수가 없다"『アインシュタイン選集』3(共立出版, 1972). 田中正『物理學的世界像の發展』(岩波書店, 1988), 서장.

제 3 장 전제국가의 형성

3.3 고전고대국가와 일본 고대국가의 형성

3.3.1 고전고대국가

중국의 국가형성을 대상화하기 위해 고전고대와 일본의 국가형성을 정리해보자. 고전고대의 사례를 아테네에서 찾는 것은 고전고대로서의 일반성을 훼손할 우려가 있다. 확실히 아테네의 폴리스는 그리스에서도 표준적 정치형태라고는 할 수 없다. 그러나 아테네는 사료도 풍부하고 연구도 많이 축적되어서 문외한에게 어느 정도 이해가 가능함과 동시에, 중국전제국가와 가장 대조적인 성격을 갖고 있다. 중국전제국가의 형성을 대상화하려는 시도에서는 아테네야말로 좋은 예다.

아테네의 국가형성은 중국과 동시대일 뿐 아니라, 형성과정의 정치동향도 공통점이 많다. 상대적으로 느슨한 왕제王制를 거쳐 지배 씨족의 집단거주에 의한 폴리스의 형성이 BC 8세기경에 진행되고, 폴리스 상호 간 항쟁시대가 출현했다. 당초에는 집주한 유력 씨족 멤버 사이에 느슨한 합의체제가 운영되고 있었지만, 그 합의체제가 결코 제도적으로 정비되지 않았다는 점은 호메로스의 시에서도 본 대로다. 폴리스 간 관계에서도, 폴리스 내부의 정치구조도, 춘추기의 '국'과 높은 유사성을 갖고 있다. BC 7세기 중엽이 되면, 지중해 무역의 전개를 배경으로 평민의 역량이 증대되고, 또 폴리스 상호 간 끊임없는 군사대립에 대응해야 했기 때문에 평민이 군사로 참가하게 된다. 귀족의 전차전 혹은 기마전에서 밀집한 보병전으로 전투형태가 전환하면서, 평면의 군사참가가 중장보병重裝步兵이라는 형태로 실현됐다.[58] 그 때까지 종속적 지위에 있던 헥테모로이(hektemoroi)라고 불리는 사람들을 채무노예화한 자유민으로 볼 것인가, 아니면 귀족에 종속된 피지배 씨족·반자유민으로 볼 것인가로 학설이 대립하지만,[59] 어쨌든 솔론의 개혁은 종속인의 토지소유권을 확정하고, 국가성원인 전사로서의 기반을 보장해줬다. 이로써 일반 농민이 정치세계로 포섭되었다. 이런 점에서도 중국의 국가형성 과정과 매우 유사하다.

그러나 주민을 거주지마다 전사공동체로 조직하여 만든 아테네의 정치편성은, 결과적으로는 중국과 대조적이었다. BC 6세기 말 클레이스테네스(Kleisthenēs) 개혁은 주민의 지역편성과 함께 민회를 확립했고, BC 5세기 중엽 에피알테스(Ephialtes) 개혁의 결과, 아레오파고스(Areopagus)회의를 누르고 민회의 권한은 자립했다고 한다. 국가의사의 결정은 성년남자가 직접 참가하는 민회가 담당했고, 아곤형 소송의 중핵을 이루는 판정의 장이자 많은 정치 개혁을 결정하는 장이었던 민중법정도 성년남자가 직접 참가하는 집회의 형태를 취했다. 관료제는 기본적으로 존재하지 않았고, 겨우 존재하는 유급의 공무수행자도 임기제와 추천제도에 의해 고정화를 적극적으로 배제했다. 평의회는 민회 운영과 행정관리 책임을 가졌지만, 평의회의 선출과 운영도 특정 인물로의 권한집중은 신중하게

---

58) 安藤弘『古代ギリシアの市民戰士』(三省堂, 1983).
59) 安藤弘『古代ギリシアの市民戰士』 및 村川堅太郎訳『アテナイ人の國制(アリストテレス)』第2章(岩波文庫, 1980) 역주.

제3장 전제국가의 형성

배제되었다. 이처럼 한편에서는 구성원의 집단적 의사결정력에 따라 폴리스를 통합하고, 군사적 규율을 실현하며 독자적인 지휘명령기구의 성장을 배제한 아테네의 국가가 탄생했다. 또 한편에서는 집단적 의사결정력의 성장을 오히려 배제하면서, 지휘명령기구를 극도로 발달시킨 중국전제국가가 태어났다. 양자의 유사성을 검토하면서 그 분기과정을 생각할 필요가 있다.

결론적으로 아테네의 국가형성은 발달한 수장제를 경험하지 않았다. 그리스에서 국가형성의 초기 조건을 생각할 때, 미노아·미케네문명기는 높이 평가된다. BC 12세기 이전에 번영했던 미노아·미케네문명에 대해서는 선형문자B의 해독으로 그 사회와 정치편성이 밝혀졌다. 지방단위의 집단을 남기면서도, 지방의 '관료' 혹은 왕을 통합한, 발달한 수장제 체제였다. 거대한 공공센터 특히 궁전을 갖춘 왕권이 제반 물자를 광범위하게 재분배했다. 이전에는 도리아인의 침입으로 오리엔트적 전제권력인 미노아·미케네문명[60]이 파괴되고, 이동하면서 성장한 자유로운 그리스인 공동체가 그리스문명을 형성했다는 식의 오래된 '단절설'이 지배적이었다. 그러나 선형문자B가 엄연한 그리스어임이 판명되고, 고고학적으로도 외부로부터 도리아인의 침입과 파괴라는 요소가 두드러진다고는 볼 수 없게 되었다. 양자를 통일하기 위해서는 고전고대 그리스를 미노아·미케네 수장제 심화의 연장선에서 설명해야한다는 의견이

---

60) 太田秀通 『ミケーネ社會崩壞期の研究』(岩波書店, 1968).

나오게 되었다.

그러나 근년의 연구에서 미노아·미케네가 문명으로서는 쇠퇴한 것을 다양한 각도로 밝혀내고 있다. 화분花粉분석의 결과 미케네문명 시대를 통하여 진행된 삼림벌채로 그리스의 농경환경이 현저하게 악화돼 곡물재배가 곤란해졌다는 점이 밝혀졌다.[61] 이후 집락 수 자체가 크게 감소하였다. 사회전체의 구심적인 통합성에서 보면, 고전기에 이르러서도 아테네 같이 중심도시 하위영역 내 집락들이 결집한 정치체제는 드물다. 그리스 지역에는 집락의 연합으로 구성된 영역적인 국가와, 중심 집락이 도시국가를 형성하면서도 주변에 응집화되지 않은 집락군이 분포한 정치체제가 오히려 다수였다고 한다.[62] 더욱이 고고학적 연구 성과는 아테네에는 미케네 시대조차도 몇 개의 정치적 집단이 분립해 있었고, 미케네문명적인 통합은 없었다는 점을 밝히고 있다.[63] 그리스 고전고대는 미케네적인 수장제를 직접적 전제로 하지 않고 출발했다고 할 수 있다.

일반적으로도 수장제 사회는 가역적이다. 그것은 일정한 자기 완결성을 갖는 집단이 중적되어 성립하므로 상위집단의 유지가 곤란해지면, 비교적 쉽게 하위의 집단구조로 되돌아갈

---

61) 安田喜憲『氣候が文明を變える』(岩波書店, 1993).
62) 伊藤貞夫「ポリスの成立と構造」弓削·伊藤編『ギリシアとローマ―古典古代の比較史的考察』(河出書房新社, 1988).
63) 周藤芳幸「アッティカにおける『統合』と『連續』―ミケーネ時代の集落パタンからの考察」『名古屋大學文學部研究論集(史學)』40(1994).

제3장 전제국가의 형성

수가 있다. 메소아메리카에서도 BC 2000년대부터 공공건축물 및 종교 센터 등을 갖춘 수장제 정치편성이 형성되었고, BC 1000년대 후반에는 이것이 널리 보급되었다. 이윽고 테오티우아칸, 마야 저지대문명, 톨텍제국 등이 넓은 영역을 확보했지만, 이 문명들의 중심부분 통합은 계승되지 않았다. 이어진 문명에서는 지방 센터가 되거나 혹은 주변의 비문명지역으로 전락해버렸다.[64]

에드먼드 리치는 고지대 미얀마사회에 대한 고전적 연구를 남겼는데, 미얀마는 세습적 귀족신분을 갖는 수장이 지배하는 굼사(Gumsa) 사회와 세습적 계급차를 갖지 않는 굼라오(Gumlao) 사회 사이에서 진자처럼 오갔다고 지적했다.[65] 폴리네시아 사회에서도 '권력을 과식한' 수장이 수장제 시스템을 유지할 수 없게 되어 수장이 폐위되고 나서 이전 사회로 돌아간 경우가 종종 보인다. 에게해 문명에서도 어느 정도 계층화된 사회를 상정할 수 있는 시기와 그때까지의 문화요소가 소멸함과 동시에 집락유적의 수가 극단적으로 감소해 버리는 시기가 교대로 나타나는 것이 지적되었다. 미노아·미케네문명이라는 후기 청동기시대에 선행하여 BC 3000년대 중엽에는 상당히 복잡한 경제조직으로 추정되는 다른 초기 청동기 문명이 존재

---

64) William T. Sanders, Joseph J. Marino, *New World Prehistory: Archaeology of the American Indian* (1970) /『新大陸の先史學―アメリカ・インディアンの考古學』(鹿島研究所出版會, 1972).

65) Edmund R. Leach, *Political systems of highland Burma* (1970) /『高地ビルマの政治體系』(弘文堂, 1995).

했다가 일단 소멸했다.[66] 고전고대는 적어도 제3의 파도였다.

그리스에서 국가형성은 광역적·중층적으로 구성된 중국 같은 정치적 서열을 결여한 상태에서 출발했다. 지배 씨족의 도시집주는 행해지고 있었고, 헥테모로이로 대표되는 종속적이고 정치참가에서 배제된 사회층을 내부에 포함하기는 했지만 크기는 중국에 비해 훨씬 작았다. 평민은 원래부터 불충분하지만 정치참가의 자격을 갖고 있었다. 이러한 상태에서 농민의 지위상승과 폴리스 간 항쟁을 계기로 그들을 직접적으로 편성하는 정치체제가 만들어졌다. 중국에서는 이미 발달해 있던 관료제 통속 기구를 원형으로 하여 국인의 느슨한 합의집단의 틀을 일거에 없애버리는, 군사적 정치편성이 크게 확대되어 전제국가가 형성되었다. 그리스에서는 수장제가 성숙하면서 형성되는 관료제라는 자원이 결여되었고, 정치 틀의 확대범위도 협소했다. 거기서는 통합범위를 한 단계 확대하면서 집단적 합의에 의한 구성원의 규율이라는 힘을 강화하며 새로운 정치조직을 뒷받침했다. 중국과는 반대의 길을 선택한 것이다. 호메로스 단계에 비해 합의시스템이 단지 확대된 것만은 아니었다. 그것은 명시적으로 제도화되고 강화되었다. 재판제도에서도 규칙의 공유에 기초한 아곤형 소송이 공동체 확립에 의해 실현되었다. 통일된 정치권력 장치로서 국가의 성격을 유지하면서 본격적으로 성립한 커다란 공동체로서 고전고대국가는

---

66) 周藤芳幸「再分配システム試論—エーゲ海宮殿社會の經濟構造をめぐって」(1994).

성립했다.

 아테네의 발달한 전사공동체는 외부에서 가져온 부로 유지되었다. 시민이 전사이자 국가적 의사결정의 주체이고, 문화활동의 담당자일 수 있는 객관적 기반은, 그들의 경영을 지탱한 가부장적 노예제의 일반적 형성을 비롯해 모두 외부 공급에 의존했다. 외부경제에 의존한 시민전사는, 그 두드러진 소수성 때문에 소모 위기에 처하여 약체화를 피할 수 없다. 외부에서 부를 대량으로 공급할 수 있는 정치적 지위가 저하되었을 때 이 체제는 급속하게 소멸했다. 이에 비해 로마는 계속 확장하는 속주의 잉여로 중심사회를 지탱함과 동시에, 끊임없이 공동체 성원의 범위를 확대하여 전사의 소모를 회피했다. 그러나 이렇게 비대화한 국가는 아무리 강화된 공동체 원리라 해도 직접적인 공동체편성에 의해 지탱할 수가 없었다. 군사지휘관리 기능에서 시작하여 로마 내부에는 점차 행정기구가 형성되고 작은 국가라고 할 수 있었던 가족 내부에도 점차 국가권력이 스며들다가, 마침내 공화정 자체가 제정으로 교체되었다. 이후 정치체제의 전제화와 함께 공동체다운 관계는 점차 해체되었다. 고전고대의 공동체는 국가과제의 중압을 견디지 못하고 괴멸했다. 고전고대사회는 유럽 봉건제편성의 형성에 강한 영향을 남기면서도 자신은 괴멸되어 근대와 만나는 일은 없었고, 그 옛날의 중심지는 스스로 봉건화하는 경향도 미약했다.

3.3.2 고대국가 형성의 일본적 특질

일본 국가형성의 특징은 그 후발성에 있다. 구석기 시대 말기에는 아시아 대륙의 주변부로서 선진적이던 일본지역은 1만 3000년 전 시작된 온난화 이후 바다에 격리되어 아시아 대륙의 발전과 동떨어지게 되었다. 동시에 온난화는 낙엽활엽수 및 조엽수림을 형성시켜 풍부한 해산물과 세계적으로도 뛰어난 수렵채집 기반을 제공했다. 농경화의 동기는 미약했다. 뛰어난 환경 혜택을 입고, 게다가 신석기시대의 기술수준을 갖춘 수렵채집문화였던 조몬사회는 수렵채집을 기초로 하면서도 상당히 정주화했다. 일부 집단규모가 큰 것도 생겨났지만 기본은 불안정성을 띤 채집경제였다.

미약했던 농경화의 동기를 촉진시킨 것은 고도로 발달한 벼농사 기술을 가진 도래인들이었다. 야요이彌生문화가 시작되는 BC 3~2세기는 중국대륙에서 국가형성의 최종단계에 해당한다. 군사적 격동의 결과로 이동을 택한 많은 사람들이 춘추전국기에 이룩한 중국농업발전의 성과를 갖고 건너왔다. 철기를 비롯해서 간돌도끼·수전水田조성·집락조성 기술 같은 벼농사의 체계가 한꺼번에 도입되었다.

도입된 것은 벼농사 기술 체계만이 아니었다. 이미 형성되고 있던 전제국가 모델도 도입 대상이었다. 물론 사회기반이 완전히 달라 곧바로 국가기구의 도입으로 나아갈 수 없었지만, 집권적으로 통일 편성된 국가모델은 급속히 후발적 수장제 형성과 국가형성을 자극했다. 야요이 집락의 중적이 빠르게

제3장 전제국가의 형성

진행되어 기원전후 사이에는 100여 개 국으로 나뉘고 2세기 말부터 왜국 대란을 거쳐 히미코卑彌呼가 등장했다. 3세기 말에서 4세기 초에는 전방후원분前方後圓墳 체제로 상징되는 전국적인 정치편성이 성립하기에 이른다. 그것은 중앙의 고분古墳서열 구조가 약간 소규모화한 형태로 지방 거점지역에서 재현되었고, 한층 더 소규모화한 서열이 각지에 보이는 데서 알 수 있듯이 전형적인 집락중적구조, 수장제 구조를 취하고 있었다.[67]

국가단계로의 이행도 선진적인 중국전제국가와의 국제관계에 의해 가속화되었다. 수당제국의 성립을 계기로 아시아 주변 지역의 긴장이 높아지는 가운데, 야마토 왕권도 스이코조推古朝 이래 견수사遣隋使를 파견하는 등 의식적으로 중국 전제국가의 지배체계를 열심히 수입했다. 이른바 다이카개신大化改新 그리고 가야·백제의 위기를 계기로 661~63년에 파병을 단행했고, 전쟁에서 패한 후 대외적 위기를 지렛대로 삼아 일단 국가라고 칭할 수 있는 율령 정치제제가 등장했다.

농경 개시부터 광역적 수장제 체제형성까지, 전술한 시기 구분에 따르면 중국에서는 약 5천년의 세월을 필요로 했다. 후발형 일본은 이것을 약 500년 만에 실현했다. 광역적인 수장제 체제형성부터 국가 성립까지 중국에서는 1700년의 시간이 걸렸다. 일본은 이것을 3~400년 만에 달성했다. 기간의 문제 뿐 아니라 사회전체의 재편을 요구하는 장기에 걸친 군사대립의 시대를 거치지 않은 점이 '고대국가'의 성립과 그 사회를 생각

---

[67] 和田晴吾「古墳築造の諸段階と政治的階層構成」(1994).

하는 데 중요하다. 물론 임신^{壬申}의 난 같은 긴장도 있었지만, 수백 년에 걸친 만성적 전쟁상태 아래 전 인민을 대상으로 한 군사편성이 실현된 중국 및 고전고대사회와는 사회적 의미가 완전히 달랐다. 일본사회는 중국 및 그리스·로마 만큼의 사회적 특화를 경험하지 않은 채 '국가'단계를 맞이했다.

중국 전제국가를 모델로 한 급속한 후발형 국가형성과정은 일본의 국가에 고유한 양면성을 주게 되었다. 한 편에서 그것은 수당 율령제를 모델로 하는 완성도 높은 국가 틀을 갖추고 있었다. 토지와 인민은 국유이고, 통일적인 조세·재정체계가 만들어졌고, 태정관^{太政官}·신기관^{神祇官}·팔성^{八省}·오위부^{五衛府}에서 국사^{國司}·군사^{郡司}·이장^{里長}에 이르는 관료기구가 구축되었다. 농민을 병사로 충당하는 초기 전제국가를 본받아 3명의 정정^{正丁} 중 한 명을 징발하여 군단·위사^{衛士}·방인^{防人}에 충당하고 병부성·국사·대의^{大毅}·소의^{小毅} 등 통일적 군대 관리기구 아래 배치했다. 율령의 큰 틀과 군사^{郡司}를 제1심으로 하는 재판제도도 중국을 모방했다.

다른 한편에서 이런 전제국가적 지배기구가 결정적인 정치적·군사적 대결을 동반하지 않은 채 실현된 것은 국가기구의 형성이 사회재편에 의해 뒷받침되지 않았다는 점을 의미한다. 일본의 '고대국가'는 광범한 전^{前} 국가적 사회질서에 뒷받침되었다. 커다란 권한을 가진 태정관은 전통적인 기나이^{畿內} 유력 씨족간의 합의체적인 성격이 강했다. 부조^{父祖}의 위^{位}에 따른 위계를 받고 위계에 대응하여 관^{官}을 받는 식으로 관료지위는 유력 씨족에 의해 보증되었다. 지방지배도 유력 씨족의 힘에 의존했다. 반전班田 및 징세를 시행하여 재물을 관리하고, 검단檢斷을 실시하는 관청인 군위郡衛가 율령지배의 기본단위로 성립했지만, 장관인 군사郡司는 기존의 지배집단인 국조층國造層이 그대로 임용되었다. 군사력의 중심을 이루는 대의·소의도 또한 군사층郡司層과 같은 가계였다. 누대에 걸친 문벌가문이 아니면 재판 및 조세징수라는 군위의 기본적 기능이 실현될 수 없었기 때문에 그들이 임용되었던 것이다. 국가기구는 각종 분야에서 전前국가적인 사회관계·사회적 결합능력에 의해 지탱되고 있었다. 더욱이 사회의 기층에는 '세대공동체'라고 평가되는 단혼가족의 집합체, 즉 인간사회가 가족에 이어 최초로 만든 집단이 존속하고 있었다. 중국에서는 국가형성의 모든 단계에서 단혼가족이 기본적 경제단위가 되었던 데 비해, 일본 고대의 호적은 향호鄕戶를 단위로 하였는데, 창고를 공유하는 4~5채의 수혈식 주거로 표현되는 종래의 집단이 광범한 지역에서 계속 기능하고 있었다.

일본 고대국가는 중국 전제국가를 모방해서 대규모로 조직된 권력기구를 형성하고, 그에 따라 대규모 잉여를 수취했다. 그러나 기구는 사회 말단까지 변혁하여 만들어진 것이 아니었다. 이 점에서 중국 전제국가와는 질적으로 완전히 달랐다.

3.4 국가단계의 위치

3.4.1 집단발전의 굴절점인 국가단계

본서의 관점에서 국가형성은 기본적으로 통합형태의 전환으로 규정된다. 인류사회는 약한 결합력으로 지탱되는 소규모집단에서 시작하여 사회의 광역화와 고정화에 따라 단위집단을 느슨하게 중적시키면서 확대해 왔다. 그것은 어느 단계가 되면 새롭고 강한 힘에 뒷받침되어 거대하고 통일적인 강력한 사회편성체로 변화한다. 그 계기는 기존집단의 통합강화에 따른 상호대립의 격화이다. 이런 긴장 속에서 재래의 집단중적구조는 다시 조직된다.

재래집단을 해소시키는, 혹은 재래집단의 사회적 의의를 저하시키는 원인의 일단은 생산력 발전에 따라 농민경영이 자립했기 때문이다. 무리사회의 집단은 비고정적이기는 했지만 저장물을 갖고 있지 않기 때문에 각 가족의 상호의존성은 높았다. 여기서 출발하여 생산 활동이 안정됨에 따라 일정한 시점에서 개별 경영의 안정성도 증대하고 타자에 대한 의존성이 감소하였다. 다만 이것과 생산성이 높아지면서 타자와 공동작업 필요성이 증대하는 것은 구별되어야 한다. 어쨌든 세대공동체 등이 생산단위로서는 불필요하게 되었다. 재래집단을 해소시키는 또 하나의 힘은 위로부터 작용한다. 집단중적구조는 위로부터의 필요로 해소되고 새로운 통일편성으로 재조직된다. 국가형성은 집단발전사에서 굴절점이었다.

제3장 전제국가의 형성

집단중적형 발전이 비교적 제한된 힘으로도 큰 사회로 통합하는 수단일 수 있었던 것은 앞에서 보았다. 이러한 구조를 해소하여 커다란 통일적 통합을 실현하기 위해서는 통합형태의 명시적 강화가 필요했다. 인류사의 각 단계에서 새로운 통합을 지탱하는 편성 원리는 완전히 새로운 창조물일 수 없다. 그것은 대체로 선행하는 사회 중에 부분적으로 포함되어 있는 요소가 전면으로 드러나면서 실현된다. 신과 혈연도 그랬고, 인간사회를 지탱하는 커뮤니케이션 능력조차 그러했다. 근대를 떠받치는 공화정 원리도, 자본이라는 통합력도 선행하는 봉건사회에서 배태되었다는 점은 5장과 6장에서 언급하기로 한다. 기존의 여러 힘들 가운데 어떠한 요소를 끌어내는가에 따라 유형들은 분기한다. 농경화 이후 사회가 길러온 집단적 합의제와 지휘관리 기구 중, 한쪽을 급격하게 확장시켜 고전 고대국가와 중국 전제국가가 탄생했다. 일본 고대국가의 경우 사회실태로서는 분기적으로 형성되지 않았다.

그러나 고대국가 단계에서 국가적 통합을 실현한 힘은 발달한 봉건제에서 탄생한 근대국가의 통합과 비교하면 한정된 것이었다는 점은 주의해야 한다. 고전고대의 공화정만 확대된 국가를 지탱할 수 없었던 것은 아니다. 전제국가의 통합도 사회의 자기규율을 포함하고 있지 않았기 때문에 불충분했고, 사회재생산 기능의 비교적 한정된 부분밖에 관여할 수 없었다.

3.4.2 초기국가론

신진화주의는 수장제를 혈연집단을 기초로 하면서도 잉여의 조직적 수취가 존재하고 왕과 초보적 관료제 같은 권력이 존재하는 하나의 사회단계로 명시한다. 혈연집단에 기반한 지배가 없는 사회에서 국가로 이행했다는 이분법이 성립하지 않게 되었다. 이것은 실증의 성과였지만 국가단계와 그 이전의 구분은 오히려 불명확하게 되었다. 국가단계로의 이행을 한층 더 구체화하기 위해서 근년에는 '초기국가' 개념이 제시되고 많은 지표가 분석의 요소로 언급되었다. 그러나 인구·영역·집권화 혹은 규칙적인 잉여 같은 지표가 어떻게 통일되어 초기국가가 어떤 구조적 단계로 정립하는가는 그다지 명확하지 않다.[68] 수장제 개념 자체도 논자에 따라 다르고 동일인이어도 집필 시기에 따라 다르게 서술한다. 그러나 '인심 후한 분배자'이어야 비로소 수장이 될 수 있었던 인물과 은주의 왕은 차이가 크다. 그런 의미에서 본서와 같이 은주를 수장제로 평가하는 것에는 강한 이론이 있을 수 있고, 발달한 수장제에 새로운 단계개념을 설정하는 것 자체는 의의가 있다.

그러나 다음의 이유로 본서는 이른바 '초기국가'론을 따르지 않고 주 및 춘추초기까지를 발달한 수장제사회로 파악한다. 하나는 전前국가사회와 국가단계는 사회발전의 구조에 굴절이

---

68) Henri J.M.Classen and Peter Skalnik, *The Early State: Theories and Hypotheses* (1978). 都出比呂志「日本古代の國家形成論序說─前方後圓墳體制の提唱」『日本史研究』343(1991).

제3장 전제국가의 형성

있어 집단중적구조의 사회를 국가라고 파악할 수 없다는 기본 인식 때문이다. 국가발전에 도달하여 집단중적구조가 해체되고, 그에 따라 사회 관리능력이 집중적으로 발전할 때, 비로소 관료제와 법도 본격적으로 힘을 발휘하게 된다. 중국을 생각할 때 춘추전국의 변혁을 거쳐 생겨난 체제의 획기성의 근거는 여기에 있고, '초기국가'의 지표는 여기서 비로소 통합성을 가질 수 있을 것이다. 또 하나는 '초기국가'가 국가형성의 일반적 전제가 아니고, 수장제 단계를 본격적으로는 겪지 않은 국가형성도 있다는 점이다. 다양한 국가유형의 분기를 생각하기 위해서도 '본격적으로 발달한 수장제'는 '초기국가'라고 하지 않는 편이 좋을 것이다.

이른바 '초기국가'로부터 형성되지 않은 국가의 사례로 근대 국민국가가 있다. 전 단계인 봉건사회는 씨족사회가 아니고, 또 수준 높은 통합력을 만들어내기는 했지만 단체화된 집단의 중적구조를 극복하지 못했고, 국가라는 독자의 조직 체제를 완결시키지 못했다. 그런 의미에서 국가는 아니다. 후술하듯이 봉건적 공동체의 상호관계를 통해 상위 권력의 형성과 집중화가 시작되어, 절대주의 단계 이후에 봉건사회는 국가화되었고 근대 국민국가의 형성으로 국가화가 완료되었다. 국가는 반드시 씨족사회 해체의 결과로 탄생하는 것이 아니다. 미성숙한 수장제 사회에서, 성숙한 수장제 사회에서 그리고 봉건사회에서 탄생한 국가라는 분류를 설정할 필요가 있다.

3.4.3 단계·유형·상호관계

집단구조의 전개에 주목해서 인류사의 단계와 유형을 생각해 왔다. 여기서 확인해 둘 것은 단계가 직접적으로는 가치를 포함하지는 않는다는 점이다. 수장제 형성 및 국가화 같은 단계의 진행은 각 지역의 생업형태나 환경요인에 의해 기본적으로 규정된다. 농경화도 환경의 소산이다. 중위도^{中緯度}지대의 현저한 계절변화는 고온기에 획득된 에너지를 종자의 형태로 축적하는 초본류^{草本類}가 잘 자라게 한다. 이러한 초본의 존재는 곡작^{穀作}농업의 전제로 저장물 형성, 잉여의 통년적^{通年的} 축적, 재분배 경제의 형성에 결정적 영향을 준다. 생업형태는 물론이고 사회편성 자체가 각 환경에 고도로 적응한 결과이다. 무리사회로부터 국가단계에 이르는 여러 단계는, 가치판단을 포함한 진화나 정체의 분류가 아니다. 아프리카를 비롯한 현대 경제위기의 한 원인은 기존 환경에 가장 알맞게 적응한 생업과 사회가 글로벌 자본주의로 포섭되면서 강제적으로 변경된 것에 있다.

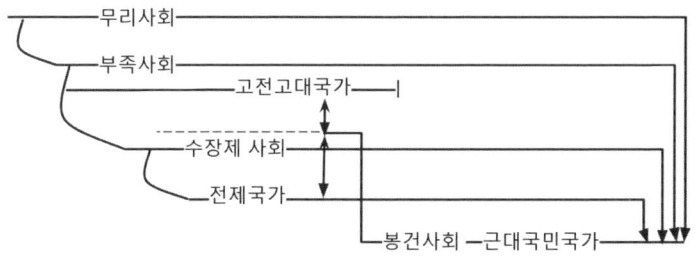

그림 3 인간 사회발전의 상호관계

제3장 전제국가의 형성

 각 단계 사회가 유형적으로 분화하는 것은 국가단계 이후 특히 두드러진다. 고대국가 유형의 분기는 어떤 시점에서 어떤 결합력을 소재로 국가형성이 이뤄졌는가에 달려 있다(그림 3). 유형적 분기는 더욱이 지역 간 상호관계에서도 생긴다. 봉건화하는 유럽과 일본사회가 전형적이다. 이 지역들은 국가단계 사회와 조우하면서 급속하게 국가의 형식을 모방하지만, 새로운 힘만으로 사회를 지탱하기는 어려웠다. 모델인 고대국가와 유사한 정치편성이 실제로는 그 지역의 오래된 사회결합력에 의해 지탱되고 있었다. 이 특수성 가운데서 봉건사회가 탄생하는 것을 다음 장에서 살펴보겠다.

 마찬가지의 현상은 부족사회와 수장제 사회 사이에서도 종종 일어난다. 어느 정도 조직된 수장제 사회의 군사력은 주변 부족사회에 강한 영향을 주고, 그것을 포섭하며 일정한 변혁을 재촉한다. 그러나 영역이 급속히 확대되고 기능이 비대화하면서 수장제 사회 자신도 기능을 정비할 것인가 아니면 궤멸할 것인가 하는 선택을 해야만 했고, 사실 많은 수장제는 원래 모습으로 돌아갔다. 유형과 단계를 달리하는 사회들이 형성하는 상호관계 가운데 가장 대규모이고 아마도 최후의 것은 '자본주의와 국민국가' 단계의 사회가 무리사회·부족사회 이하 다양한 단계성과 유형성을 갖는 사회와 조우하는 것이다. 다양한 재래사회가 각각의 결합력을 자원으로, 글로벌 자본주의 속에서 각각의 위치를 차지하게 된다. 이것은 5장 이하의 과제이다.

제 4 장

봉건사회와 전제국가의 발전

4.1 일본 봉건제의 형성과 발전

4.1.1 소경영·공동체·영주제

전제국가의 형식을 취하면서도 거기에 적합한 농민경영과 사회 말단에 이르는 행정 통합의 실태를 갖추지 못했던 일본 율령체제는 그 때문에 성립 후 곧바로 본래의 형태로는 기능하지 못하였다. 역량에 비해 너무 높은 국가부담을 떠맡은 농민들은 율령체제 성립 직후부터 도망치거나 부랑자가 되어 반전수수 班田授受는 곧 혼란에 빠졌다. 삼세일신법 三世一身法 등으로 토지국유 원칙을 수정한 후, 국가수취는 다토 田堵1)의 청작 請作2)에

---
1) [역주] 헤이안 시대에 장원이나 국아령(國衙領)의 토지를 경영한 유력 백성층.
2) [역주] 헤이안 시대 중기 이후 토지를 청부맡아 경작하는 관행. 9세기에 토지사유가 진전됨에 따라 영주는 농민에게 토지를 빌려주고 일정한

의존하게 되었다. 성년 남자 3인 중 1인을 징발하여 담당케 했던 군단제도도 8세기 전반부터 정지됐다 부활했다 하는 혼란을 보이고, 8세기 말에는 폐지가 결정되어 건아제健兒制가 채용되었다. 이것은 구래의 지방 유력 씨족이며 율령행정과 군정의 실질적 관리자였던 군사郡司일족에게 정식으로 군사관리를 위탁하는 것이었다. 결국 지방재정 자체가 국사國司에 의한 청부체제로 변해갔다. 이리하여 중앙관청부터 말단의 조세부담자에 이르기까지, 일정한 직무가 그에 대응한 몫과 함께 위탁되는 체제, 이른바 직職의 체제가 형성되었다. 내실을 갖추지 못했던 일본판 전제국가는 각각의 몫과 함께 직무를 위탁하는 것으로 자신의 존속을 꾀했다. 이런 틀은 결코 갑작스런 정책은 아니었다. 원래부터 불완전했던 '전제국가'는 향리는 물론 군까지 포함해 그 기능의 각 부분을 사적 수행에 의존하여 출발했었다. 그런 일본 고대국가가 가진 양면성의 귀결이었다.

일본 고대국가의 양면성에서 탄생한 또 다른 사태는 이른바 '세대공동체'의 최종적 해체와 묘슈名主의 자립이다. 향호鄕戶 및 창고를 공유하는 수혈식 주거집단으로 표현되고 있던 단혼가족의 상위에 존재하던 세대 공동체 집단은, 그 속에서 묘슈층이 형성되면서, 주변지역에서도 대체로 11세기경까지는 해체되었다. 중국에서는 국가형성의 전제이자 전국기에는 해소된 집단중적구조의 기초단위가, 일본에서는 '국가' 형성 이후에도 계속 유지되다가 여기에 이르러 마침내 해소된 것이다.

액수를 납입 받는 제도. 에도시대에 소작제도로 되었다.

4.1 일본 봉건제의 형성과 발전

집단중적구조의 기초단위가 해체되어 느슨한 집단이 담당하던 제사나 수리水利 등 사회적 기능이 개별 소경영 간 관계로 재구축될 필요가 생겼다. '국가' 형성과정에서 중국처럼 철저한 사회재편을 경험하지 않은 일본사회는, 사회결합양식이 중국만큼 특화하지는 않았다. 소경영 확립과 국가형성과정에서 중국과 그리스가 재래사회에서 각각 통합원리를 끌어내어 증폭시키고 순화시킨 과정을 일본사회는 이제야 시작하게 되었다. 사회통합 능력은 사회의 단체화로 강화되었다. 11세기경부터 시작하여 13세기경까지는 유력 묘슈로 구성된 좌座라는 이름의 공동체가 나타나 제사·수리·방위 등 업무를 수행하게 된다.

자립적인 소농경영과 그들이 결성한 공동단체의 성립은 동시에 영주제가 형성되기 시작했음을 의미한다.[3] 농민이나 상공업자들이 좌를 형성하기 위해서는 규범을 공유해야 했다. 공동의 전제로서 규범을 공유하거나 규범의 질을 종래 이상으로 높이는 것은 참여자에게는 하나의 모험이었다. 그래서 규범의 보증인이 요구된다. 신도 일단 유력한 입회인이 될 수 있다. 춘추기의 맹약에서 신이 역할을 했던 것처럼 중세일본에서도 잇키一揆를 결성할 때에는 신이 입회했고, 종교는 전국시대 백성단체의 근거였다. 신과 함께 사인私人이 규범공유의 입회인이

---

[3] 소경영·공동체·영주의 형성에 대한 고전적 연구로서, 黒田俊雄「中世の村落と座—村落共同體についての試論」『神戸大學教育學部研究集錄』20(1959),『日本中世封建制論』(東京大學出版會, 1974). 同「村落共同體の中世的特質—主として領主制の展開との關連において」,清水盛光·會田雄次編『封建社會と共同體』(1961).

되고 규범의 관리인이 되었을 때, 그 인물은 사회 공공기능의 관리자로서 힘을 획득하여 영주가 된다. 공동체 관리자로서 영주에게는 평시와 비상시를 불문하고 리더십이 기대된다. 많은 경우 영주가 무력으로 관리자의 지위에 오른다는 사실은 공동체와 영주의 이와 같은 관계의 본질에 영향을 주지 않는다. 관리자는 공동참가자 가운데 최고 유력자여도 괜찮다. 촌락영주층 또는 그 상층의 재지 영주층은 이러한 존재였다고 할 수 있다.[4]

봉건사회의 기본 구성요소인 소경영·공동체·영주제가 이렇게 상호 규정적으로 등장한다. 삼자의 등장에는 일본 고대국가의 양면성이 깊이 관련되어 있다. 불완전한 국가 아래 사회적 결합능력의 특화와 국가적 집중이 실현되지 않았기 때문에 소경영과 공동단체가 형성될 수 있었다. 동시에 불완전하기는 하지만 국가기구가 존재했던 것은 형성되어가는 공동체와 영주제를 사회의 다른 부분과 구분하여 공동체·영주로서 확립시키는 데에 유리한 조건을 부여했다. 전술한대로 기능부전에 빠진 율령국가는 자신의 공적인 기능을, 일정한 몫의 승인과 함께 단체와 개인에게 위탁했다. 고대국가 및 그와 결탁한 사원·귀족은 일정한 역할을 대가로 단체와 개인을 특권화하게 되었다. 오야마자키大山崎의 리큐하치만궁離宮八幡宮에 기름을 공급했기 때문에 상인집단은 배타적 특권단체인 유좌油座를

---

[4] 중세촌락과 영주제에 대해서는 大山喬平『日本中世村落史の研究』(岩波書店, 1978).

만들 수 있었다. 사회의 결합이 아직 충분히 단체적이지 않은 초기의 영주는 고대국가에 의한 공권公權의 분여를 계기로 하는 위로부터의 영주라는 성격을 강하게 띠게 되었다. 특히 영주층의 상층부는 그런 성격이 강했다고 생각된다. 소경영·공동체·영주제라는 조합은 불완전한 고대국가의 산물이었다.

초기 영주제는 고대국가에 의한 공권의 분여에 크게 의존하였다. 동시에 후견–피후견 관계가 영주제를 강화시켰다. 후견–피후견 관계는 신·혈연처럼 기원이 오래된 결합양식으로 사회기층에 계속 존재했고, 특히 새로운 결합을 향한 혼란기에는 집단의 요청에 응해 사회결합을 뒷받침한다. 중국의 춘추기도 그런 시기였다. 일본 고대국가의 통합능력이 약해졌을 때, 사람들은 스스로 지켜야 했으므로 사적인 무장과 후견–피후견 관계가 늘어났다. 사회가 충분히 단체적이지 않은 시점에서는 주종제도 단체계약이라기보다는 공권력의 혼란에 즈음하여 형성된 후견–피후견 관계라는 성격이 강했다.

'고대국가' 형성과정에서 일본사회는 본격적인 재편을 경험하지 않았다. 개별가족을 기초로 하는 소경영의 일반적 형성과, 그에 기반한 사회의 특화·재편과정 그리고 관계들이 창출해내는 새롭고 강한 상호 대립과 군사적 긴장상태를 중국은 춘추시대부터 전국시대에 걸쳐 경험했다. 일본은 같은 과정을 중세 시작부터 근세의 평화가 실현되는 시기에, 봉건사회의 형성과 성숙을 통하여 경험하게 되었다. 일본에서도 '전국시대'는 본질을 꿰뚫은 명칭이었다.

제4장 봉건사회와 전제국가의 발전

4.1.2 공동체와 영주제의 강화발전

소경영·공동체·영주제의 복합은 중세·근세를 통해 강화되었다. 생산력 발전은 자립 가능한 농민경영의 범위를, 중세초기부터 근세중기에 걸쳐 장기적으로 확대시켰다. 일부의 유력 묘슈에서 시작하여 최종적으로는 백성일반까지 자립경영의 범위는 확대되었다. 자립 농민경영의 확대는 역사적으로는 계급대립을 매개로 하면서도, 공동체 참가멤버가 확대되는 것을 의미했다. 공동체 참가멤버의 확대과정은 공동체 규칙이 적용되는 사회범위가 넓어진다는 것이고 사회전체가 단체화되어가는 과정이었다.

생산력의 발전, 그것과 불가분의 관계인 사회적 분업의 발전은 공동체가 관리해야하는 공동업무의 확대과정이기도 했다. 모내기가 일반적으로 성립하려면 엄밀한 물의 분급체제가 반드시 필요하다. 풋거름이나 우마를 사용하려면 초지 및 산림의 관리원칙이 명확해야 한다. 사회는 공동으로 관리해야만 하는 수많은 과제를 점점 공동체에 의지하지 않을 수 없게 되었고, 그에 따라 공동체는 강화되었다.

공동체발전이 사회관리 과제와 사회를 규율하는 규칙이 확대되는 과정인 이상, 공동체 발전은 이것을 관리하는 영주의 권능범위를 확대하게 된다. 그러나 공동체를 사유화하여 농민층 일반에 대한 인격적 지배를 강화하고 잉여의 수취를 확대하려고 하는 영주는 계급적으로 백성 및 공동체의 대립물이었다. 단체적인 사회 관리는 공동체나 영주에 의해 실현될 수 있다. 역사적 사례로는 기나이幾內와 변경의 지역 차에 이 두 측면이 보인다. 양쪽 모두 영주와 영주지배를 거부하려고 하는 백성 사이에 대립은 강해졌다. 백성과 영주, 그리고 영주지배를 규제하고 백성지배를 유지하려고 하는 국아國衙 및 장원영주라는 세 세력의 대립·연계의 정치사가 전개되었다. 여기서도 불완전한 고대국가는 영주의 사적 지배를 억제하여 봉건적 공동체의 수호자가 될 수 있었다.

중세를 거치며 소경영·공동체·영주제는 대립하면서 강화되었다. 보다 강한 통합체가 된 각각의 단체는 공동체·영주 상호 간에 대립을 심화시켰다. 백성지배를 강화하고, 영주상호 간 항쟁에서 살아남기 위해 영주는 집주화集住化하면서 권력 강화를 꾀하였다. 이윽고 촌락공동체는 총촌惣村이라 불리는 단계에 도달하고, 광역적으로 연계하여 잇키一揆를 조직해서 영주와 대결하게 되었다. 이에 이르러 백성 잇키에 대한 대항과 영주 상호 간 대항 때문에, 영주층은 스스로의 공동단체를 형성하게 된다. 묘슈 공동단체의 규범 관리자로서 재지在地영주가 형성된 것과 같은 원리로, 영주의 공동단체 형성은 영주 공동단체의 규범 관리자로서 영주의 영주, 다시말해 상급영주에 해당되는 전국다이묘戰國大名를 탄생시켰다.[5] 전국다이묘 상호 간, 전국다이묘와 재지사회의 대립 속에서 전국을 통합하는 최상급의 영주가 확정되어 막번체제幕藩體制[6]가 확립되었다.

---

5) 勝俣鎭夫「戰國法」『岩波講座 日本歷史』中世4(1976), 『戰國法成立史論』(東京大學出版會, 1979).
6) [역주] 에도시대에 막부와 번으로 이뤄진 지배체제. 가마쿠라 시대나

제 4 장 봉건사회와 전제국가의 발전

　사회의 단체화는 영주제를 지탱하던 주종관계도 변화시켰다. 초기의 주종제는 특권을 분여하는 주체와의 사이에서 생겨난 후견-피후견 관계라는 성격이 강했다. 전통적인 특권부여기능이 감소함에 따라 주종제는 일단 무질서화의 방향으로 나아가기 시작했지만, 이윽고 사회의 단체화 속에서 영주계급의 단체형성을 매개로 상급영주가 형성되었다. 그리고 상급영주에 의한 가신단이 형성되었고, 이런 저런 영주들 사이에서 거취가 정해지지 않았던 무사는 고정적인 주종제 내 위치를 확정하게 된다. 주종제는 단순한 후견주의로부터 봉건적인 주종제로 성장한다.

　이리하여 2장의 내용처럼 자립적인 공동단체를 기초로 그 위에 영주제와 공동단체가 중적한 봉건지배의 틀이 완성된다. 영주제와 공동단체를 기초로 하면서도, 그 배타성을 제한하거나 또는 하급의 영주권을 집중시켜 광역적인 통합과제에 대응가능한 수준으로 봉건제는 성장했다. 사회의 단체화는 근세에 들어서도 계속됐다. 촌락공동체는 영주권에 의해 통합되고, 자립성과 배타성을 제약당하면서도 구성원 권리의 확대, 운영의 단체적 제도화, 재정확립, 광역적 연계 형성 등 다양한 면에서 진전하였다. 영주지배도 단체화를 촉진했다. 전국다이묘의 등장, 막번체제 형성이라는 봉건적 집중화의 장애를 넘기 위해 주종원리 및 번주친재親裁의 강화도 이뤄졌지만, 이윽고 행정은

　　무로마치 시대와 마찬가지로 봉건체제이기는 하나 집권적 성격이 현저하게 강해진 체제다.

관료화한 무사들이 집단적으로 담당하게 되었고, 막번운영에서 합의제가 강화되었다.[7]

고전고대의 국가형성이 사회 집단적 규범능력의 급격한 강화와 대상범위의 확대에 의해 실현된 것에 비해, 봉건사회에서 공동체형성은 단계를 밟아 이뤄진 것이다. 일단 형성된 전제국가가 겪은 역사적 변화에 비하면 봉건사회의 심화는 상대적으로 급속했다. 공동체와 영주제 형성 단계에 대응하여 정치기구도 율령적 통일에서 권력의 분해와 하강, 이어서 절대주의적 통일로, 수백 년 간에 어지러울 정도로 변전했다. 그 사이에 구성원의 확대, 공간적 확장, 결정과 집행의 조직적 정비 등에서 공동체는 명백히 점진적으로 발전했다. 영주와 긴장관계를 가지면서도 사회의 확대발전에 조응하는 형태로, 말하자면 자기 몸집에 맞게 공동체는 발전해왔다. 봉건사회가 근대를 지탱할 수 있는 힘을 창출할 수 있었던 배경에는 이러한 공동체의 질적·공간적 발전이 있었다.

---

7) 笠谷和比古『近世武士社會の政治構造』(吉川弘文館, 1993).

4.2 전제국가발전의 체계와 제반 단계

4.2.1 초기 전제국가

사회구조와 정치편성의 전환을 이룩한 일본 봉건사회에 비해, 중국의 사회·국가구조는 연속성이 높아 국가형성 이래, 전제국가적 복합체의 기본은 계속 유지되었다. 그러나 그런 가운데서도 전제국가의 편성에는 몇 가지 단계적 변화가 있었다. 전제국가의 발전에 대해서는 고염무 이래의 인식을 계승할 수 있을 것이다. 본 절에서는 초기 전제국가의 특색을 정리한 다음, 그것이 어떻게 변질되어 가는가를 훑어보겠다.

진시황제가 전국을 통일했지만 중국전제국가 편성의 고전적 완성은 BC 2세기 중엽 한 무제 시기에야 가능했다. 군현제에 의한 통일 행정기구가 마련되고, 균수^{均輸}평준법에 의한 전국적인 재정적 물류의 관리체제가 성립했으며, 그것을 운용하는 수단으로서 대량의 화폐가 주조되어 재정을 통해 방출되고 회수되었다.

이 시기에 완성된 초기 전제국가는 직접적인 농민 편성체로서의 성격을 보다 순수하게 실현하고 있었다. 춘추기까지 발달한 수장제는 지배 씨족인 사$^±$와 함께 피지배 씨족을 그 직능에 따라 농·공·상의 집단들로 편성했다. 초기 전제국가는 이것을 계승하여 사농공상의 분업론적 국가편성을 구축했다.[8] 농민은

---

8) 분업적 국가체제로서의 초기 전제국가에 대해서는 渡邊信一郞『中國古代國家の思想構造—專制國家とイデオロギー』(校倉書房, 1994).

● 4.2 전제국가발전의 체계와 제반 단계

원초적으로는 천맥 설정을 통해 국가로부터 경지를 부여받고, 군사=행정적으로 편성되어 군역을 담당했다. 군역을 담당한 농민은 동시에 지방관부의 속리가 되고 나아가 명관命官이 되어 중앙관료기구에 진출할 수도 있었다.

부여받은 경지는 사유지로서 기능했다. 그러나 당대唐代까지 균전제 아래 경지가 국가의 분급물로서 관리된 것에서도 알 수 있듯이, 농민의 경지는 국가로부터 주어진 분전分田이라는 이념이 장기간 유지되었다.[9] 경지 분급을 동반한 국가구성원 자격의 부여를 기초로, 농민을 직접적으로 군사=행정 편성한 체제로서의 초기 전제국가의 성격은, 농민 수취에서 드러난다. 한대漢代 소유에 대응한 과세인 전조田租와 추고芻藁는, 국가 총 수취 가운데 극히 일부분에 불과했다. 농민 수취는, 국가구성원에 대한 인두적 수취, 특히 군사 부담과 그 대납물이 대부분을 차지했다.[10] 농민의 직접적 편성체로서 초기 전제국가가 수취하는 부는, 사회적 총 잉여 생산의 60%를 차지했다고 추산되기도 할 정도로 큰 것이었다.[11]

농민의 직접적 편성을 뒷받침하고 거대한 잉여집중을 가능하게 했던 것은, 기본적으로는 전국시대의 길었던 군사긴장을 매개로 강화된 관료 행정기구였다. 그러나 이 기구가 현실에서 농민을 움직이고, 높은 세율의 잉여수취를 실현시킬 수 있을

---

9) 渡邊信一郎『中國古代社會論』第3章(青木書店, 1986).
10) 山田勝芳『漢代財政收入の硏究』(汲古書院, 1994).
11) 渡邊信一郎「漢代の財政運營と國家的物流」『京都府立大學學術報告』人文41(1989).

제4장 봉건사회와 전제국가의 발전

정도로 기능하기 위해서는 단순히 기구의 존재만으로는 불충분했다. 초기 전제국가의 편성은 행정의 다양한 부분에서 아직 온존했던 사회의 집단성에 의해 뒷받침되고 있었다고 생각된다. 이 점은 고염무 등도 시사한 바 있다.

사회는 형식적으로는 말단까지 행정적으로 통일 편성되어 있었다. 100호를 단위로 리里가 편성되었고, 10리로 향이 편성되었으며, 나아가 리의 내부는 산술적으로는 십什과 오伍로 분할 편성되어 있었다. 그러나 이는 결코 형식적으로 호수를 기준으로 편성된 행정단위는 아니었다. 리는 기존의 읍이나 읍내 거주 집단을 계승한 상호 독립성을 갖는 사회집단이었고, 크기는 달랐지만 향 역시 동종의 집단이었다.[12] 따라서 리도 모두 100호를 단위로 하는 것이 아니라 제각각이었다.

리 내 사회관계의 내실은 충분히 판명되지 않았다. 거기서는 요역부담 등 공동노동이 필요한 업무가 목적별 임의단체인 '탄彈'의 기금으로 운용되고 있었다. 탄의 구성은 어느 정도 공동성을 보여주지만, 종종 보이는 조직과정의 행정관여 등, 후세의 목적별 임의단체와 연속성이 강하다. 적어도 후한 시기에는 부로父老의 직무도 탄에서 처리되고 있었고, 리 전체 공동업무의 일부로서 관리되지는 않았다.[13] 그러나 리가 단순

---

12) 宮崎市定「中國における聚落形態の變遷について—邑・國と鄕・亭と村に對する考察」『大谷史學』6(1957), 『アジア史論考』中(朝日新聞社, 1976).
13) 籾山明「漢代結傳習俗考—石刻史料と鄕里の秩序(1)」『島根大學法文學部紀要』9-1(1986).

히 행정 단위가 아니라 역사적 거주 집단이었던 점은 확실하다. 리는 도시와 마찬가지로 방벽에 둘러싸여 입구에는 문이 있고, 책임자가 개폐·출입을 관리했다. 리는 또 필요에 따라 농작물의 공동 작업을 관리했다. 『국어』제어^{齊語} 및 『관자』 소광^{小匡}편에서 농민 군사규율의 기초는 집주가 가져오는 집단적 친화성이라고 논한 것은,[14] 반드시 이 책들의 서술 대상인 춘추기의 사태라고만은 할 수 없을 것이다.

이러한 성격을 갖는 사회가 관료기구와 직결되었다. 향 단위까지 유질^{有秩}·색부^{嗇夫} 등 정규 관원이 임명되었고, 치안·군사기능을 하는 정^亭에는 다수의 정장^{亭長}이 임명되었다.[15] 현이 임명한 이 유질·색부·정장 등과 함께 향 내부사회를 대표하여 향삼로^{鄉三老}가 있었다. 그들도 관원으로 간주되었고 향 내부 문제 처리뿐 아니라 황태자에 관하여 황제에 상소할 정도로 사회적 지위가 높았다. 이들 말단의 관원뿐 아니라 현관^{縣官}의 지위도 높았다. 한대 지방 관료 기구는 계층성이 단순했는데 이 관료체계 전체에서 현 장관의 지위는 높았고 중앙 고관의 자리와 임용루트와도 직결되어 있었다.

사회의 집단성은 관료기구가 갖는 집단성과 자기결정 능력의 높은 수준에서도 드러난다. 각 관부의 장관은 자기재량에

---

14) 杜正勝「古代聚落的傳統與變遷」『第二屆中國社會經濟史研討會論文集』(漢學研究資料及服務中心, 1983).

15) 連雲港市博物館他「尹灣漢墓簡牘初探」『文物』485 10期(1996). 西川利文「漢代における郡縣の構造について—尹灣漢墓簡牘を手がかりとして」佛敎大學『文學部論集』81(1997).

제4장 봉건사회와 전제국가의 발전

따라 속리를 임용했고, 황제와 황제가 임용하는 명관命官과의 관계, 명관과 명관이 임용하는 속리와의 관계라는, 이중의 군신관계가 관료체계 안에 존재했다.[16) 군수郡守·국수國守·상相은 국가의 법령과는 별도의 '조교條敎'를 제정할 수 있었고 군부郡府는 종종 조정이라고 자칭했다.[17) 그 중에서도 재상·장군 등의 권한이 컸다. 『사기』사마양저司馬穰苴 열전에 상징적으로 보이는 것처럼, 황제의 절節을 가진 장군은 자기 군영 내에서는 황제 개인의 의사에서 자립하여 지휘권과 병사들에 대한 처분권을 행사했다.[18) 승상의 승丞과 상相이라는 글자는 원래 부관副官이라는 뜻이고 재상은 황제의 부관으로 기능했다. 재상의 권한은 명문화되어 있지는 않아서 실력 있는 황제는 종종 이것을 부정했지만, 일반적으로 재상이 행정기구라는 집단의 통솔자라고 할 수 있다. 황제의 독자적인 조칙을 금하는 규정은 없었지만, 칙은 관료기구의 도장이 있어야 유효하다는 관습이 당대까지는 기능하고 있었다.[19) 또 고관에 의한 제도화된 대규모 조의朝議가 실시되고 있었다.[20) 최종 결정권은 황제에게 있으므로 결정기관이 아니라 논의정리의 기관이기는 했지만,

---

16) 渡邊信一郞「中國古代專制國家論」『歷史評論』504(1992), 『中國古代國家の思想構造―專制國家とイデオロギー』(校倉書房, 1994).
17) 嚴耕望『中國地方行政制度史』上編 上卷 之四十五(中央研究院歷史語言研究所, 1961).
18) 大庭脩「前漢の將軍」『東洋史研究』26-4(1968).
19) 이런 관료제의 특질에 대해서는 錢穆『中國歷代政治得失』, 1966, 大澤一雄·王子天德譯『中國政治制度史論』(南窓社, 1978).
20) 渡邊信一郞『天空の玉座―中國古代帝國の朝廷と儀禮』(柏書房, 1996).

거기서는 황제선임까지도 의제로 논의되었다.

이상과 같이 한편에서는 전제국가의 권력집중은 아직 불완전했고, 각급조직은 후대에 비해 독자 재량권이 컸다. 그런 의미에서 전제는 불충분했다. 그것은 행정행위가 반드시 중앙·황제의 권위에 의해서만 보증되는 것이 아니라, 각 단계에서 각각의 정통성을 갖는 사회적인 힘에 의해 지지되면서 실현되고 있었던 것을 의미한다. 이러한 특징에 의거하여 성립기의 전제국가는 직접적인 인민편성을 말단까지 행하고, 높은 비중의 잉여를 집중시킬 수 있었다.

4.2.2 전제국가의 변질과정

전제국가는 몇 가지 요인이 서로 얽혀 변질되었다. 맨 먼저 나타난 것은 초기 전제국가의 통합을 지탱하던 말단사회 조직의 해체이다. 고세율의 국가수취에 허덕이던 농민은 지속적으로 피폐해졌고, 생산력구조의 발전에 기반한 호족이 형성되어 계층분화가 격화되었다. 그 결과 후한말까지 집주와 공동노동의 단위였던 리는 붕괴하였다. 군사적 혼란 속에서 종래의 집락 외부에 촌락이 형성되고 거주 집단인 촌과 행정편성인 리가 병렬되는 시대를 거쳐, 수당이후 거주관계와는 별도로 호수戶數에 의한 행정편성이 이뤄졌다. 이후 농민의 거주를 단위로 한 행정편성은 당분간 소멸한다. 민국기民國期에 보이는 집락별 행정파악은, 국가에 의한 독자적 인민의 행정편성이 두드러지게 약해진 청대 이후의 일이다. 이러한 변화로 자립성을 가진 리를

제4장 봉건사회와 전제국가의 발전

통합해온 삼로 등의 지위도 점차 품계가 낮아졌다. 사회기반의 변질은 국가에 의한 사회파악 조건을 악화시켜 갔다.

전제국가 변질의 또 다른 요소는 행정편성을 전제적 집중화하려는 동기가 일관되게 작동했다는 점이다. 변동의 한 계기는 황제 자신에게 있었다. 성립기의 전제국가에서 행정기구는 독자적 조직성을 갖고 있었고, 승상은 그 집약적 표현이었다. 행정기구가 황제전제의 대립물이 되자 이를 대신하여 황제직속의 결재기구가 만들어졌다. 한대의 상서(尙書)가 그 최초이다.[21] 그러나 일단 만들어진 측근기구가 행정상 필요에 따라 점차 조직이 비대해지자 또 다시 황제전제의 대립물이 되었다. 거기서 재차 같은 정책이 채용되는데, 권력의 안정화를 위해 반복적으로 관료제의 독자적 기능을 해소하려고 시도한 것이다. 상서·중서(中書)로부터 명대의 내각, 청대의 군기처에 이르기까지 이런 반복적 정책이 중국 관료제를 형해화시켰던 것을 고염무나 량치차오는 비난했다.

자기책임에 기반한 결재능력을 관료기구로부터 빼앗는 과정은 동시에 감찰기구의 발달과정이기도 했다. 한 무제기 군국(郡國)의 수상(守相) 권한을 강화하여 현에 대한 인사·재정 면의 통제력을 강화했던 것이 그 시작이었다.[22] 이후 몇 차례 정리통합을 거치면서 중간적 감찰기구는 계속 증대되었고 기능이

---

21) 혹은 낭관·어사로부터 임명된 승상 자신이 측근정치의 시작이고, 전제는 처음부터 측근정치에 뒷받침되고 있었는지도 모른다.
22) 紙屋正和「前漢時代の郡・國の守・相の地方權の强化について」『東洋史硏究』41-2(1982).

● 4.2 전제국가발전의 체계와 제반 단계

확장되며 행정기관으로 자리잡았다. 이리하여 청대에는 주현 州縣 위에 부府·도道·포정사사布政使司·순무巡撫·총독總督 등 끊임없이 중층적인 관료기구가 생겨나게 되었다. 감찰기구의 정비는 한편에서는 초기 전제국가가 갖고 있는 관부의 분립성을 극복하려는 것이었다. 그러나 각급기관의 권한을 명시적으로 규정하여 관료기구를 구축하는 것은 전제권력과는 맞지 않는 것이다. 따라서 권한이 고정된 조직을 만들지 않는 비단체적 중국사회의 성격에 제약되면서, 중층화한 중간 행정기관은 결재능력이 약한 감찰기관에 머물게 되고 황제에게 권한이 집중되었다.

관료기구의 자율성 배제는 관리 임용제도 면에서도 진행되었다. 명관이 속리를 임용하지 않게 되고 속리는 이층화二層化했다. 상층부분은 중앙의 이부吏部가 통일적으로 선발하는 관이 되고, 하층부분은 서리화되었다. 관료의 등용제도도 다양한 형태로 존재하던 향리의 추천시스템이 부정되었다. 수隋의 향관鄕官폐지는 그 분기점이었다.[23] 관료가계家系의 계승을 가능하게 했던 음서제는 송대 이후에도 잔존하지만, 과거 합격자의 임용이 양적으로 증대했을 뿐 아니라, 관료기구에서 차지하는 지위도 확실하게 높았다. 이러한 임용제도와 선발제도의 개혁에 의해, 원리적으로는 사회적 지위와 독립적으로 관료가 선발되고, 모든 관료가 일원적으로 중앙에서 임용되고 감찰

---

[23] 濱口重國「所謂, 隋の鄕官廢止について」『加藤博士還曆記念東洋史集說』(1941), 冨山房, 『秦漢隋唐史の研究』下(東京大學出版會, 1966).

받게 되었다. 전제는 명백하게 순화되었다. 그러나 그것은 관료제도가 기구와 기능의 양면에서 사회로부터 점점 멀어지는 형태로 가능해졌다. 이것을 추동한 것은 권력의 전제화 요구 그 자체였다고 생각된다.

전제국가의 질적 전환을 가져온 기층적 요인은 농경사회 일반을 관통한 소농경영의 발전이었다.[24] 후한·육조시대는 춘추전국기를 이은 농업기술발전의 시기였다. 우리경牛犁耕 체계가 처음으로 성립하고, 이것을 기초로 대농법大農法에 의한 부농경영이 전개되었다. 농경지를 일년 내내 이용하는 농업 집약화는 호농층을 선두로 점차 하층경영까지 확산되었다. 이러한 경향은 당송기에는 비델타지역의 벼농사 지대에서 현저했지만, 명청시대를 거치며 한층 일반화했다. 농민경영의 자립성이 높아지고 생산자와 생산수단의 결합이 한층 긴밀해지며, 농업노동이 일년 내내 토지와 결합하게 되자, 농민을 직접편성하고 노동력을 획일적으로 수취하는 제도는 불합리한 것이 되었다. 경지를 부여받은 농민을 직접편성하고, 군역이 포함된 노동력과 재물을 수취하는 초기 전제국가의 체제가 변경되었다.

당대 중기에 시작된 양세법兩稅法 체제는 국가성원인 농민가족을 세역징수의 기준단위로 하는 초기 전제국가의 편성 원리에서 농민소유를 기준으로 하는 조세체계로 전환한 것이다. 조세액이 자산에 대응하게 되었을 뿐 아니라, 송대의 주호객호

---

[24] 당송기에 이르는 농업경영의 전개에 대해서는 渡邊信一郎 『中國古代社會論』, 大澤正昭 『唐宋變革期農業社會史硏究』(汲古書院, 1996).

제主戶客戶制·호등제戶等制에 보이듯이 농민편성 자체가 소유를 기준으로 하게 되었고, 이에 따라 직역의 형태로 농민은 말단 행정업무에 동원되었다.[25] 동시에 기본적으로 농민을 군사편성에서 제외했다. 일본 율령 군제의 모범이었던 부병제府兵制는 폐지되고 이후에는 용병제가 기본이 되었다. 초기 전제국가가 병농일치를 기본으로 하였던 것에 대비되는 '병농분리'가 이 때 실현되었다. 봉건사회에서 병농분리는 지배계급이자 사회관리의 중추를 점하는 무사가 무력을 점유하는 과정이었지만, 전제국가에서의 병농분리는 조세납입으로 군대를 지탱하는 농민에게서 용병을 창출해내는 과정이었다. 이 과정은 전제국가 최대의 업무를 인민의 노역이 아니라 재물로 유지하는 체제로 변경하는 것을 의미했고, 재정은 액면상 현저하게 팽창하게 되었다. 국가적 물류시스템의 정비가 요청되고 전매제도가 강화되었으며, 국가적 지불수단으로 동전이 대량으로 공급되었다. 행정 형식이 정비되고 전제가 순화됨에 따라 점차 사회로부터 국가가 분리되었다. 이런 조건에서 소농민경영의 발전은 '경지를 부여받은 농민의 군사편성'이라는 초기 전제국가의 원칙을 변경시켰다. 전제국가의 통합능력은 저하되기 시작했다.

이 같은 변화의 흐름은 명청시대에 절정에 이르렀다. 황제에 의해 관료제는 계속적으로 형해화되어 권력집중이 달성되었고, 2장에서 본 대로 전제체제는 확립되었다. 다른 한편 소농의 자립은 진전되었다. 다음 장에서 보는 것처럼 교환경제의

---

25) 島居一康『宋代税制史研究』(汲古書院, 1993).

제 4 장 봉건사회와 전제국가의 발전

발전이 중국에서는 고정적으로 조직된 분업체제를 창출하지 못했지만 사회의 유동성을 크게 높였다. 관료기구의 형해화와 함께 국가에 의한 농민의 직접적 파악능력은 명청시대를 통해 낮아졌다. 일조편법·지정은체제의 성립으로 주요한 요역노동의 은납화가 실현되고 난 후에는 편성된 농민이 행정의 말단 노동을 수행한다는 방침조차 포기되었다. 이런 상황에서 국가의 수취는 소유전토에 따른 화폐과세로 순화되었고 농민을 행정적으로 편성조차 하지 않았다. 즉 지정은체제의 성립과 함께 편적編籍은 정지되었다. 점차 말단행정은 서리와 포람인包攬人이 수행하는, 사회적으로 규제되지 않는 사적인 청부업무로 되어 갔다. 국가의 몫은 계속 낮아져서 개항전후에 이르면 명초의 몇 분의 일까지 하락했다. 하락의 직접적 원인은 고정된 조세액의 기준이었던 은 가치가 국제시세와 연동되어 하락한 데 있었다. 하지만 보다 근본적 원인은 독자적으로 국가적 물류를 조직할 수 없고, 은 가치의 하락을 세액으로 전가할 수 없게 된 전제국가의 역량 자체에 있었다. 민국기의 국민소득에서 '공공행정'의 비중은 난징 정부기에 이르러서도 여전히 3%대였다.[26] 초기 전제국가가 실현했던 높은 수취율과는 너무도 다른 것이었다.

봉건제의 형성·심화와 대조적인 형태로 전제국가의 발전구조를 검토해 봤다. 봉건사회에서는 생산력 발전이 농민경영을 강화하고 사회적 분업화를 촉진시켰다. 그 결과 공동단체가

---

26) 巫寶山『中國國民所得』(中華書局, 1947).

강화되었다. 공동단체로 표현되는 사회의 단체적 규율화는 동시에 영주제를 강화·집중시키고, 자율적 단체를 매개로 광역적으로 긴밀하게 사회를 통합하는 절대주의 단계에 도달했다.

이에 비해 중국 전제국가에서 생산력발전과 농민경영의 강화는 초기조건에 규정되어 공동체 형성으로 연결되지 않았다. 따라서 거기서는 영주제 권력도 형성되지 않았고, 대신할 권력체계가 없는 채로 전제국가는 장기간 계속되었다. 전제국가는 점차 전제가 순화되는 모습을 보인다. 그러나 전제의 형식적 정비는 관료제에 의한 사회 관리능력의 저하를 가져왔고, 사회의 유동화와 연동되면서 국가의 사회장악력은 계속 낮아졌다. 저하된 전제국가의 사회 장악능력은 중국식 임의단체의 광범한 형성으로 보완되게 된다. 이에 대해서는 중국에서의 근대 이행을 논하는 다음 장 이하의 과제로 삼겠다.

제 5 장

근대로의 이행 1-경제

5.1 사회유형과 경제발전

중국전제국가 형성과 성숙 과정을 일본 봉건사회와 대비하면서 4장까지 검토해보았다. 이후 각 장에서는 이렇게 형성된 전제국가형의 중국사회가 근대세계와 조우했을 때 어떤 식으로 대응했는가를 검토하겠다. 검토는 자본주의적 생산양식과 그것을 지탱하는 국가권력 형성의 양태라는 두 가지 측면에서부터 진행한다. 먼저 경제과정을 보겠다.

본서의 동기는 사회통합의 확대와 그에 조응하는 사회결합 양식의 전개과정으로 인류사를 파악하여, 단선적 발전이론을 대신할 단계와 유형 인식을 발견하는 것이다. 경제발전도 또한 사회의 단계적·유형적 발전의 일부로서 이해할 필요가 있다.

단선발전적 세계사 이론에서는 경제 또한 단선발전적으로

제 5 장 근대로의 이행 1-경제

이해되고 나아가 단계적 발전을 추진하는 규정요인으로 간주되어 왔다. 유통에 대해서 보면 생산력 발전이 잉여를 창출하고 잉여가 상품경제를 만들어 낸다고 생각해 왔다. 사회는 자급자족 경제에서 단계적으로 상업화의 정도를 심화시켰고, 그 수준에 따라 유통기구의 구조적 발전이 진행되어 사회는 분업화한다고 생각되었다. 그러나 사회는 경제성립의 기반으로서 경제에 대해 강한 규정성을 갖고 있다.

원래 경제는 사회의 일부다. '경영'은 사회단체의 하나다. 어느 사회가 어떤 상공업 경영을 갖는가는 이에 및 무라와 마찬가지로 그 사회가 갖는 사회단체 일반의 성격에 기본적으로 규정되어 있다. 상행위는 개인 혹은 단체가 서로 체결하는 사회적 결합관계의 하나다. 거래규칙의 성립은 그 사회의 규범 일반에 기본적으로 규정된다. 임노동은 타인 의사를 영유하는 한 가지 특수한 형태다. 2장에서 보았듯이 사회구조가 발전단계로 설명되지 않는 유형적 특성을 보이는 이상 사회 일부로서의 경제, 곧 경영·교역·노동·자본 등이 사회마다 고유한 특성을 가짐을 인정해야 한다. 특히 자본이라는 경제가 사회에서 생겨나면서 결국 사회에 지배적인 힘을 갖기 이전까지는 사회의 규정성이 크다고 생각된다. 본 장의 주제는 전제국가와 봉건사회라는 대조적인 사회가 경제에 대해 어떠한 규정성을 부여했는가이다.

사회적 측면에서 전제국가의 자본주의 형성을 생각하기 위해, 먼저 자본주의의 토대가 되는 사회결합에 대해 살펴보자.

자본주의란 말할 것도 없이 고도로 발달한 사회적 분업체제다. 사회적 단위들이 상품·화폐를 매개로 복잡하게 분업화되고, 상품·화폐를 매개로 하는 분업은 노동에까지 이르고 있다. 기능적으로 분화된 대규모 조직으로서의 경영이 사회의 기축 단위가 된다.

이 관계를 성립시키는 것은 개인적 신용이 아닌 조직에 대한 신뢰, 개인 및 조직을 성립시키는 사회적 규칙의 안정성에 대한 신뢰다. 우리들이 푼돈을 은행에 맡기고 웃으며 귀가할 수 있는 것이나 여행지에서 택배 발송을 위해 편의점에 귀중한 수하물을 맡길 수 있는 것도, 그곳의 창구직원들과 면식이 있어서가 아니다. 은행 및 운송업자라는 조직 혹은 그것을 성립시키고 있는 사회적 규칙 일반에 대한 신뢰 때문이다(물론 최근에는 약간 불안이 퍼지고는 있지만 그래도 여전히 건재하다). 전화 한 통이나 컴퓨터 통신으로 수억 엔이나 되는 외환이 매매되고 팩스 한 장으로 납입기일과 시각을 지정한 원료부품의 매수주문이 확정되기 때문에 비로소 경제는 격렬한 속도로 돌아간다.

기업이라는 거대조직이 성립하기 위해서는 분업화된 조직 내부를 관통하여 전체적으로 통합된 행동이 성립해야만 한다. 그러기 위해서는 분급화分級化된 의사결정을 행하는 각 부분이 공통의 준칙에 따라야 하고 최종적으로는 임노동 계약에 기초해서 노동자 의사의 영유가 안정적으로 성립해야만 한다. 이러한 사회적 조건은 결론적으로는 봉건사회의 단체에서 탄생했다.

5.2 중국사회의 경제형태

5.2.1 조숙한 유통형성

전제국가와 그 사회에서는 유통이 일찍 성숙했다. 거기에는 몇 가지 요인이 있다. 첫 번째 요인은 전제국가의 재정이다.[1] 일반적으로 시장을 매개로 한 사회적 분업이 지배적이지 않은 전근대사회에서는 농민경영을 떠나 사회적으로 기능하는 부富 가운데 공권력이 수취, 재분배하는 부분이 큰 비중을 차지한다. 공권력에 의해 수취, 재분배되는 부의 운동 즉 재정은 사회의 편성형태에 조응하여 다양한 형태를 취하는데, 다양한 형태의 재정은 고유한 재화의 움직임을 만들어내어 '유통' 전체에 지배적인 영향을 끼쳤다.

봉건사회는 분열재정이 기본이었다. 무라는 하나의 공권력이고 그 내부에서 재화 및 노동력을 징수하여 공공기능을 수행했다. 무라의 연합체도 같은 의미에서 하나의 재정주체로 발전할 수 있었다. 번 및 막부라는 각급 영주는 각각 재정을 가졌고 사적 재생산과 함께 공공기능을 수행했다. 이리하여 봉건사회의 재정은 공간적으로 무수하게 분할되었고, 계층적으로도 몇 단계로 중층화되었다. 재화와 노동력은 각 단체의 권역 내부를 중심으로 재분배된다. 봉건사회의 재정은 상대적으로 분할된 국지적인 물류를 창출했다.

---

1) 전제국가재정의 특징 및 경제와의 관계에 대해서는 졸고「專制國家と財政・貨幣」中國史研究會編『中國專制國家と社會統合』II(文理閣, 1990).

이에 비해 전제국가의 재정은 공권력을 가진 중간단체가 존재하지 않기 때문에 원리적으로는 통일재정이다. 말단의 행정편성을 통해 징수되는 조세가 국가 재정을 구성했다. 모든 재화가 중앙으로 집중되는 것은 아니며 얼마간은 지방에 잔류되어 운용되고 혹은 지방관청 사이에서 전송되었다. 지방 잔류부분의 비율은 시대마다 변동 폭이 크지만, 당송변혁기의 병농분리 이후 중앙의 비중은 높아지고 노동력을 제외하고는 압도적인 부분이 광역적으로 운용되었다. 수입의 대부분을 차지하는 양쯔강 하류지방의 재화가 수도와 북방변경으로 이송되었다.

재화의 일부는 현물의 형태로 군대 및 용역노동에 의해 수송되었다. 그러나 상당부분이 유통기능을 매개로 이송되었다. 비단이나 면포 등 가벼운 물자를 북방변경으로 수송하고, 할당된 곡물을 현지에서 구입해 상납하는 것이 일반적이다. 전매제도는 국가재정이 이러한 유통을 직접적으로 조직하는 행위이기도 했다. 또 계획적으로 물자구입에는 동전이 이용되었다. 동전은 대량으로 사회에 공급되어 국가적 물류의 조직수단으로 순환했다. 상업·화폐경제의 발전기로 간주되는 송대의 광역적인 물류는 기본적으로 국가재정에 의해 조직되었다. 전제국가 재정은 초기 단계 유통의 창출주체였다.[2]

---

2) 송대의 재정·화폐·유통에 대해서는 宮澤知之「北宋の財政と貨幣經濟」中國史研究會編『中國專制國家と社會統合』II,『宋代中國の國家と經濟』(創文社, 1998).

제 5 장 근대로의 이행 1-경제

두 번째 요인은 중국의 공동체 부재다. 2장에서 서술한 것처럼, 일본에서는 무라의 업무로 간주되는 관혼상제 및 건축도 중국에서는 거액의 비용을 지불하여 개별적으로 해야 했다. 조직적 노동교환 제도가 없는 중국에서는 농번기의 노동력 부족은 노동력을 구입하여 해결해야 했다. 그들은 가능한 한 자기 노동력을 판매하여 수입을 얻으면서 필요한 노동력을 구입한다. 사료에 쓰이는 풀까지 구입하도록 농서가 권하고 있는 것은 입회지入會地가 없기 때문이다. 공동체가 존재하지 않는 사회에서 농민경영은 외부경제에 의존하지 않을 수 없었다. '이웃끼리 교환'조차도 거기서는 유통을 형성시킬 수 있다. 근대경제는 공동단체를 해체하면서 시장영역을 부단히 확대해 가지만 같은 원리가 중국전제국가에서도 기능하고 있었다.

세 번째 요인은 영세하고 자기완결지향이 약한 농민가족의 경제다. 촌락을 구성하는 경영 집단의 수를 일정하게 유지하고, 영세화를 저지하려는 촌락의 공동체 규제는 존재하지 않았다. 규모의 크기가 경영상 유리한 생산력조건을 갖는 시대와 지역에서는 일부 대규모 경영이 창출되기도 하지만, 철저한 남자균분상속 아래 경영은 끊임없이 영세화압력에 시달린다. 소유도 마찬가지다. 상당한 규모의 지주도 소유 확대의 계기가 없으면 2대, 3대 후에는 소작인으로 전락한다.[3] 영세경영은 본래 자급적인 자기 완결이 불가능하고, 항상 외부로부터의

---

3) 실증적 조사로는 滿鐵産業部資料室·天津事務所『第二次冀東農村實態調査報告書:統計編』(1937).

구입에 의존하지 않을 수 없다. 단체의 참입參入 규제가 없는 중국에서는 다양한 잡업이 부업으로 선택 가능했고, 이것이 극도로 영세한 경영을 사회 밑바닥에 형성시켰다.

중국의 가족은 단체로서의 자기동일성과 계속성이 빈약하고 소경영의 자기완결지향 자체도 미약하다. 안정성을 지향하는 사회는 불안정하고 투기적인 외부경제를 기피한다. 거시적으로 보아 근세일본에서 상품화는 점차 진행되지만 이에家 경제의 형성은 표준적 농민경영의 형성과 맞물려 경영의 자기완결성을 오히려 높였다. 국지적으로는 중세일본쪽이 보다 상업적이었다. 중국의 농민은 이익의 극대화를 목표로 상업기능을 자유로이 이용했다. 비싼 밀을 생산해서 판매하고 식용으로는 싼 수수를 구입하는 행태는 일반적이었다. 계절에 따라 작물을 저당잡히고 빚을 내는 일도 종종 있었다. 양잠 농가는 시장 상황을 판단하여 자유롭게 뽕 판매자로 전환했는데 단순히 사회적 분업의 발전이라고 평가할 수 없는 현상이다.[4] 소경영의 미약한 자기완결성은 동남아시아 등 이에 사회가 아직 성립하지 않은 지역에서도 마찬가지거나 혹은 한층 더 현저하게 보인다.

이러한 사회적 요인에 규정되어 중국농민은 이른 시기부터 유통경제에 의존하고 있었고, 농산물의 상품화율도 높았다. 전근대에서 농산물의 상품화율을 일반적으로 추계하는 것은 불가능하므로 근대의 통계에 의존할 수 밖에 없다. 전국적 추계로 가장 신뢰도가 높은 버크의 조사는 1920년대 전반 중국

---

4) 田尻利「近代中國の桑葉商人について」『立命館經濟學』44-6(1996).

제 5 장 근대로의 이행 1-경제

농산물의 상품화율을 52.7%로 추계했다.[5] 이 수치는 근대일본의 농산물 상품화율과 비교해도 높다. 제국농회『농업경영조사』에 의거해 구리하라 하쿠주栗原百壽는 1936년 일본농업 생산물의 상품화율을 소경영에서 47.7%, 중경영에서 46.7%, 대경영에서는 21.9%로 추계했다.[6]

자본주의가 훨씬 발달한 일본보다도 중국농민의 농산물 상품화율이 높았던 것이다. 이것은 농민의 손으로 이뤄지는 농산물 상품화가 전국에 걸쳐 자본주의적 순환을 구성하고 있지 않았던 것을 의미한다. 그것은 근대무역의 전개로도 알 수 있다. 중국의 국제무역은 근대를 통해 낮은 비중에 머물렀다. 세계인구의 20%를 점하는 중국이 행한 무역은 대체로 세계전체 무역량의 1%를 차지했다. 국민소득에서 차지하는 수출입액의 비중은 10% 정도에 불과했다. 말단의 활발한 교환활동에도 불구하고 국민경제 전체를 관통하는 유통체계가 충분히 발달하지 않았던 것이다.

이 점은 본 절에서 살펴본 유통이 조기에 형성되기 위해 필요한 세 가지 요인과 관련이 있다. 첫 번째로 든 전제국가재정은 광역적인 유통형성의 요인이었다. 두 번째, 세 번째 요인은 광역적인 유통형성과 관계없는 국지적인 교환행위다. 전제국가재정은 이른 단계에서는 전국적인 물류의 조직자였지만, 4장에서 본 것처럼 전제국가기능이 형해화하자 그 규정적

---

5) J.L. Buck, *Chinese Farm Economy*(Chicago, 1930), p.199 Table10.
6) 栗原百壽『日本農業の基礎構造』第3章 1節(中央公論社, 1943).

역할이 약화됐다. 그 때 그것을 대신할 유통조직화의 구조가 형성되지 않았던 것이다. 국지적 교환행위의 수준과 광역적 유통수준의 분리는 그것을 잘 보여주고 있다. 양자를 잇는 고리는 왜 형성되지 않았을까.

5.2.2 면업으로 본 중일의 시장형성과정

전국적 시장의 형성과정은 일본과 중국에서 구체적으로 어떤 특징을 갖고 있었을까. 여기서는 연구사의 축적이 가장 두텁고, 국제시장과 만나면서 재래시장의 구조가 노출되었던 면업을 사례로 살펴보자.

중국에서 면화·면포의 기원은 오래되었다. 초본성草本性 목면의 재배는 늦어도 남송기에는 개시되었고 원대에는 각종 농서에 재배와 가공기술이 상세히 기술되어 있는 데서 알 수 있듯이 널리 보급되어, 수십 만 필을 단위로 하는 면포의 상납이 행해졌다.[7] 명초에는 군수용 면포가 대량으로 수취되었고 명대 중기에는 광역적인 시장이 형성되었다. 양쯔강 하류지역을 중심으로 면화생산에 특화된 지역이 출현했고 거기서 만들어진 면포가 베이징·산시山西·산시陝西성 등 북방변경지역까지 운송되었다.[8]

그러나 개항 전 중국 면제품 시장에서 전국적인 수준에 도

---

7) 면작의 개시에 대한 요약은 天野元之助『中國農業史硏究』第2章(お茶の水書房, 1962).

8) 西嶋定生「16·17世紀を中心とする中國農村工業の考察」『歷史學硏究』137(1949),『中國經濟史硏究』(東京大學出版會, 1966).

달한 것은 주로 '면화시장'이었다. 농가가 재배하고 채취한 면화에서 먼저 씨앗이 제거된다. 일본에서 말하는 조면繰綿, 중국에서 말하는 알화軋花작업이다. 이어서 약간 조정을 한 후에 실을 뽑고 천을 짠다. 양쯔강 하류 지역의 동남연해 면작지대, 또는 경한京漢철도 주변 화베이 면작지대에서 재배된 면화 일부는 농가가 가내부업으로 천을 만들어 전국적으로 판매되었다. 그러나 대부분은 알화를 거쳐 경량화輕量化한 다음에 단순 작업이지만 대량의 노동력을 요하는 실뽑기 공정을 위해 전국의 비면작지대로 송출되었다. 그것들은 주변지역에서 농가의 자급용 작업 혹은 영세농가의 농사 외 부업을 통해 면포로 만들어졌다. 면작의 지역적 특화는 대체로 자연조건에 규정되어 이뤄졌지만 그 이외의 분업은 체계적으로 전개되지 않았다. 실뽑기와 천짜기의 분리도 체계적으로 실현되지 않았고, 도시주민의 영세한 부업으로서 부차적으로 존재하였다. 이러한 사회적 수요 아래에서는 기술이 발달해 높은 노동생산성을 실현할 수 있는 실뽑기·천짜기 도구가 발명되어도 보급되지 않았다.

일본에서 면작 도입은[9] 중국보다 훨씬 늦었다. 15세기 초에 이르러 겨우 조선의 회사품回賜品으로 면포 유입이 시작되었고 이어서 중국에서 수입했는데, 때마침 전국시대였기 때문에 군수물자로 귀중하게 취급되었다. 국내 재배가 언제 어디서부터 개시되었는지는 여러 설이 있지만, 15세기 말이나 16

---

9) 永原慶二『新·木棉以前のこと』(中公新書, 1990).

세기 중기가 되면서였을 것이다. 중국보다 500년 정도 뒤진 것으로 중국에서는 이미 광범위하게 전국적 유통이 행해졌던 명대 중기다. 그러나 이후의 전개는 급속했다. 17세기가 되면 당시 집약농업의 선진지대인 기나이畿內에서 면업은 본격적으로 전개되었고, 같은 지역에서 실뽑기·천짜기가 진행되었다. 그리고 씨를 뺀 상태로 간토를 비롯, 면화생산이 빈약한 지역으로 운송되었다. '면화시장' 단계에 도달한 것이다. 18세기에 걸쳐 에도·교토·오사카의 거대 도매상인 돈야問屋의 주도 아래 유통은 더욱 확대되어갔다.

근세후기 기나이 선진지역의 면업 동향에 대해서는 평가가 대립한다. 오사카 시장의 중앙기능이 일반적으로 저하하는 가운데, 기나이 면업의 지위가 저하했다는 견해도 존재한다. 그러나 나카무라 데쓰中村哲씨에 의하면,[10] 개항까지 가와치河內를 중심으로 한 기나이의 일부 및 미카와三河에서는 노동과정의 변혁을 수반하면서 생산과 유통의 조직형태에 변화가 생기고 있었다. 중국에서 개발되었으면서 중국 면업에서는 본격적으로 사용된 적이 없는 베틀인 고기高機가 도입되었다. 고기를 기축으로 하는 분업화된 노동 덕분에 노동생산성이 현저하게 개선되었다. 직조를 전업으로 하는 농가가 형성되고, 직조농가는 상대적으로 비효율적이었던 실뽑기를 외주화하여 실뽑기과 천짜기가 지역성을 띠며 분리되기 시작했다. 이러한

---

[10] 이하 근세말 이후 일본면업에 관한 서술은 中村哲「世界資本主義と日本綿業の變革」河野健二·飯沼二郎編『世界資本主義の形成』(岩波書店, 1967),『明治維新の基礎構造』(未來社, 1966).

기술적·경영적 혁신을 기초로, 선진지역에서 만들어진 면포가 전국적으로 유통되었다. '면포시장' 단계의 도래다.

개항 전 시장의 존재양태는 개항 후 양국 면업의 동향을 규정했다. 면화시장이었던 중국은 영국의 기대와 달리 외국 면제품을 본격적으로 받아들이지 않았고 개항 직후에 수입이 증대한 것은 오히려 인도산 면화였다. 면포시장 형성이 전국적으로 시작되었던 일본에는 고기면포高機綿布보다 값이 싼 영국 기계제 면포가 급속히 유입되어 선진지대 면업은 심각한 타격을 입었다. 그러나 방직분리를 이루고 있었던 고기방직업자는 상대적으로 싼 기계제 면사로 원료사原料絲를 변경하여, 곧 방직설비의 중간적 개량을 거쳐 원시적 산업혁명으로 나아갔다.

면업에 관한 한 중국에서는 일본에 비해 상품생산이 일찍 시작되었고 유통의 양적 확대가 진행되었다. 그러나 생산과 소비의 조직화, 생산의 분업화가 진행되지 않았고 그것이 어느 단계 이후 거꾸로 시장이 사회전체로 확대되는 것을 제약하면서 대량 생산의 전개를 가로막았다고 생각된다. 중국시장이 이러한 성격을 갖게 된 배경을 사회와의 관계에서 생각해보자.

5.2.3 중국적 유통의 기본형태

중국의 시장형태에서 특징적인 것은 유통의 조직화가 미약하다는 점이다.[11] 유통과정을 구성하는 여러 요소를 개관해보

---

11) 중국적 유통구조에 관한 이하의 서술에 대해서는 졸고「明末の流通構造—『杜編新書』の世界」熊本大學『文學部論叢』41(1993) 및 졸고「阿

자. 유통의 말단을 이루는 것은 집集·시집市集·허墟·장場으로 불리는 정기시인데,12) 지방관이 공식적 혹은 개인차원으로 발의하거나 향신의 건의로 창설되는 경우가 많다. 중소규모의 시집에서는 불안정한 형성과 소멸이 종종 보인다. 참가자의 제한과 거래시간 제한 등의 시장규제는 적고 대체로 선착자가 자유롭게 상품을 늘어놓고 판매하거나 구입하는 것이 가능하다. 화난華南에서는 벌집처럼 많이 설치된 허름한 가건물에서 판매활동이 이뤄지지만 화베이에서는 가건물조차 없이 광장의 이곳저곳에서 거래가 시작된다. 시집의 거래 일부분은 광역 유통의 말단 기능과 동시에, 앞에서 본 것처럼 중국사회에서 광범위하게 이뤄지는 지역내부의 교환행위 즉 '이웃끼리 교환'의 장소로서도 기능했다. 따라서 사회에서 차지하는 시집의 역할은 크고 참가자 수도 많다. 민국기에는 수만 명의 참가자로 북적이는 시집이 각지에서 확인된다.

광역 유통의 중심 담당자는 객상客商이었다. 그들은 현금을

寄と徐慶文―明淸小說に見る商業の自由と分散」熊本大學『文學部論叢』45(1994). 또 黃仁宇「從『三言』看晚明商人」『香港中文大學中國文化硏究所學報』7-1(1974).

12) 전근대 중국의 정기시에 대해서는 주로 입론의 기초로 삼은 이하의 논문을 비롯해 많은 연구축적이 있다. 增井經夫「廣東の墟市」『東亞論叢』4(1941). 倉持德一郞「四川の場市」『日本大學史學會硏究彙報』1(1957). 山根幸夫「明淸時代華北における定期市」『史論』8(1960). 同「明末淸初の華北の市集と紳士·豪民」『中山頌壽淸史論叢』(1977). 모두『明淸華北定期市の硏究』(汲古書院, 1995) 수록. 石原潤「河北省における明·淸·民國期における定期市」『地理學評論』46-4(1973).『定期市の硏究―機能と構造』(名古屋大學出版會, 1987). 林和生「明淸時代, 廣東の墟と市」『史林』63-1(1980), 또 中國農村慣行調査刊行會編『中國農村慣行調査』1~6(1981).

갖고 생산지 혹은 집산지로 가서 후술하는 아인牙人 집에 숙박하며 위탁매입을 한다. 말·선박·인부 등의 운송수단을 수시로 조달하면서 적절한 소비지로 가서 머물며 이번에는 아인을 통해 위탁판매를 한다. 특수한 상품인 경우를 제외하면 일반적으로 객상은 단독 혹은 한두 명의 종자만 데리고 다녔고 상품 취급량도 많지는 않았다. 취급 상품을 특정화시키는 외적인 규제는 없고, 작황 등을 살펴서 상품을 가장 저렴한 지역에서 매입하여 가장 유리한 곳에서 판매하는 것이 가능했고 장사의 성공을 위해서 이 판단은 중요했다. 그들과 특정 상품의 관계는 상품에 관한 노하우와 인맥에 불과하고, 보통 객상은 자본 규모에 따라 취급상품을 변경한다.

시집 및 객상에 보이는 비고정적 상행위 사이에 거래의 중개기능을 수행하는 사람들이 아인이다. 아인은 상업관계 아인만 해도 몇 가지 유형분류가 가능하다. 하나는 판매자와 구매자 사이에서 가격조정 및 칭량秤量을 행하는 시집 아인이다. 또 하나는 생산지 혹은 소비지에서 현지에 기반이 없는 객상을 대신해 위탁구매와 위탁판매를 행하고 때로는 숙박기능도 겸하는 아인이다. 또 다른 하나는 배·말·인력 등 운송수단을 객상에 알선하고 때로는 숙박시설도 갖추고 있는 아인이다. 생산자와 아인 혹은 객상과 아인 사이에는 더욱 다양한 중개인·알선인이 끼어있는 경우도 많다. 역으로 한 명의 아인이 위의 기능들을 다 겸하는 경우도 있어 사정은 가지가지다. 유통기능의 골격은 객상과 아인으로 구성되어 있는데 이런 유통체제를 객상-아인

체제라고 부르기로 하자.

　상행위를 성립시키는 다른 중요한 구성요소는 수송업자다. 그들은 해운의 일부를 제외하면 전체적으로 영세하다. 선착장에는 보통 농사외의 부업으로 수송업을 운영하는 선두船頭와 한두 명의 뱃사공이 부리는 소형의 '민선民船'이 엄청나게 모였다. 육운陸運 인부의 경우는 이런 경향이 한층 강하다. 그들은 아인의 중개로 객상에 수송서비스를 제공하는데 신뢰도는 매우 낮다. 따라서 수송업자에게 수송을 전면적으로 위탁하는 것은 일반적으로 곤란하고, 위탁자 자신 혹은 대리인이 신변안전에도 신경 쓰면서 수송에 시종 동행할 필요가 있었다. 선호船戶 같은 수송업자 중에는 스스로 상품을 매입하여 수송·판매하는 객상 기능을 겸한 업자도 종종 보인다.

　이런 상업관계자들은 전체적으로 개방적·유동적 유통을 만들어냈다. 전제국가 중국사회에서는 자율적이면서 폐쇄적인 단체도 공권력에 의한 규제도 모두 미약했다. 2장에서 본 것처럼 중국의 동업자 조직은 장기에 걸쳐 국가 행정·재정의 청부 혹은 조세할당 조직으로서의 성격이 강하고, 자신들의 배타적 독점능력을 확보하거나 공권력에게 독점권을 보증받지는 못했다. 어느 정도의 자본과 필요한 지식을 겸비한 인물에게 상업은 원리적으로 개방되어 있고 상인들은 극대이윤을 추구하여 자유로이 행동할 수 있었다. 객상들이 언제, 어디서, 무엇을 사고 어떻게 수송하여 언제, 어디서, 누구에게 파는가는 매우 자유로웠고 그 선택이 바로 이익과 손해의 분기점이자 상인의 실력이 평가되는 지점이었다. 최적의 매매를 위해서는 어떠한 아인을 골라 위탁 매매할 것인가, 어떠한 아인을 통해 선호를 고용할 것인가의 선택도 또한 매일 시험대에 오르게 된다. 이미 형성된 양자 간 면식은 유리한 자원의 일부를 형성하지만 자유로운 선택 앞에서는 커넥션도 규제가 될 수는 없었다. 정기시에서의 농민 간 거래부터 상행위의 모든 과정에 걸쳐 이 원칙은 살아있다. 봉건사회의 상행위가 조직 속에 자리매김하고 특권과 규제로 제한된 틀 내에서 행해지는 것과는 대조적이다.

단체 내부의 규범이 자율적으로 작용하지 않고 행정적 규제능력도 낮은 사회에서는 안정된 신뢰도가 보장되지 않는다. 거래의 비고정성에 따라 위탁할만한 수송, 금융 혹은 현지의 집하업자도 형성되지 않았다. 이런 조건에서는 상품을 수송하는 행위와 상행위가 분리되지 않은 객상적 상인이 원격지 상업을 담당하지 않을 수 없었다. 객상을 전제로 하는 위탁매매업자 내지 중개숙박업자인 아인은 일반적으로는 자기자본 돈야問屋로 전화하지 않았다. 중국에서는 객상-아인체제가 유통의 골격을 형성한다.

5.2.4 일본 봉건사회의 유통기구 형성

중세일본의 유통구조는 중국사회와 많은 점에서 유사하다. 도요타 다케시豐田武의 연구에 따라 개관해 보자.[13] 유통의 말단

---

13) 豐田武『中世日本商業史の研究』(岩波書店, 1944). 同『日本商人史 中世編』(東京堂, 1949).

은 중국과 마찬가지로 정기시일 것이다. 그것은 중세를 통하여 계속 발전했고, 중세말에서 근세초기에 걸쳐 정점에 달했다. 원격지 간 교역을 담당한 것은 멀리 돌아다니는 상인이다. 행상인은 비교적 소수 혹은 개개 상인이 모인 집단으로 생산지와 소비지를 자기책임으로 상품을 수송하며 이동했다. 기본적인 기능에서 중국의 객상과 동일성을 갖고 있는 것이다. 아인에 대응하는 것은 도이마루問丸일 것이다. 요지에 가게를 두어 위탁판매·위탁구매·보관·숙박 등의 서비스 제공, 교통·운송수단의 알선 같은 기능 가운데 몇 가지를 행하고 있었다. 수송업자의 존재형태도 중국과 유사하다. 바샤쿠馬借·샤샤쿠車借 등 간단한 운송수단을 소유하여 수송노동을 제공하면서, 스스로 상품을 구입해서 이동하는 영세한 수송업자가 주였다. 소요가 일어나면 천 명 단위의 바샤쿠가 모일 정도로 수가 많은 것도 중국과 비슷하다.

이와 같이 일본 중세 상업의 구성요소에는 중국과 많은 유사점이 발견된다. 그러나 전체적 틀이 유사하지만 양자에는 질적인 차이도 보인다. 정기시에 대해 살펴보면 판매좌석의 고정성 같은 시장운영의 조직성에서 참가가 자유로운 중국 정기시와 일단 대조적이다. 또 『일편상인회전一遍上人繪傳』같은 그림을 보면 양국의 장시 풍경은 많이 다르다. 중국의 시집이 수많은 인파 속에서 매우 소란스럽고 벌집 같은 가건물로 가득차 있는 것에 비하면, 일본의 경우 종종 '떠들썩한 정기시' 같은 설명이 붙은 장날의 풍경도 비교적 한산한 인상을 준다. 이런

제 5 장 근대로의 이행 1-경제

풍경의 차이는 중일 양국의 교역사에서 정기시가 갖는 의미가 다르다는 것을 시사한다. 중국의 정기시가 한편에서 농민상호 간 활발한 영세교역의 장으로 기능하였고 또 한편에서는 유통량이 상당히 증가한 민국기에서도 여전히 말단교역의 장으로 계속 기능한 것에 비해, 일본 정기시의 기능은 보다 제한적이었다.

이동 상인에 대해서도 중국의 경우는 자본과 지력知力만 있으면 누구라도 기본적으로 자유로이 객상이 될 수 있었다. 과거에 성공하지 못한 사인士人 및 가족 내 잉여 노동력이 상인이 되는 경우는 일일이 말할 수 없을 정도로 많다. 이에 비해 일본의 행상인은 초기에는 공가公家·사사寺社 등에 물건을 조달하는 주민이 판매독점권을 부여받아 상업을 행하거나 혹은 지역 내 주민이 영주로부터 영업허가를 받아 행하는 것으로, 모두 일정한 특권을 승인받아 상인이 되었다. 그들은 집하지·판매지 심지어 교통로까지도 독점권을 확보하고 때로는 무장 상인집단으로서 상행위를 행했다. 도이마루도 원래는 일종의 장관莊官으로서 급전給田을 부여받은 자들이 연공미 등의 보관·수송·환금·상납을 위해 구매를 행한 것이 기원이어서 요소마다 독점적 지위를 확보하고 있었다. 운송업자도 단체를 갖고 있고 때로는 해적에서 전형적으로 보이듯이 운송업 조직 자체가 영주체제의 일부를 이루고 있었다.

일본 중세의 상업은 중국과 같이 영세분산성을 갖고 있고, 어느 정도 자유롭기는 했지만 조직적으로 고정된 거래관계를 기초로 하였다. 이것은 중세일본이 헤이안시대 말기부터 사회기층에서 단체를 형성했으면서도, 아직 성숙한 봉건사회가 아니었던 것과 대응한다. 이미 존재하는 거래의 고정성·신뢰성 때문에 환爲替 등을 이용한 신용거래가 중국에 비해 훨씬 이른 시기에 보급되었다.[14] 중세에서 근세로의 이행은 중일의 구조상 차이가 명확해지는 과정이었다. 후술하는 것처럼 중국의 유통구조가 근대에 이르러서도 기본적인 부분에서 변하지 않은 데 비해, 일본에서는 중세 상업이 원래 갖고 있던 조직적 고정성이 급속히 강화되어 유통의 구조화가 진행되었다.[15]

거래의 중심은 정기시에서 상설점포로 이행했다. 교토 등 도시지역에서는 상설점포 형성이 상당히 이른 시기부터 시작되었다. 판매좌석이 고정화된 정기시와 상설점포가 연속적임은 쉽게 이해할 수 있다. 가건물 전면에 상품을 늘어놓은 정기시의 판매좌석에서 가판대를 앞에 내놓고 상인이 조금 안쪽에 앉아있는 초기 점포로, 나아가 상품진열도 가게건물 안쪽으로 들어가 점포 내에서 판매가 행해지는 형태로 바뀌는 점포구조의 발전과정은, 상행위의 기능적 전개과정의 연속성을 눈에 보이는 형태로 표현한 것이라 할 수 있다. 이렇게 아래로부터 상설점포 형성이 가속된 것이 영주가 행정권·사회편성 능력의

---

14) 국가적 물류의 지배성을 기초로 송대에 전개된 환 제도는 여기서는 논의하지 않는다.
15) 중근세 이행기에서 근세에 이르는 시기의 상업전개에 대해서는 기본적으로 豐田武·兒玉幸多編『流通史I』體系日本史叢書13(山川出版社, 1969)를 참고했다.

제 5 장 근대로의 이행 1-경제

집중화정책으로 시행한 병농분리, 그리고 농민과 상공업자의 분리였던 것은 널리 인정되고 있다. 상공업자는 조카마치城下町와 지방도시에 집중되었고, 정기시를 대신한 특정 공간에서 특정 상인의 상행위가 제도화되었다. 중세 상업에 내재하는 조직성을 조건으로 하면서 봉건제의 강화발전이 상설점포로 이행시킨 것이다.

이어서 도매와 소매 같은 상업의 분업화와 계열화가 진행되었다. 도매·소매의 분화는 유통의 양적 확대에 효율적으로 대응하기 위해 생겨났다고는 생각하기 어렵다. 그것은 직접적으로는 상업의 단체화·독점화 속에서 탄생했을 것이다. 교토 호리카와堀川의 목재도매상 형성 사례에서 보듯이, 도시 등 특정지역의 업자단체가 외부에서 상품반입을 독점한 경우 독점단체에서 배제된 하층업자는 어쩔 수 없이 소매업자가 되어 그 계열 아래로 들어갔다. 전국다이묘의 성장 이래 진행된 영주의 유통통제는 이런 움직임을 가속화했다. 특정상인 혹은 상인집단에 영내와 영외를 연결하는 거래의 독점권이 부여되었을 때, 다른 상인은 중간매매 및 소매로 계열화되었다. 여기서도 원래 존재했던 조직성이 단체적으로 강화된 것에 더해 봉건영주에 의한 조직화·통제가 전환을 추진하는 힘이 되었다.

교통·운송·통신업의 안정화·자립화도 또한 중근세 이행기의 특징적 현상이다.[16] 숙역宿驛제도는 집권화하던 봉건사

---

16) 근세교통사 서술은 豐田武·兒玉幸多編『交通史』體系日本史叢書24 第3章 第4章(山川出版社, 1970).

회의 성격을 체현하는 교통제도라고 할 수 있다. 숙은 한편에서 보면 묘슈 이하의 대표를 갖는 하나의 촌락공동체이고, 또 한편에서 보면 이 대표들을 숙역인宿役人으로 하여 그들의 책임 아래 인마人馬연결 같은 업무를 수행하는 행정조직이다. 또 숙역제도는 영주의 편의를 위한 봉건적인 역역力役징수수취제도임과 동시에, 운송·숙박업자의 독점적 영리조직이라는 두가지 측면이 있었다. 사적 경제행위로서 운송업의 안정화·자립화가 봉건단체 형성 및 그것을 매개로 하는 영주지배와 연결되는 형태로 실현된 것을 의미한다. 운송업자의 중간적 결합이 필요해지자 전국다이묘와 이후 영주들은 정해진 숙소 외의 숙박을 금지하고 전마돈야傳馬問屋를 설치하며 숙역제도를 독점적으로 관리했다. 그 밑에서 아래로부터의 규율에 뒷받침된 조직적이고 신뢰도 높은 교통·운수·통신업자가 생겨났다. 그 결과 문서에 의한 발주, 돈야를 매개로 한 하물 송달, 환 결제가 안정적으로 가능하게 되었다.

상설점포 거래가 일반화되고 상인별로 취급상품과 지역이 고정화되어 도매–소매, 중개인–돈야 등의 형태로 상인들이 계열화되었다. 더욱이 운송·통신업의 자립화로 상인이 운송행위에서 이탈하는 게 가능해지면, 스스로 구매·운송·판매하는 이동상인과 그들을 중개하는 위탁매매업자라는 체제는 효율이 떨어져서 자기자본 상인 간 원격지 거래가 보급된다. 근세초기에는 이미 오사카·에도의 위탁매매업자를 경유하면서도, 문서 발주·환 결제에 의해 상품을 받아 각지의 상점에 계통적으로

도매 판매하는 지방 돈야가 나타났다.[17] 17세기 후반부터는 도시 돈야의 주류도 자기자본 돈야가 된다. 지방에서도 소중개인小仲買·중개인仲買·매차買次 같은 자기자본상인이 각각 기능분화하면서 독점적으로 계열화하고 장기에 걸쳐 거래관계로 맺어져 원격지교역에서 각자 위치를 차지해간다. 기타마에부네北前船[18]처럼 선주 자신이 상행위를 행하는 경우와, 일부의 오우미近江상인 같이 행상적 상인도 있었지만, 그들도 포함해서 거래관계는 중국과는 다른 고정성을 갖고 있었다.

봉건사회 고유의 고정적·폐쇄적인 사회편성 또한 자본이 성장하는 조건이었다. 영업권이 어떤 형태로든 독점되었고 참여가 자유롭지 않았던 것은 시장 확대가 경영 확대로 이어지는 데 매우 유리한 조건이었다. 또 폐쇄성때문에 다른 분야로 자유롭게 참여할 수 없었던 것은 증대한 자본이 높은 이윤을 찾아 떠도는 것을 제약했다는 점에서 자본의 내부축적·경영규모 확대를 위한 유리한 조건이기도 했다. 경영의 법인격이 확립되어 있지 않은 사회에서는 가명家名·가업·가산의 일관성을 주축으로 한 봉건적 이에 제도는 경영의 안정적인 계속을 보장하는 틀로서는 이상적이었다고도 할 수 있다. 중국의 철저한 균분상속과 이를 전제로 하는 불안정한 재산관계와 비교하면 그 점은 명료하다. 근세 상업구조 변화의 집약적 표현으로서

---

17) 林玲子『江戶問屋仲間の研究』第1章(お茶の水書房, 1967).
18) [역주] 에도시대에 동해와 세토내해를 통해 오사카와 도호쿠, 홋카이도를 왕래하며 무역을 행한 선박. 도호쿠, 홋카이도의 해산물과 간사이지역의 술, 소금, 잡화 등을 취급하여 큰 이익을 올렸다.

미쓰이가문과 같은 거대한 상업자본이 나타나게 되었다. 중역회의인 오모토카타大元方는 종업원 1000명 이상, 총 자산이 금 100만 냥에 달하는 경영을 총괄했다.

중근세 이행 과정을 통해 상행위의 분업이 심화되면서 일본 상업의 구조적 조직화가 급속히 진행되었다. 영주권의 집중을 배경으로 오사카·에도로 경제가 집중되었고 그것이 가져온 유통확대가 변화의 한 원인일 것이다. 그러나 변화를 만든 기본적 요인은 유통의 양적 확대보다도 이상에서 본 것처럼 오히려 중근세 이행에 수반한 사회·정치구조의 변화였다. 이에·무라를 비롯한 봉건적 단체형성이 한층 진행되고 이를 전제로 진전된 영주권 집중과 같은 사회·정치의 구조적 조직화, 나아가 그 결과 실현된 단체 내·단체 간 신용관계의 안정이 일본의 중세 상업이 갖고 있던 조직적 측면을 급속하게 성장시켰다.

5.2.5 중국사회와 중국적 유통

중국과 마찬가지로 일본의 중세 상업도 영세하고 분산적인 상업주체가 담당했지만 사회 자체의 조직화에 조응하여 유통이 조직화되었다. 이에 대해 중국에서는 2장 이하에서 본 대로 사회의 단체적 조직화가 기본적으로 진행되지 않았고, 단체를 매개로 한 국가지배의 조직적 강화도 실현되지 않았다.

2장 1절의 2(p64)에서 본 대로 동업자 조직은 장기에 걸쳐 국가 행정·재정의 하청기관이었고, 청대 후기가 되어 업자조직이 다수 등장한 이후에도 자선활동 및 제사를 행하는 살롱의 성격이 강했다. 이것들은 어디까지나 일부 사람들의 리더십 아래 만들어진 임의단체였다. 일본의 좌座나 가부나카마株仲間가 동업자 전원을 구성원으로 하는 것을 당연시하고 멤버십이 그 자체로 특권인 자치적 공동단체였던 것과는 완전히 다르다. 영업에 관한 단체적 규제는 적고 얼마 안되는 조문條文도 충분히 기능하지 않았다.

단체규제를 대신하는 국가통제도 말단의 유통을 관리하지 못했다. 송대에는 국가자신이 유통을 조직했다. 전매제도·화매和賣 또는 유통거점에서의 시역무市易務를 통한 상품의 독점적 구매 등이 전형적이다.[19] 명청시대에는 국가가 직접 유통을 조직하지는 않게 되고 사적으로 전개하던 상업을 감독하는 방향으로 유통이 통제되었다. 아인의 인가제도가 교역중개업이나 교통수단 알선업에서도 점차 확대된다. 운송업에서는 아인뿐 아니라 운송인부 및 민선民船 등록제도가 각지에서 행해졌다.[20] 그러나 이것들은 일본의 숙역제도에서 볼 수 있는 단체적 규율을 매개로 한 관리가 아니라 기껏해야 연대보증인을 두어 강제하는 제도에 불과했다. 아인의 등록도 아첩牙帖구입·아세牙稅청부라는 의미가 강하고 발급주체인 지방행정 자체가 이미 청부화하고 있는 상황 아래에서 관리기능은 불충분했다.

---

19) 宮澤知之「宋代の都市商業と國家—市易法新考」梅原郁編『中世近世の都市と文化』(京都大學人文科學研究所, 1984), 宮澤知之「北宋の財政と貨幣經濟」. 모두『宋代中國の國家と經濟』수록.

20) 청조에 의한 교통업 관리정책에 대해서는 橫山英『中國近代化の經濟構造』第3部「運輸業の機構」(亞紀書房, 1972).

단체나 행정에 의해서 제약·규율되지 않았기 때문에 상업은 자유도가 높았지만 신뢰도는 빈약했다.

거기서는 본질적으로 분업은 전개되지 않는다. 어느 시점에서는 생산 및 유통의 어떤 부분을 특정인이 담당하고 있다는 의미에서 분업은 존재한다. 그러나 그 '분업'은 고정화되거나 유지되지는 않았다. 왜냐하면 언제라도 참여와 퇴출이 가능한 조건에서는 경영이 특정한 영업 분야에 고정되기는 어렵기 때문이다. 상품가격 상승이 확실히 예상된다면, 평소에는 중개인인 아인이 자기자본으로 상품을 사들여 중개상으로 행동한다. 판매전망이 밝고 수중에 현금이 있으면, 민선업자는 스스로 객상으로 행동할 수가 있다. 또 안정된 규범이 공유되지 않은 상황에서 분업은 항상 많은 위험을 동반한다. 객상은 구매·판매·상품운송 나아가 금융 같은 많은 기능을 분화하지 못한 채 스스로 수행해야 했다.

안정된 분업이 형성되지 않은 경우 경제 각 방면에서 경영상 혹은 기술적 축적이 형성되기는 어렵다. 동시에 고유의 방면에서 자본을 축적하고 경영을 내포적으로 발전시키는 행동양식도 성립하기 어렵다. 따라서 각 분야에서 보다 고도의 분업을 형성시키기 위한 동기부여도 미약하다. 근세일본에서 보이는 상업의 구조화와 그 결과 실현된 면업 같은 급속한 분업적 발전과 중국의 사정이 대조적이었던 데에는 이러한 배경이 있다.

같은 사정은 지역 간 분업·특화에서도 보인다. 중국에서는 특산지 형성도 불안정했다. 농산물의 재배는 자연조건에 크게 규정되었고 지방적인 특화가 넓은 규모에서 성립했다. 그러나 수공업제품 등에서 지역적 브랜드 형성은 불안정하다. 특정생산지 제품의 품질이 어떤 형태의 사회적 규제력으로 보장되는 것은 어려웠다. 열의가 있는 지방관이 부임해서 지도하고 감독을 강화하면 어느 정도 품질수준이 유지되고 특산지 형성이 이뤄지지만 그러한 품질관리가 후퇴하면 동시에 특산지가 소멸하는 사태가 종종 보인다.[21] 특산지의 소멸은 시집의 규모를 축소시켰고 객상의 방문을 두절시켰다.

객상-아인체제는 경영확대를 제약했다. 객상의 입장에서 보면 집하기구 및 도매체제가 부재한 상태에서 취급량 증대가 반드시 경영상 이점으로 연결되지 않았다. 협애한 시장조건을 넘어선 대량구매와 대량판매는 아인 집에서의 투숙을 월단위로 장기화시켰다. 더욱이 자신의 구매로 인해 구매가격은 오르고 자신의 상품반입으로 인해 판매가격은 떨어진다. 운송업의 신뢰도가 낮고 스스로 감시하며 상품을 수송하는 조건에서는 대량의 현금 및 상품수송도 곤란하고 위험하다. '선호船戶가 현금의 상태를 알게 해서는 안 된다', 이것은 객상의 좌우명이었다. 전통적으로 객상은 기껏해야 한 두 명의 종을 거느리고 스스로 관리 가능한 현은現銀·상품과 함께 이동했다. 은 수백 냥 정도만 취급해도 대단한 객상이었다. 아인에 대해서 보면 그

---

21) 이런 현상을 다룬 논문으로 北村敬直「淸初における河南城盟縣の綿布について」小野和子編『明淸時代の政治と社會』(京都大學人文科學研究所, 1983).

들은 본질적으로 객상이 오기를 기다려 위탁을 받아 매매하는 중개자에 불과한 존재로 자기자본이 큰 경영은 아니다. 게다가 유리한 중개분야에 경쟁자가 모여들어 경영규모가 축소되기도 했다.

이에 비하면 일본은 농촌지역의 중개상조차 경영규모가 컸다. 막말幕末의 지타知多반도에서는[22] 백 명의 중개인이 지역별로 조직을 갖춰 제직업자에게서 백목면을 구입했는데, 그들조차도 평균적으로는 1만 반反[23] 가깝게 취급했다고 추정된다. 이 규모는 이미 중국 객상의 일반수준을 넘어선 것이다. 그들로부터 집하하는 지타반도 5곳의 매차돈야買次問屋에서는 1돈야 당 10만 반, 가격으로 환산하면 중국량으로 은 5만냥, 일본량으로 금 1만냥 정도의 취급량이다. 이것들이 집중되는 도시돈야는 실로 은 수십만 냥을 취급하게 된다. 자산액으로는 미쓰이가 은 600만냥,[24] 고노이케鴻池나 다이마루시모무라大丸下村는 은 400만냥의 수준에 달한다.

중국에서는 상업자본의 집적이 일반적으로 생각하는 정도로 크지 않다. 명대후기에 최대규모인 산시山西상인의 자산액이

---

22) 森原章「三河・知多の白木棉と有松絞」『日本産業史體系 5 中部地方編』(東京大學出版會, 1960).
23) [역주] 반은 천의 단위로 단(段)으로 쓰기도 한다. 소재에 따라 길이가 달라지는데 비단의 경우 경척(鯨尺)단위로 길이는 2장 8척에서 3장, 폭은 9촌 5분에서 1장 정도의 크기다. 1반은 성인 기모노 한 벌을 만들 정도의 크기였다.
24) 금 100만냥은 일본의 금은비가로 은 600만냥, 중국의 비가로 은 1500만냥 정도.

은 수십만 냥 수준이고,[25] 청조 최말기에도 수천만 냥 정도라고 칭해지는 항亢씨를 포함해서 은 100만 냥을 넘는다고 알려진 것은 일곱 가문에 불과했다.[26] 이조차도 항씨 등으로 일괄된 몇 가문의 합계 자산액이다. 게다가 자산액 자체가 분산적으로 운용되고 있었다. 유력상인의 자금은 후술하듯이 과계夥計라 불리는 사용인에게 위탁하여 분산적으로 운용되었고, 자본력은 과계를 얼마나 갖고 있는가에 따라 평가되었다고 하며, 많은 경우에는 수십 인에 이르렀다.[27] 후술하는 합고合股가 자본의 분산수단으로 기능하고 있었다.

객상–아인체제의 유통 비용은 높았다. 객상이 취급하는 유동자본의 회전속도는 느리다. 현은現銀을 소지하고 생산지로 가서 아인의 집에 장기숙박하며 구매하고, 자기 책임으로 수송해서 소비지의 아인을 통해 판매하고, 아인이 알선한 소매점에서의 판매를 기다려 대금을 회수하였다. 아인 집 투숙은 몇 개월에 이르는 경우도 있었다. 이렇게 해서 자본은 겨우 한 번 회전하게 된다. 또 객상의 취급량은 상대적으로 소액이므로 상품 단위당 경비는 높았다. 유통경비를 인상시키는 최대 요인은 운송·판매의 불확정성이다. 운송수단·판매처를 선택하면서 행해지는 상행위는 극대이윤을 추구하면서도 이윤실현 자체가

---

25) 汪士信「明代的商品流通和商人資本」, 許滌新·吳承明編『中國資本主義發展史 第一卷 中國資本主義的萌芽』第2章 第2節(人民出版社, 1985).
26)『淸稗類鈔』農商類 山西多富商.
27) 寺田隆信『山西商人の硏究』第5章 第4節「山西商人の經營形態」(東洋史硏究會, 1972).

불안정하고 위험성도 높다. 객상은 원가에 비해 높은 수익을 전제로 판매하는 것이 사회적 통념이 된다. 전통적으로는 원가의 3배 정도가 기대되었다. 불확정성에 수반되는 높은 비용은 아인 및 운송업자에게도 해당되었다. 중국의 아인은 근대가 되어서도 중개만으로 4~5%의 수수료를 챙겼다.[28]

일본의 경우 유동자본의 회전속도는 빨랐다. 동업단체의 독점으로 취급량은 많았다. 거래관계는 고정적이고 위험이 적었다. 이런 요인들이 유통경비를 낮춘다. 지타반도의 경우 중개인은 2%, 매차돈야는 2%의 마진을 취할 뿐이고 운송경비를 계산해도 매차돈야의 손을 떠날 때까지 제직업자 판매가격에 6.3%가 더해지는 데 불과했다. 자기자본으로 매매하는 에도 돈야의 경우도 5%였고, 운송경비도 저렴했다. 막말기에 오우미상인이 오사카로부터 센다이仙臺까지 조면을 보내는 경우, 오사카에서 지불하는 운임은 포장비를 합해도 매입가격의 10% 정도, 사카타酒田~센다이 간 육송경비를 제외하면 4% 정도에 불과했다.[29]

중국의 유통경비가 높은 것을 봉건적인 시장구조 탓으로

---

28) 周東白, 森岡達夫 譯註 『中國商業習慣大全』(1941).
29) 江頭恆治 『近江商人中井家の研究』(雄山閣, 1965), p216에 의하면 1828년의 조면(繰綿) 대일본(大入一本)의 구입가격은 5.17냥. 일타(一駄)는 3본. 『讀史總覽』에 있는 근세시세일람(금·은·전)에 의하면 오사카에서는 당시 1냥이 은 64.5몬메정도. 대입일타은(大入一駄銀) 약1000몬메가 된다. 에가시라 쓰네하루(江頭恆治)에 의하면 1828년경 북국회조면(北國廻繰綿) 대입일타(大入一駄)의 운임은 오사카 지불하조임(荷造賃) 25몬메를 포함해서 사카다(酒田)까지의 해운비 41몬메 8푼, 사카타-센다이(仙臺)간 육운비도 포함하여 102몬메 4푼여가 된다.

제 5 장 근대로의 이행 1-경제

돌리는 해석이 많지만, 실제로는 오히려 봉건적이지 않은 것에 원인이 있다. 상업자본의 시장지배와 착취에서 원인을 찾는 것도 잘못이다. 오히려 시장지배력이 없는 상대적으로 영세한 상업자본의 난립이 높은 유통경비를 초래했다. 일본에서는 봉건적인 독점성과 고정성이 전체적으로 유통경비를 떨어뜨렸고 그래도 앞서 언급한 매차돈야는 은냥 표시로 연간 1000냥 정도의 수익을 내고 있었다.

객상-아인체제는 높은 이자율과 투기 경향의 원천이기도 했다. 근세일본의 상업 자본은 절대액에서 큰 수익을 실현했다. 그러나 성장한 상업자본의 수익률 저하 경향이 널리 확인된다. 이 원인을 근세후기 도시돈야 독점의 동요에서만 찾을 수는 없을 것이다. 자본축적이 진행됨에 따라 자산액에 비해 거래량은 저하하고 수익률도 저하되었다. 근세를 통해 이자율이 떨어진 것도[30] 이 점과 관계가 있을 것이다. 상업자본의 수익률 저하가 표준적 이자율을 떨어트렸다고도 생각할 수 있다.

한편 중국 상업자본의 자본장비는 두드러지게 낮다. 극언하면 구매비용을 제외하면 여행경비만으로 충분했다. 불안정한 시장에서 '원가의 3배로 판매'가 실현되면 자본액에 비해 큰 수익이 실현된다. 영세하기 때문에 소액이지만 수익률은 높다. 일정하게 집적된 자본은 앞에서 본 대로, 돈을 빌리려는 상대적으로 영세한 경영자에게로 자유로이 이동한다. 중국의

---

[30] 新保博『近世の物類と經濟發展』第4章「貨幣相場の動向」(東洋經濟新報社, 1978).

이자율은 일본만큼 떨어지지 않았고 비교적 높은 수준을 유지했다. 상업 자본에 대한 대부는 1년 만에 원금이 2배, 3배로 되는 이른바 고리대는 아니었지만, 일반적으로 월리月利 1% 강強, 연간 10~20% 수준이 유지되었다.

고정적인 거래관계와 자본이동의 제약 등의 조건에서는 투기적 행동의 폭이 상대적으로 한정되었다. 이에 비해 '불확실하지만 성공하면 대박'은 투기라는 말이 의미하는 바로 그 상황이다. 외적 제약이 적은 시장에서는 이익이 예상되지 않으면, 특정지역에서의 구매·판매 철수는 물론, 특정상품의 취급을 전면적으로 중단하는 일이 일상적인 행동양식이 된다. 자본이동의 자유도가 높고 시장 불안정성에 따른 불안한 경영 상황 속에서 자본은 높은 이자율을 찾아 활발하게 이동한다. 경영은 철저한 개선의 대상이라기보다는 끊임없는 선택의 대상이다.

근세이행기에 일어난 사회편성의 전환을 기초로, 일본에서는 상행위의 구조적 조직화가 진행되었다. 그 결과 실현된 유통경비의 저하·경영규모 확대·자본집적·이자율 저하 등이 근대로 이행하는 데에 유리한 조건을 제공한 것은 의심할 수 없다. 유통경비 인하의 효과를 예로 들어보면, 의류를 자급하고 있던 농민이 자기 농산물을 판매하여 면포를 구입할지 말지는, 후진지대에서 생산된 주곡이 도시까지 유통될 때 드는 경비, 반대로 선진지대 면제품이 농촌까지 유통될 때 드는 경비의 수준이 결정적인 영향을 끼친다. 이런 조건 아래 봉건제사회가 갖는 분업전개의 경향이 더해졌을 때 수방직手紡織기술의 혁신

제 5 장 근대로의 이행 1-경제

이 진행되고 제조 비용도 낮아지게 된다.

중국은 조직성이 빈약한 사회였고 근본적으로 유통형태를 변화시키지 못했다. 중일 유통구조의 차이를 만들어낸 것은 두 사회 자체의 차이였다.[31]

전제국가 중국·봉건사회 일본과 비교하여 조선의 유통구조는 어떠했을까. 17세기 이후 점차 전제국가로 기울어져가던 조선의 시장구조는 많은 면에서 중국과 공통성이 높았던 것으로 보인다.[32] 유통구조의 말단은 장시場市라고 불리는 정기시였고 해방 후까지 장기에 걸쳐 그 역할은 컸으며, 상설점포의 형성은 중국보다 더 늦었다. 장시와 도시를 연결하는 것은 보부상

---

31) 중국 상업에 대한 이런 낮은 평가는 세계적으로 활약하는 화교·화인의 상업 활동에는 맞지 않는 듯 보인다. 그러나 이하의 점을 생각해볼 필요가 있다. 첫째, 동남아시아 사회의 사회적 결합력은 역사적으로 전제국가 중국보다 한층 약하여, 독자의 사회편성 조건이 부족했다. 거기서 화교들은 정치적·경제적 조직자로서 근세·근대에 중요한 역할을 펼치게 된다. 둘째, 조직에 구속되지 않고 개인적인 인맥을 이용하면서, 자유로이 새로운 사회분야에 진출하고 자유로운 판단으로 상업행위를 전개해가는 중국인은 일본인처럼 고정적인 조직 속에서 행동하는 데 익숙한 사람보다 훨씬 상업적이라고 할 수 있다. 이 활동을 기초로 중국인은 세계로 뻗어나갔다. 예를 들면 개항 직후의 조선시장에서도 애초에는 중국 상인이 일본상인보다도 활발하게 조선국내에서 활동했다. 다만 일본상사가 그 조직성을 살려서, 마침내 조선·중국 나아가 아시아에서 가장 지배적인 위치를 점하게 된 것도 중요하다. 셋째, 일단 조직된 자본주의적 시장에서 그 틀에 따라 행동하는 사람들에게는 중국인의 넓은 네트워크와 자유로운 행동이 그 자체로 중요한 자원이 된다. 21세기 자본주의에서는 중국인의 행동양식이 적지 않은 의미를 가질 것이다.
32) 吉田光男「商業史研究からみた朝鮮の近世と近代」, 中村哲ほか『朝鮮近代の歷史像』(日本評論社, 1988) 및 이 글에 대한 토론 참조. 요시다씨는 전근대 보부상의 과대평가를 비판하는 방향에서 입론하고 있는데, 여기서는 일단 종래의 이해를 따른다.

이라는 이동 상인이었고, 아인·도이마루와 기능적 유사성을 갖는 객주客主가 수도와 선착장 등에 형성되었다. 조선에서도 상업자본의 안정성·항상성은 낮았다고 한다. 특권과 보호·비보호관계 등 미성숙한 봉건제와 유사한 양상도 보이고, 전형적인 전제국가 중국과는 질적으로 다른 점도 있지만, 구조적인 유사성을 주목해야 한다. 조선도 포함해서 국가·사회구조의 맥락 가운데서 시장구조를 이해하는 것이 필요하고 또 가능할 것이다.

5.2.6 노동력 지배의 실현형태

분업에 기초한 시장형성과 함께, 근대적인 경영이 성립하기 위한 요건의 하나인 노동력 문제에 대해서도 개관해 두자. 중국에서 자본과 노동의 존재양식을 집중적으로 보여주는 것으로 합고合股가 있다. 합고는 몇 사람이 자금을 가지고 모여 특정 인물에게 경영을 위탁하고 무한책임을 짐과 동시에, 출자한 고분股分에 따라 비교적 단기간에 이익을 분배하는 구조로 알려져 있다. 한편에서 소유와 경영의 분리, 또는 자본집중 수단으로 적극적으로 평가되지만, 동시에 그것은 출자자의 범위가 혈연 등에 기초해 협소했고 '가부장적' 제약을 받았다는 전근대성이 강조되기도 한다.

그러나 그것은 자본에 관한 관행임과 동시에 노동에 관한 관행이기도 했다는 점에 주의하지 않으면 안 된다.[33] 합고의

---

33) 노동력참가자를 포함한 합고 참가자의 구별과, 그에 의한 합고의 유형

제5장 근대로의 이행 1-경제

고분에는 인력고人力股라 불리는 노동력에 대한 배당부분이 있었다. 전술한 대로 중국 상업은 영세하고 분산적이었다. 축적을 이룩한 자본은 다수의 영세경영에 위탁되어 운영되었다. 그 때 출자자와 경영자의 관계도 합고로서 이해되었다. 객상 등의 경우에 보이듯이 '경영자'는 주로 자신의 노동에 의존했고 따라서 이 경우의 합고는 경영의 위탁형식임과 동시에 노동력 지배의 실현형태였다. 전근대에서 상점의 경영규모는 일반적으로 크지 않았지만 상점이 종업원을 고용하는 경우에도 합고의 틀을 이용하는 경우가 종종 있었다. 합고에는 자본관리뿐 아니라 노동력관리 조직의 성격이 섞여있었고 그 자체가 합고의 중요한 특징이었다.

일본 근세 상점경영의 경우 노동자는 수습 점원에서 시작해 분점을 차리기까지 기본적으로는 자기의 직접적인 재생산의 보증을 팔 뿐이고 지속적으로 노동에 종사했다. 그들은 가족에 준하는 자로 주가主家라는 하나의 단체에 포섭되어 있었다.

중일 양국에서 고용형태를 규정한 것은 각 사회결합의 성격이다. 중국에서는 타인을 안정적으로 고용할 고정적인 사회관계가 존재하지 않았다. 공동단체도, 그것을 표현하는 신분도 없었다. 확정된 규범이 집단내부에 유지된 적도 없다. 거기서

화를 행한 연구로 今堀誠二의 다음과 같은 논문이 있다. 다만 그 결론에는 따르기 어려운 점이 많다. 「十六世紀以後における合夥(合股)の性格とその推移—とくに古典的形態の成立と擴大について」『法制史硏究』8(1957). 「淸代における合夥の近代化への傾斜—とくに東夥分化的形態について」『東洋史硏究』17-1(1958).

타인의 고용은 그것만으로는 안정적이고 충실한 직무수행을 보증할 수 없다. 피고용인이 주인집의 장사에 전념하지 않고 인적관계와 자기자본을 사용하여 자기 장사를 하는 경우가 사료에 자주 보인다. 마찬가지로 선주가 자기를 고용한 화물 주인의 승인없이 다른 객상의 짐을 운송하거나 또는 상품을 자기 자금으로 구매해서 운송하는 일도 흔했다. 이러한 조건하에서 가장 확실한 의사영유 방법은 경영 참가 즉 이익의 공유였다. 일본에서도 어떤 과제에 대해 참가자의 강한 구심성이 요구되는 경우 혹은 참가자 사이에 신뢰관계가 빈약할 때 생기는 '야마와케山分け'[34])가 있으며 발상과 동기는 유사하다.

일본 봉건사회에서는 이에·무라·동업단체를 비롯한 단체와 그 단체를 기초로 하는 신분에 의거해, 사람들은 강한 규범에 구속되어 있었고, 그에 따라 사인私人 간 계약관계도 발달했다. 봉공인奉公人 고용은 상대적으로 용이했다. 봉건사회가 성숙하면서 사회의 합의 범위와 안정성이 한층 증대했을 때, 이에 및 신분의 틀이 없어도 지배 가능한 임노동이 점진적으로 형성되었다. 그럼에도 불구하고 일본에서 임노동은 기업에 대한 노동자의 선험적인 귀속의식을 장기간에 걸쳐 노동력 지배의 수단으로 이용해 왔다. 노동자 귀속의식의 이용을 기업이 질곡으로 느끼게 된 것은 국가규모를 넘는 무한경쟁이 시작되는 현대에 와서다.

---

34) [역주] 무라가 소유한 입회산(入會山)을 나누어 각 개인의 소유로 하는 것.

제 5 장 근대로의 이행 1-경제

 타인 의사의 영유형태가 어떻게 달라지는지 좀 더 일반적·역사적으로 살펴보자. 3장에서 본 사회집단의 확대와 확대된 집단을 지탱하는 보다 강고한 결합원리의 개발이라는 인류의 역사는, 다시말하면 타인을 조직적으로 구속하는 힘의 형성발전과정이기도 했다. 초기의 수렵채집사회는 조직적 고정성이 가장 빈약한 사회였고 타인의 의사를 구속하기 어려웠다. 농경화에 따라 사회의 고정화가 진행되고 집단은 점차 구성원에 대한 강제력을 발휘하게 되었다. 수장제는 강제력을 기구화하기 시작했는데 국가단계에서는 이것이 비약적으로 강화되었다.

 사적 지배의 양식들도 단계성을 갖는다. 노예제는 독립한 소유와 노동과정을 스스로 갖지 못한 노동력을 직접 강제하는 가장 조야한 지배다. 농노제는 독립한 노동과정을 갖는 노동력에 대한 인격적·신분적 종속이라는 조직화된 규범을 매개로 한 지배다. 최종적으로 임노동은 육체적·신분적 강제를 사용하지 않고 자유로운 계약만으로 타인 의사의 영유가 가능하게 된 역사적 단계다. 높은 수준으로 타인노동의 점유가 가능해야 비로소 경영조직의 각 단계에서 추상적인 의사결정을 맡길 수 있는 복잡한 업무부여가 가능하게 된다. 그 결과 고도로 발달한 분업적 근대 노동체계의 구축이 가능해진다.

 소유로부터의 자유, 인격적 지배로부터의 자유라는 이중의 자유 자체는 근대이전에도 존재했다. 인격적 예속도 농민적 토지소유도 봉건화 가운데서 생겨났다. 중세초기에는 영주에 대한 종속성도 없고, 또 자신의 소유지도 없는 산전작인散田作人

같은 계층이 존재했다.[35] 그러나 이 단계에서는 자유로운 임노동이 성립하지 않았다. 임노동이 일반적으로 성립하려면 물론 노동력을 상품화하는 시장이 형성되어야 하지만 그와 함께 노동력 지배의 조건이 성숙해야만 했다.

자율성을 갖는 단체가 없고 상호규정적인 규범의 공유관계가 없는 조건에서는 타인의 의사를 안정적으로 영유하는 것이 어려웠다. 거기서는 영주제가 존재하지 않는 것과 동일한 이유가 임노동의 실현을 제약하고 있었다. 중국에서 '타인 노동의 착취에 기초한 소유'가 실현되지 않았다는 명제는[36] 이런 의미에서 옳다.[37]

---

35) 大山喬平「中世社會の農民―特に初期の農業經營と村落構造をめぐって」『日本史研究』59(1962), 『日本中世農村史の研究』(岩波書店, 1978).
36) 中村哲『奴隷制・農奴制の理解―マルクス・エンゲルスの歷史理論の再構成』(東京大學出版會, 1977).
37) 이러한 이유에서 중국에서는 판매를 위한 소생산, 즉 소상품생산은 비교적 일찍 발달했지만, 타인노동을 본격적으로 도입한 상업적 경영이 성장하는 데에는 사회적 어려움이 많았다.

5.3 중국의 자본주의 형성

5.3.1 중국형 자본주의

많은 아시아·아프리카·아메리카 지역이 식민자들이 만든 플랜테이션 경영으로 세계시장과 연결되었던 것에 비해, 중국은 재래의 소농경제가 세계시장과 접촉한 뒤에 스스로 근대적으로 전화한 세계적으로 흔치 않은 지역이다.[38] 소농발전의 긴 역사를 갖고 판매를 위한 농업을 이미 널리 행하고 있던 중국 농민은 19세기 말부터 점차 세계시장에 포섭되었다. 그러나 마찬가지로 소농경제가 근대적으로 전화한 일본에서는 서양기술을 도입하면서도 이를 독자적으로 소화하여 공업화를 실현한 것에 비해, 중국의 공업화는 재래 경제와 격절되었다. 일본 방적·방직의 공업화는 재래의 수공업자가 수입면사를 쓰면서 변신을 꾀한 것이 계기가 되었다. 그에 비해 중국에서는 수입면사를 원료로 하여 손으로 짠 면포를 1880년대부터 생산하여 가오양高陽 같은 생산지가 생겨났으면서도 끝내 수공업생산에 머물렀다.[39] 공업화는 상하이 기기직포국器機織布局으로 상징되듯, 재래기술과는 격절된 최신설비를 도입한 거대 공장에서

---

[38] 中村哲『近代世界史像の再構成―東アジアの視點から』(靑木書店, 1991).

[39] 小山正明「淸末中國における外國綿製品の流入」『近代中國硏究』 4(1960), 『明淸社會經濟史硏究』(東京大學出版會, 1992). 米幷勝一郞「淸末民國初期華北綿業の商品流通と産業構造の轉換」, 1988, 熊本大學碩士學位論文.

실현되었다.[40] 소농경제 면에서는 연속성이 높지만, 공업화에서는 단절적이었다. 재래의 경제조직은 체계적인 공업생산과는 쉽게 연결되지 않았던 것이다. 중국에서 자본주의 형성의 특징을 중국사회의 검토를 통해 살펴보자.

명청시대에 걸쳐 민간에서 상품유통의 양은 명확히 증대했다. 이에 따라 영세하고 분산적이었던 중국의 유통체계도 시장의 요구에 따라 청대 후기가 되면 일정한 조직화의 움직임이 시작되어 개항을 계기로 가속화되었다. 앞에서 본 대로 동업단체는 청대후기 특히 개항 이후 증대했다. 그러나 그것은 기본적으로 임의단체이고 동업자에 대한 통제력은 빈약했다.

교통·운수·통신 면에서도 청대후기가 되면 일정한 개선이 이뤄졌다. 전근대 중국에서 통신은 자신이나 피고용인이 전하는 게 아니라면, 귀향하는 지인이나 해당지역에 가는 지인의 객상 등에 부탁하든가, 국가적 통신 기구를 사적으로 이용하는 것이 기본이었다. 이에 대신하여 민국民局·신국信局으로 불리는 사적 통신업자가 나타나, 연해를 중심으로 하는 주요도시에서 활동하게 되지만, 그들은 개항 후인 1860년대 이후에야 본격적으로 활동했다.[41]

운송업의 신뢰도도 일부 향상된다. 해운업 등에서는 상인

---

40) 淸川雪彦「中國綿工業技術の發展過程における在華紡の意義」『經濟硏究』25-3(1974).
41) 『淸稗類鈔』農商類 信局을 참조바람.

및 그 대리인의 감시 없이도 부분적으로는 운송 가능했고,[42] 근거리의 일상적인 수송에서도 그와 같은 경우가 보인다. 그러나 해상운송에서도 주요한 형태는 선주 자신이 상품을 구매·수송·판매하거나 선주의 배에 객상이 자신의 상품과 함께 타는 경우였다.[43] 상품을 수송하는 행위와 상행위는 해운에서도 체제적으로는 미분리 상태였다고 할 수 있다. 내륙수운은 여전히 부두에 모여든 다수의 영세한 민선이 담당했고,[44] 물건이 사라지거나 섞이는 일이 자주 있었다.

금융기능도 확대되었다. 전장錢莊이 발행하는 전표錢票가 본격적으로 기능하게 된 것은 18세기 말,[45] 표호票號가 발행하는 환이 사용되게 된 것은 19세기 전반부터다.[46] 그러나 환의 역할도 과대평가할 수 없다. 20세기 초두가 되어서도 구식 금융기관이 발행하는 환은 일부 주요도시에서만 기능했고, 내륙의 여러 성에서는 성도省都와 부치府治소재지 수준의 도시 일부뿐이었다. 게다가 대부분은 특정 도시 사이에서만 혹은 주요 농산물 거래기간동안 한정적으로 기능했고, 일반적으로는

---

42) 許滌新·吳承明編『中國資本主義發展史 第一卷 中國資本主義的萌芽』第5章 第7節「上海沙船運送業中的資本主義萌芽」.
43) 松浦章「清代客商と遠隔地商業―乾隆十四年の海難資料を中心に」『關西大學東西學術研究所紀要』22(1989), 同「清代寧波の民船業について」『關西大學東西學術研究所紀要』21(1988) 등에는 이러한 경영사례가 많이 보인다.
44) 『支那經濟全書』第3輯 第3編(1907). 滿鐵調查部『中支の民船業』(1943).
45) 加藤繁「清代における錢鋪錢莊の發達に就いて」(1947), 『支那經濟史考證』下(東洋文庫, 1952).
46) 陳其田『山西票莊考略』(商務印書館, 1936).

위험도가 높은 현금수송이 행해졌다.[47] 지방도시가 현금수송에서 해방되는 것은 사회가 어느 정도 안정되고 정부계 은행 중심의 금융능력이 높아진 1930년대의 일이었다.

이와 같이 상업의 조직화를 실현하는 조건들은 점차로 개선되었다. 그러나 분산적인 시장의 특성은 충분히 변화하지 않았다. 개항 후 주요상품의 유통구조를 선행연구에 의해 몇 가지 검토해 보자. 우선 맨 먼저 수출이 활발했던 차와 생사에 대해서 보면[48] 개항 후인 1840년대 말부터 유럽 상회의 중국인 대리인이 산지에 가서 구입하는 내지구매 제도가 시작되었다. 이 거래방식에도 유럽 상회의 책임으로 구매하는 경우와 상회가 전대前貸는 하지만 상품소유권은 중국 상인 측에 있는 경우의 두 가지가 있었다고 한다. 후자의 경우는 구래의 유통형태에 더 가깝지만 어느 경우든 객상-아인체제에 비하면 고정적인 조직화가 진행된 방식이라고 할 수 있다. 그러나 이 제도도 태평천국의 혼란 후에는 모습을 감추고, 1860년대 이후 상하이 등 중핵적 개항장에는 도매상인 차잔茶棧·사잔絲棧이 등장했다. 객상에 의해 상하이로 반입된 차와 생사는 창고나 숙박시설을 가진 업자에게 위탁되어, 통사通事를 중개인으로 서양 상회에 판매되었다. 객상-아인체제의 부활이다.

수출을 배경으로 일찍이 기계화가 시작된 제사업은 농민이

---

47) 『支那省別全誌』 각권에 수록된 지방도시별 금융사정에 대한 해설 참조.
48) 宮田道昭「淸代における外國貿易品流通機構の一考察―ギルドの流通支配を中心として」『駿臺史學』52(1981).

제5장 근대로의 이행 1-경제

기구를 돌려 만드는 좌조생사座繰生絲를 대신해서 누에고치를 상품화했다.[49] 1870년대 말부터 시작된 외자와 민족자본에 의한 제사공업은 제사업자 자신의 출자로 생산지에 만들어진 고치도매상繭行을 통해, 누에고치를 구입·건조하여 원료를 확보하였다. 그러나 1890년대부터 고치도매상의 경영주체는 산지의 유력자로 변화했다. 제사업자가 자금이 부족하여 경영자 교체가 빈번해져 자신의 고치도매상을 유지할 수가 없었다. 제사업자는 아행牙行의 하나로 분류되는 고치도매상과 불리한 조건으로 다년 계약을 체결하여 위탁구매·건조·납품을 받게 된다. 여기서도 중국형의 불안정한 위탁구매로 후퇴한 것을 볼 수 있다.

중국의 주력공업 분야이고 전전기에 수입대체를 거의 완성한 면공업 원료인 면화의 유통을 1930년대 톈진을 중심으로 화베이에서 살펴보자.[50] 농민이 생산한 원면原棉은 정기시를 거쳐 알화점軋花店으로 모인다. 소판小販으로 불리는 중개인을 거쳐 알화점으로 가져오는 경우가 1920년대·30년대를 통해 증가했지만, 정기시는 여전히 일정한 비중을 갖고 있었다. 알화점에서 씨를 뺀 면화가 톈진의 양행이나 방적업자에게 도착하기까지 대체로 두 상업자본의 손을 거친다. 하나는 지방시장에 존재하는 화행花行·화점花店이라 불리는 상인으로, 그

---

49) 增田三郎「江浙地方に繭取引について」『史學研究』156(1982), 『中國近代製絲業史の研究』(汲古書院, 1994).
50) 滿鐵調査部編『北支棉花縱覽』(1940) 및 吉田浤一「二十世紀前半中國の一地方市場における棉花流通について『史林』60-2(1977).

들은 집하·포장을 한 후, 객이라 불리는 사람들에 위탁하여 톈진에 있는 113개의 면잔^{棉棧} 가운데 한 곳으로 보낸다. 면잔은 입시^{入市}수속·하역·칭량부터 방적업자 교섭까지 행한다. 화행과 면잔이라는 두 가지 상업자본 중 한쪽이 자기자본매매 돈야이고 다른 쪽이 위탁매매 돈야인데, 대부분은 면잔 쪽이 위탁매매를 행했다. 일정한 변화를 거치면서도 객상–아인적 구조의 일부를 남기고 있었다.

마지막으로 전통적 상품이며 유통량 면에서는 일관되게 큰 비중을 차지한 쌀을 1930년대 양쯔강 델타 주요 집산지 중 하나인 우시^{無錫}를 소재로 살펴보자.[51] 우시에 쌀을 반입하는 객상인 미객^{米客}은 다음 4가지로 구분된다고 한다. 첫 번째는 판매상이다. 그들은 자기자본으로 각지에서 쌀을 구매한 후 선박을 고용해 우시로 향하고, 시황에 따라서는 항저우·상하이까지 가서 판매한다. 두 번째는 선호^{船戶} 겸 판운상^{販運商}으로 선호가 자기자본으로 각지에서 쌀을 사서 우시로 가져오고, 우시의 상품을 사서 각지에 판매한다. 세 번째는 선호가 판운대리상^{販運代理商}이 되는 것으로 각지의 미행^{米行}·탈곡업자^{礱坊}·농가의 위탁을 받아 미곡을 우시에 운반하여 대리판매한다. 네 번째는 부근 각 향의 농가에서 수 석~수십 석의 미곡을 미선^{米船}을 고용하여 한 척당 수 인~수십 인을 동승시켜 우시로 간다. 그들은 위탁판매업자인 미행에게 쌀을 운반한다. 쌀 객상은 단골의 미행이 있기도 하지만, 객상과 미행 관계는 결코 고정

---

51) 社會經濟調査所編『無錫米市場調査』(1940).

제5장 근대로의 이행 1-경제

적이지 않다. 우시의 쌀 시세에도 좌우되지만, 미선이 우시에 도착하기 전에 우시에는 100여 명의 '경수자經手者'가 작은 배로 마중을 나와 객상을 미행에게 알선한다. 대규모 미행은 스스로 접객선을 갖고 있고, 시가가 높을 때에는 경수자와 뒤섞여 객상의 옷이 찢어질 정도로 쟁탈전을 벌이기도 했다. 이렇게 위탁을 확보한 미행은 '부용루芙蓉樓'라는 이름의 차관茶館에 가서 정미공장 및 우시 이외 지역에서 온 상인과 매매교섭을 행한다. 여기에는 고전적인 객상-아인체제가 원래의 형태대로 유지되고 있다.

몇 가지 상품의 유통을 개관해보았다. 전국적 혹은 국제적 수요와 결부된 특용농산물을 중심으로 정기시 기능은 저하중이었다. 아인이 기능하는 범위는 확대되어 창고업 및 자금전대 등에 손을 대는 경우도 있었고 대리인을 파견하여 구매에도 착수하게 되어 객상의 독자성은 점차로 낮아졌다. 그러나 일단 시작된 차와 생사의 내지구매 제도 및 제사업자 직영의 고치도매상이 구체제의 방향으로 변질된 것처럼, 변화는 직선적으로 일어나지 않고 중요한 부분에서 위탁매매 도매업자가 중개하는 거래가 계속되었다. 게다가 변화는 근대화와 관련된 특정상품에만 보이는 현상이었고 많은 상품거래에는 쌀처럼 구래의 객상-아인 체제가 존속했다. 이러한 시장을 봉건적이라고 평가하는 것은 완전한 오류이고 전근대적이라고 하는 것도 불충분하다.

점차 형성되던 산업자본은 이러한 시장구조에 강하게 제약되지 않을 수 없었다. 고정적·계통적인 집하구조가 존재하지 않는 조건 아래, 산업자본은 필요한 원료를 안정적으로 확보할 수가 없었다.52) 지속적인 계약구매는 존재할 수 없고, 설령 구매계약이 체결되더라도 가격변동에 따라서 계약이 이행되지 않기도 했다. 계약 후 가격이 올라 납품업자에게 손해가 생기면, 물이나 모래를 의도적으로 섞어 넣는 참수참잡攙水攙雜으로 손해를 메우는 게 통례였다. 생산의 불안정을 극복하기 위해서는 다액의 자금을 준비하여 수확기에 1년분의 원료를 확보할 수밖에 없었지만, 자본기반이 약한 대부분의 민족기업에게는 불가능한 일이었다. 장기간 고정거래가 없고 조직적 신뢰가 빈약한 상업은 개별 거래국면에서 즉흥적으로 이윤을 추구한다. 농민부터 중개업자까지 멋대로 행하는 참수참잡은 쉽사리 극복되지 않아 기계의 운전 및 제품의 질에 악영향을 끼쳤다.

높은 유통경비는 근대에 들어와서도 바뀌지 않았다.53) 일본이나 서구에 비해 훨씬 싼 가격에 농민의 손을 떠난 원료작물이 산업자본까지 도달하면 서구보다 비싸게 되는 경우조차 있었다. 품질 등을 고려하면 수입품이 싸게 먹히는 경우도 있어서, 제분업 같은 민족기업들조차도 외국에서 원료농산물을 수입하는 사태가 널리 일어났다. 게다가 산시성陝西省의 무상

---

52) 中井英基「清末の綿紡績企業の經營と市場條件」『社會經濟史學』 45-5(1980), 『張謇と中國近代企業』(北海道大學圖書刊行會, 1996).
53) 島一郎「民族工業の特徵と再生產構造」, 『中國民族工業の展開』(ミネルヴァ書房, 1978)에는 원료가격문제를 비롯해 민족공업을 둘러싼 다양한 문제점이 여러 지표를 통해 정리되어 있다.

소맥無償小麥보다 미국산 소맥을 구입하는 편이 유리한 장거리 운송의 경우만이 아니라, 고치 같이 근교농촌에서 공급하는 경우에도 가공처리 경비와 품질을 감안하면 일본 제사업 쪽이 원료를 비교적 싸게 입수할 수 있었다. 이처럼 유통구조의 문제는 심각했다. 제품 비용에서 원료가격이 차지하는 비중이 높은 초기 경공업에서 원료조달의 불리함은 큰 문제였다. 또한 안정적인 시장의 부재는 제품판매 면에서도 비슷한 곤란을 가져왔다.

원래 중국에서는 자본의 자유로운 이동을 제약하는 규제력이 빈약하여 자본은 경영 자체를 유지하기보다는 최대이윤을 찾아 경영을 선택해왔다. 시장의 현저한 불안정성·투기성은 이러한 기업의 경영행동을 규정하고 있었다. 경영은 내부 효율이 좋아지기 보다는, 시황에 따라 외연적인 확대와 축소를 거듭한다. 민족자본기업은 자본액에 비해 일반적으로 경영규모가 크고 감가상각은 매우 낮았다. 기존설비를 가능한 한 혹사하여 우선 가능한 수익을 추구했다. 거기서는 장기신용이 성립하지 않았다. 본격적인 주식회사는 존재하지 않으며 합고 혹은 합고에 매우 가까운 '대부에 대한 배당'을 요구하는 주식이 존재할 뿐이고 높은 이자의 단기신용이 큰 비중을 차지했다.

장기적으로 보면, 이러한 시장조건과 경영행동은 개선되어 갔다. 상하이 등에서는 다른 도시에 비해 시장 조절기능이 발달했고 1920~30년대에는 과다한 배당을 억제하여 내부축적을 행하고 설비와 노동관리를 개선하거나 분산적인 유통기구를 배제하여 직판체제를 만들어가면서 국제경쟁을 강화시켜가는 기업군도 형성되었다.[54] 그러나 다른 한편에서 적어도 어느 시기까지는 조창租廠제도와 같은 불안정 경영의 증대에 의해 근대공업의 확대가 뒷받침되는 측면이 있었던 것도 사실이다. 1910~20년대 저장浙江지방의 제사업발전은 고치도매상 제도의 확대, 전장 등 단기금융의 확대, 조창제도의 보급으로 이뤄졌다고 한다.[55] 몇 명이 겨우 1000~5000 위안 정도의 자금을 합고로 모아 1년 계약으로 공장시설을 빌리고, 전장에게 운전자금을 융자받고, 도매상에게 고치를 구매하여 조업하는 이 제도는 불안정한 시장과 경영의 상징적 존재였다.

5.3.2 경제조직화의 진행과 규정 요인

중국에서의 자본주의는 시장과 경영이 현저하게 불안정한 상태로 발전했다. 그것은 틀림없는 자본주의 발전의 한 유형이었다. 고전적인 반식민지 반봉건 중국론의 인식과 달리 제1차 세계대전기의 '황금시대'가 지난 뒤에도 중국자본주의는 발전을 계속하여 1930년대 대공황 때에도 세계적으로 높은 공업성장을 실현했으며, 결과적으로 집권적 사회주의 공업화를 위한 기반이 만들어졌다. 중국 전근대사회는 상업·경영의 조직적 구조화를 진전시킬 힘이 불충분했기 때문에 자생적으로 자본

---

54) 久保亨「近代中國綿業の地帶構造と經濟類型―その發展の論理をめぐって」『土地制度史學』113(1986).
55) 增田三郎「中國における近代製絲業の展開」『歷史學研究』489(1981), 『中國近代製絲業史の研究』.

주의화하는 데는 불리했다. 그래도 개항 전부터 시장자체의 요구에 따라 경제 조직화의 요소를 준비하고 있었다. 글로벌 자본주의로 포섭되는 가운데 그것은 가속화되었고 분산적이고 불안정한 성격을 가지면서도 자본주의화는 진전되었다. 경제의 조직화를 촉진한 데에는 몇 가지 요인을 생각할 수 있다. 시장자체의 합리화요구가 점진적으로 자본의 행동양식을 변화시킨 측면은 제외하고 여기서는 종래 충분히 평가되지 않았던 두 가지 요인을 지적해둔다.

하나는 전근대 이래 분산적인 사회 속에서 돌출적으로 조직적인 성격을 가졌던 국가의 역할이다. 자본형성에서 국가가 수행한 역할은 양적으로 보면 그다지 크지 않았다. 4장에서 본 것처럼 해체기 전제국가는 사회편성 능력이 저하되었고, 제반 정책은 실효성이 떨어졌다. 그런 가운데 국가재정은 명청기를 거치며 크게 저하되었고 청말 이후에도 농민에 대한 징수가 크게 증대하지는 않았다. 발달한 영주제 시기 조세수취액의 상당부분을 근대적 조세로 전환시킨 일본에 비하면 이용할 수 있는 재원은 현격히 적었다. 근대 이후 조세수입의 증대는 주로 이금 厘金·관세 등 유통과정의 과세에 따른 것이었지만, 관세자주권 회복으로 세입이 증대한 난징 국민정부 시기에도 국가재정이 국민소득에서 차지하는 비중은 매우 적었다. 대규모 군사비 등에 압박되어 재정지출에서 경제건설 관련 지출이 차지하는 비중은 중일전쟁 직전 높아진 것을 제외하면 미미했다. 국가의 투자액도 많지 않았다. 오히려 비조직적인 경제·사회에 대한 조정자로서의 역할이 평가할 만한 것이었다.

양무운동기의 정책은 자본주의화를 위한 일관성을 아직 갖추지 못했다. 그러나 개별 정책은 공업화를 위해 필요한 방책일 수 있었다. 재래의 생산자가 필요한 추가투자를 행하여 공업화를 위한 중간적인 기술개량을 하고 초과이윤의 획득을 노린다는 자본의 행동양식은, 중국의 경우 공업화초기 단계에서는 실현되지 않았다. 본 절의 첫 부분에서 보았듯이, 공업화는 우선 대규모 투자와 기술도입으로 시작되었다. 이 같은 규모와 성격의 공업에 장기적이고 대규모의 자본을 집중하여 운영하기 위해서는 관의 제창과 조직화 및 감독이 필요했고, 후기 양무운동에서 채용된 관독상판官督商辦의 기업형태는 가장 유효한 수단이었다. 거대 규모의 경영을 하기에는 결정적으로 원료를 중심으로 시장조건이 아직 불충분했고, 자기가 책임지지 않는 관료주의의 폐해는 종래부터 지적된 대로이지만 공업건설 선도자로서의 역할은 부정하기 어렵다.

지방마다 양무파 관료가 시작한 정책이 중앙에서 인정을 받아 자본주의화 정책이 체계화되어 간 때가 광서신정기光緖新政期다.[56] 기술보급을 위한 모범공장 설립, 권업박람회 개최, 통화통일화 등의 정책과 함께 상부商部에 의한 상회설립은 주

---

56) 渡邊惇「袁世凱政權の經濟的基盤」東京敎育大學アジア史硏究會編 『中國近代化の社會構造』(1960), 敎育書籍. 增田三郎「商會の設立」 『歷史學硏究』422(1975). 倉橋正直「淸末, 商部の實業振興について」 『歷史學硏究』432(1976), 同「淸末の實業振興」『講座中國近現代史3』 (1978).

제5장 근대로의 이행 1-경제

목할 만한 정책이었다. 종래부터 동업단체는 지방관의 허가로 권한이 부여되기는 했지만 이에 이르러 징세·치안·구휼 등을 넘어서 상공업 진흥을 목적으로 한 단체가 전국적으로 설립되었고, 이 정책의 영향으로 많은 곳에서 동업자의 조직화가 진전되었다. 상회설립 이후에도 동업자 단체의 내부 규율능력은 높지 않았으나, 1930년대가 되어 영세업자의 무제한적인 참여와 시장혼란이 일어났을 때 동업자들이 의존했던 것은 역시 국가가 동업단체에 개입하여 부여한 권위였다.[57] 광서신정기에 연속적으로 제정된 상공업 법규는 다수가 사문화되었어도 공사율公司律을 비롯해 상공업자의 조직적 안정화를 목표로 한 것이 많이 포함되었고 몇 차례 개정을 거치면서 기업행동을 규제해 갔다.

제정부활이 시도되었던 시기도 포함해서 베이징 정부기의 경제정책은 광서신정기의 정책을 계승발전시킨 것이고, 중앙은행 창설, 화폐개혁, 국유지획정·전부田賦정리의 세제개혁 등 이 시기에 나타난 구상이 난징 정부로 이어진 것이 확인된다.[58] 그러나 청말 이상의 재정난과 지방통치 능력이 저하하면서 효과는 낮았다.

난징 정부가 대외적 자립과 통일화·자본주의 공업화를 추

---

57) 金子肇「1930年代の中國における同業團體と同業規制―上海の工商同業公會を素材として」『社會經濟史學』63-1(1997).
58) 野澤豊「民國初期, 袁世凱政權の經濟政策と張謇」『近きに在りて』5(1984), 渡邊惇「袁世凱政權の財政經濟政策」『近きに在りて』11(1987).

구한 정권이었음은 1970년대 이래 여러 연구로 널리 확인되었다. 그런 가운데 주목할 만한 것은 1930년대 채용된 일련의 통제정책이다. 국가의 경제개입=통제는 공황 후 세계적인 추세이기도 했지만, 중국에서는 안정적인 성장에 결함으로 작용하던 중국적 시장·산업구조에 대한 국가의 본격적인 개입이라는 점에서 특별한 의미를 가졌다. 전모가 밝혀진 저장성浙江省의 잠사업 통제에 대해 살펴보자.59) 공황의 파급으로 완전조업정지 상태에 빠진 잠사업에 대해, 1933년에 만들어진 저장浙江잠사통제위원회가 개입했다. 동 위원회는 개량 누에를 성내에 일괄공급하여 불량종을 쫓아내고, 농민을 합작사로 조직하여 공동최청共同催靑·치잠稚蠶의 공동사육·집단매각을 추진했다. 나아가 기존 고치도매상을 배척하고 동 위원회가 스스로 일괄하여 고치 구매를 실현해서 저장浙江 연합사창連合絲廠에 교부한다. '사업絲業 트러스트 구상'을 기초로 만들어진 연합사창은 정부계 은행의 융자를 받으며 대조代繰의 이름 아래 성내 사창의 경영권을 사실상 집중시켰다. 더욱이 동 위원회는 중간상인을 배제하고 제품을 직접 미국시장에 수출했다. 유력 사창인 쉐지아薛家그룹을 중심으로 실현된 장쑤성江蘇省에서의 통제도 조창租廠 금지·사창 합병 등을 수반하면서 같은 방향으로 진행되었다. 중개 상업자본을 배제하고 생산자를 집단화하여 종래의 중국적 생산·유통의 구조적 변혁을 추구한 것이었다.

국가의 개입과 함께 경제의 조직화를 추진한 요소로 평가할

---

59) 奧村哲「恐慌下浙江蠶絲業の再編」『東洋史研究』37-2(1978).

제 5 장 근대로의 이행 1-경제

수 있는 것은 외국의 직접투자에 대항하는 민족자본의 경영개혁이었다. 20세기 초두까지 영국을 중심으로 한 직접투자는 중국측 대리인을 이용한 불완전한 것이었고, 중국의 시장조건에도 제약되어 눈에 띄는 이윤을 올리지 못했다.[60] 직접투자가 본격적으로 민족자본을 위협한 것은 제1차 세계대전 후 일본 방직 자본인 자이카보在華紡의 진출일 것이다. 일본계 상사가 보유한 시장 대응능력과 함께, 설비와 기술자 면에서 우위인 일본계 자본에 대항하여 민족방民族紡의 경영방식도 개혁되었다.[61]

---

60) 中井英基「淸末中國綿紡績業について―民族紡不振の原因再考」『人文科學論集』16(1980),『張騫と中國近代企業』(北海道大学出版会, 1996).
61) 久保亨「靑島における中國紡―在華紡の競爭と協助」『社會經濟史學』56-5(1990).

제6장

근대로의 이행 2-정치

6.1 일본 봉건사회의 성숙과 근대국가로의 이행

6.1.1 절대주의

본 장에서는 중국 근대국가 건설의 특징에 대해 생각해 보겠다. 우선 근대국가 혹은 근대가 무엇인지 이해해야 한다. 중국의 경우 아편전쟁부터 근대가 시작된다는 가장 간편한 규정이 있다. 반대로 자본·임노동관계를 기초로 하는 대규모 경영이 경제의 일반적 기초가 되거나 혹은 대의제에 의해 정통성을 확보한 통일국가가 국가주권을 장악하는 조건이 오늘날에도 아직 실현되지 않았다는 점을 들어 근대의 성립을 인정하지 않는 견해도 존재한다. 양 학설 사이의 다양한 정치적 입장이 나름의 지표를 근거삼아 특정 시기를 근대로 설정했다.

그런 입론들은 대개 유럽 혹은 일본의 근대국가 형성과정에

제6장 근대로의 이행 2-정치

보이는 특정한 사상事象을 각각의 지표로 중국사에 적용해왔다. 독자적으로 근대국가 형성을 실현했고 그것을 기초로 근대역사학을 만든 지역인 점을 생각하면 유럽 및 일본의 사례가 근대의 지표가 된 것은 피하기 어려운 일이었다. 그러나 지금까지 확인한 성숙한 전제국가와 봉건사회의 대조적인 이질성을 바탕으로 유럽과 일본의 근대가 선행한 봉건사회의 성격에 어떻게 규정되었는가를 봄으로써, 봉건사회로부터 근대국가 건설의 특성을 상대화시키는 것이 필요하고 또 가능할 것이다. 그것은 거꾸로 더욱 일반적인 관점으로 중국의 근대화를 보는 것이기도 하다. 본 장의 서술은 일본 봉건사회로부터의 근대국가 건설을 개관하는 데서 시작하기로 한다. 이런 비교를 통해 근대의 지표를 보다 일반적인 형태로 제시할 수 있을 것이다.

먼저 특수한 지표는 배제할 필요가 있다. 일단 자본주의 발전을 뒷받침하는 통일적인 권력기구가 성립하고 기능하는 것만을 근대국가의 요건으로 삼아 이 조건이 어떻게 실현되었는지 검토한다. 4장에서 보았듯이 중세를 거치며 진행된 공동단체와 공동체의 발전을 기초로 성장한 일본의 영주제는 근세 초기까지 중적重積을 바탕으로 그 위에서 전국적인 막번제幕藩制 편성에 성공했다. 한편에서 그것은 자율능력을 갖춘 공동체와 각급 영주가 분립分立하는 다원적인 권력구조의 사회였지만 영주제의 중적을 통하여 공권력은 집중되었다. 하급 영주제의 개별 지배권은 부정당하고 번 및 막부에 집중된 지배권을 관료적으로 집행하는 성격을 강화해갔다. 관료기구는 개개 영주의

● 6.1 일본 봉건사회의 성숙과 근대국가로의 이행

인격관계에서 점차 자립을 강화했고 분할된 직권職權이 기구를 구성하는 방향으로 나아갔다. 근세일본은 유럽과 비슷한 절대주의 단계의 사회였다.

그 지배는 단체적으로 확정된 합의에 대한 복종이라는 공동단체가 창출한 원리를 기초로 했다. 연공은 무라의 자치능력을 바탕으로 수취되었고, 시장관리는 독점적인 가부나카마株仲間를 매개로 실시되었다. 확정된 합의에 대한 복종이라는 원리와 그 전제인 공동체는 근세에 걸쳐 성장을 거듭했다. 시장발전을 비롯한 사회의 광역화에 대응하는 형태로 무라는 무라 조합을 제도화하고 영주제와 교착하면서 군郡 단위까지 연결이 확대되었다. 그 내부에서도 합의에 참가하고 그 결과에 복종하는 무라 자치의 구성원은 18세기 전반까지는 모든 이에를 포함하게 되었고, 이레후다入れ札라는 일종의 투표를 통해 백성대百姓代를 뽑는 대표선출 제도 및 장부의 인수인계, 회계감사 같은 조직적 회사관리 제도가 충실해지는 형태로 자치단체로서의 질적 발전이 현저하게 이뤄졌다.[1]

단체적 성격은 영주지배의 장에서도 기능하고 발전했다. 무사는 관료화하면서도 상급영주를 창출했을 때의 단체성은 존속하고 있었고 부적절한 주군은 가신단이 강제 은거시켰다.[2] 막번영주제 성립과정에서 주군에게 집중적으로 체현되었던 의

---

1) 久留島浩「百姓と村の變質」『岩波講座 日本通史』近世5(1995).
2) 笠谷和比古『主君「押込」の構造—近世大名と家臣團』(平凡社, 1988).

사결정권은 근세를 통해 점차 제도화된 가신단 조직의 합의체로 옮겨갔다. 번정 운영의 합의범위는 동시에 피지배자인 농민 및 조닌町人의 대표까지 확대되고,[3] 논의를 통한 합의合意 제도는 한층 명시적으로 확대 강화되었다. 근세에 걸쳐 진행된 단체의 확대를 국가 차원까지 확대함과 동시에 합의에 대한 복종이라는 공동체의 원리를 순화純化시킴으로써 근대국가는 준비되었다.

6.1.2 시민혁명

시민혁명이라고 불리는 혁명적 변혁은 봉건사회에서 근대로 이행할 때 불가결한 조건이다. 권력의 광역화와 집중화는 진행되고 있었지만 사회의 기초는 무수한 자율적인 공동단체와 영주제에 있었다. 통일적인 국가권력을 구축하기 위해 영주제의 폐절이 요구되어 폐번치현·질록처분 등이 실시되었다. 부정된 것은 영주지배권 만은 아니었다. 그것을 창출한 단체적 특권 자체가 부정되었다. 동업단체 등의 존폐에 대해서는 메이지 초기에도 정책적 동요가 보이고 단체가 갖는 자기관리 능력은 보전되었지만 특권성은 부정되었다. 무라는 행정기구의 말단에 위치되었다. 봉건적인 이중성을 갖는 토지소유는 부정되고 지조개정을 거쳐 농민의 토지소유로 일원화되었다.

봉건제로부터 근대국가를 건설하기 위해서는 분열적 지배의 폐절과 재구축이 필요했다. 그러나 이러한 격변에도 불구

---

[3] 平川新「地域經濟の展開」『岩波講座 日本通史』近世5(1995).

하고 일단 국가의 틀이 형성되면, 봉건사회에서 창출된 국가는 비교적 안정적으로 통합을 실현할 수가 있었다. 국가에 의한 통합을 실현하기 위한 제1의 요건은 지배집단 내 통일의사의 일관성을 확보하는 것이다. 특정한 계급·계층이 권력을 장악하는 것은 권력형성으로의 도약이지만, 정권을 획득한 권력중추부가 정책적 안정성을 확보하는 것이 저절로 되지는 않았다. 현대에도 많은 나라들이 이 과제에 직면하고 있는 것은 늘 볼 수 있다. 새로운 정책의 필요성을 앞에 두고 메이지초기의 중앙정계에서는 광범한 폭의 정책논쟁이 벌어졌다. 제안자가 있고 상당히 강력한 반대가 있었다. 그러나 일단 결정이 이뤄지면 대체로 복종했다. 대립이 내전으로까지 발전한 것은 영주특권의 폐절이라는 정책변혁의 중핵을 두고 대결했을 때뿐이었다. 이러한 안정성의 배경에는 유신 이행기에 번 대표자의 회의와 좌원左院 등 공론을 흡수하는 제도적 장치가 존재하고 있었지만, 이런 제도가 기능하는 배경에는 정권 중추부도 포함해서 정책은 공론에 의거해야 하고 공론으로 결정된 사항은 안정적으로 전체를 구속한다는 통념이 존재했다.[4] 막번제 내에서 관료화하던 중하급 영주층이 근대국가의 관료로 전화할 때에도 합의된 규범에 대한 복종 원칙은 불가결했다. 이런 원칙이 봉건사회 성숙의 산물인 것은 이미 논한 대로다.

국가에 의한 통합을 실현하기 위한 제2의 요건은 국가의

---

4) 尾藤正英「明治維新と武士―『公論』の理念による維新像再構成の試み」『思想』735(1985),『江戸時代とは何か―日本史上の近世と近代』(岩波書店, 1992).

지배의사가 사회 속에서 실현되는 것이다. 막번제는 자율적 공동단체를 포섭하여 지배제도를 구축하고 있었고 근세에 걸쳐 단체의 자율성도 지배로 포섭되고 있었다. 메이지정권도 자치단체를 해체시키려는 당초의 방침을 변경하여, 자립성을 제한하면서 대구大區·소구小區 이하의 행정편성에 종래의 무라·무라연합을 재편했고 무라 재정을 지방재정으로 포섭해갔다.[5]

이리하여 재편성된 사회의 자기규율 능력은 정책실현의 기초였다. 지조개정은 촌락 내에서 선발된 인원으로 구성된 지조개정 조사부가 측량과 지도제작을 수행하면서 시작되었다. 이어서 토지소유자 일동의 위탁을 받은 대리인 집단이 지가를 산정하고 무라 연합에 의한 각 무라의 지가 상대평가 즉 지가연관작업地價聯關作業으로 나아가고 지방에 따라서는 농민조직에 의한 현 전체의 지가연관에까지 도달하게 된다.[6] 근대적 토지소유와 조세확정을 위한 대사업인 지조개정이 기본적으로는 무라를 비롯한 사회의 자율능력에 의거하여 급속하고 정밀하게 실현되었다. 구래의 백성에게서 징발한 군대가 세계적으로 봐도 조숙하게 통일적인 지휘명령에 복종하고 전투능력을 발휘할 수 있었던 것 등 모든 정책실현에 사회의 성격이 관련되어 있었다.

합의에 대한 복종을 원칙으로 하는 자율적 공동단체를 지

---

5) 奧村弘「『大區小區制』期の地方行財政制度の展開―兵庫縣赤穗郡を中心として」『日本史硏究』258(1984).
6) 原口淸『明治前期地方政治史硏究』(塙書房, 1972)에 나오는 시즈오카현(靜岡縣)의 사례를 기초로 서술한다.

배에 포섭하는 데에는 사회 내 제도화된 합의조달이 필요했다. 지조개정 실현을 위해서는 종래의 연공을 강제하는 것이 아니라 농민의 이의제기를 받아들여 지조를 지가의 2.5%로 인하하는 것이 필요했다. 자주적으로 행해진 광역적인 지가연관을 기초로 만들어진 지가를 제시하는 농민과 정부가 요구하는 지가를 주장하는 현 지사가 대립하여 소요직전까지 가는 상황도 있었지만, 그런 대항과 타협 속에서 지방의회 제도가 성립하고 나아가 전국적인 의회개설운동이 성장해갔다.[7] 봉건사회가 창출해낸 통합원리의 발전 위에 혁명적 권력재구축을 거치면서, 공화정적인 합의조달 제도를 기초로 국민을 통합하는 근대국가 제도가 급속히 형성되었다.

6.1.3 근대일본과 전제

이같이 일본 근대국가는 기본적으로 봉건사회의 발전적인 산물이었다. 그러나 근대일본은 봉건원리만이 아니라 전제국가 원리도 자신 속에 포함하고 있었다. 원래 중국 전제국가를 모방한 고대국가가 해체되는 가운데서 일본 봉건사회는 탄생했다. 봉건적 공동단체를 창출한 것은 사회 속에 미분화된 채로 기능하고 있던 합의적 의사결정 관계의 발전이었음과 동시에 단체 및 영주를 인지하고 정통성을 부여한 선행 권력이었다. 일본 고대국가에 율령 및 반전제班田制 같은 중국 전제국가의 제도만이 도입되었던 것은 아니었다. 정치편성에 관계되는

---

7) 原口淸『明治前期地方政治史硏究』(塙書房, 1972).

제 6 장 근대로의 이행 2-정치

기본적인 범주 자체를 일본어로는 표현할 수 없어 한자어를 들여온 데서 단적으로 보이듯이, 일본인의 사회와 정치에 관한 관념자체에도 전제국가의 문화는 규정력을 갖고 있었다.

고전고대의 공화정에서 계승한 라틴어와 로마법체계 및 왕권까지도 초월하는 논리를 갖는 기독교 아래에서 유럽사회의 봉건화가 시작된 것에 비하면, 양자는 출발점에서 사회를 구축하는 결합의 논리소재 자체를 달리하고 있었다고 해야 할 것이다. 유럽봉건제에서는 각종 공동단체와 각급영주가 국왕 앞에서 단일한 신분제의회를 구성한 것처럼, 단체와 영주의 지배관계는 약간의 차이가 있거나 거의 병렬적으로 배치되어 있었다. 일본의 공동단체와 영주제는 하위단체가 상위단체에 포섭되고 지배받는 형태여서 보다 수직적이었다. 양자의 차이는 사회·경제적 조건이라는 좁은 범위의 문제라기보다는 선행국가구조나 카톨릭 사상 또는 지배개념의 차이에 기인하는 것으로 보인다.

유럽과 일본의 봉건사회에 내재한 차이는 양자가 절대주의화하고 나아가 근대국가를 형성해가는 과정에서 제도적으로도 모습을 드러냈다. 일본·유럽의 근대국가 형성은 모두 어떤 종류의 복고로서 스스로를 위치시켰다. 권력집중의 모델로서 한쪽은 고전고대를, 다른 한쪽은 중국 전제국가밖에 알지 못했던 것이다. 유럽 절대주의에 중국 전제국가가 모범이 되었다고는 하나 그것은 형식적 본보기에 불과했다.

막번제의 집권화에는 주자학 이데올로기 수입과 함께 한학

자의 정치제도 연구가 공헌했다. 재판제도에 대해 보면 중세에는 널리 실현되었던 자력구제를 대신해, 막부는 중국 전제국가형의 오시라스재판お白州裁判을 재판의 형식으로서 채용했다. 유럽에서는 로마법을 다루는 전문가의 역할이 증대하고, 다툼을 기본으로 하면서 사실인정과 독자적 판단을 수반하는 근대의 재판제도가 형성되었다. 미리 말하자면 근세 오시라스재판의 도입은 현대까지 일본의 재판제도에 중국형 재판제도의 영향을 짙게 남겼다. 분쟁 주체인 피고인의 권리 보장은 매우 불충분했다. 행정이 취조하고 진술을 획득하여 형벌을 부여한다는 전제국가의 재판에서 본질은 취조과정이었다. 일본의 형사사건 처리에서 경찰·검찰의 비중이 특이하게 크고 취조를 맡은 경찰이 스스로 피의자의 신병을 관리하는 유치장을 대용감옥으로 정당화하는 구금이법拘禁二法은 선진 자본주의 국가에서는 예를 찾을 수 없는 것이다. 전제국가형 재판제도와 낮은 인권의식은 현대일본에도 깊은 흔적을 남기고 있다.

전제제도를 차용한 집권화 속에서도 근세사회는 공동단체라는 자치주체를 계속 확대했고 공화정으로 연결되는 제도적 전통을 만들어냈다. 그것들을 발전시킨 것은 주로 백성의 공동체였다. 전술한 대로 무라는 대표제도와 그를 위한 선거제도, 재정·회계 관리제도, 감사제도를 만들어냈다. 엄격하게 자기 규율된 단체를 기초로 실력에 따른 조직적 이의제기에 의해 정치참가의 틀을 마련해갔다. 근대국가 형성의 사회적 조건은 밑에서부터 준비되고 있었던 것이다. 그러나 개항을 계기로 일본은 외압에 대응하기 위해 고대국가 형성 때와 마찬가지로 후발의 위치에서 급속한 근대국가 형성을 추진해야하는 조건 아래 놓이게 되었다. 강력한 근대적 집중을 위해 이윽고 신神을 포함한 다양한 수단이 동원되었다. 전제적 요소는 여기서 계승되고 비대화되었다.

유신기에 이미 통합의 상징으로 내세워진 천황은 메이지 헌법체제의 성립까지 정치권력의 정통성을 뒷받침했으며, 그에 대한 비판을 봉쇄하고 추종을 요구하는 정치장치로서 기능을 강화했다. 교육과 행정을 통하여 추종을 요구하는 전제 이데올로기는 의식적으로 계속 각인되었다. 입헌군주제적인 천황기관설天皇機關說을 부정하고 국체國體를 강조하면서 이 체제는 완성되었다. 추종에 의해 혹은 추종에 가탁하여 창출된 무책임한 존재양태는 패전을 맞아 세상에 노출되었다. 국민도 정치권력자도 천황도 주권자로서의 책임의식이 빈약했다. 일본인의 행동양식은 자기책임이 약한 집단주의라고 종종 지적된다. 국제사회의 일본자본주의 비판도 대부분 이와 관련되어 있다. 그러나 역사를 거슬러 올라가면 백성 잇키는 훨씬 책임감을 가진 지도자와 참여자가 수행한 것은 아닐까. 전제에 의존한 근대화의 진전이 조직과 개인을 무책임하게 만든 것은 아닐까. 단체성과 전제의 특수한 결합이 일본 파시즘의 기초였다.

6.2 중국에서 근대이행의 사회적 전제

일본의 근대국가 형성이 일본 봉건제의 사회조건에 크게 의존한 것이었음을 살펴보았다. 이 관점에서 중국의 근대국가 건설이 일본과는 대조적인 국가·사회구조의 전통과 어떻게 관련되는가를 보자.

일본과 비교해서 분명해진 첫 번째 중요한 점은 중국 전제국가에서 근대국가로 이행할 즈음에는 이른바 시민혁명을 필요로 하지 않았다는 것이다. 영주제의 폐절, 중간단체특권의 부정, 봉건적 토지소유에서 근대적 토지소유로의 이행 같은 변혁들은 모두 절대주의에서 근대국가로 이행할 때 나타난 특수한 현상에 불과했다. 중국의 경우 영주제는 물론 특권적인 중간단체도 단순한 지주제와는 다른 봉건적 토지소유도 존재하지 않았기에 그것들의 폐절이 변혁과제가 될 수 없었다. 그뿐 아니라 집중력이 약화되기는 했지만 통일적인 국가가 이미 존재하고 있었다. 양무운동은 물론 신해혁명이나 난징 정부조차 종래 사회편성의 근본적인 변혁이나 권력구조의 폐절과 재구축 없이도 새로운 정권을 창출했다. 그것이 시민혁명의 지표를 충분히 갖추지 않은 것은 당연하며 종래의 연구에서 중국의 근대국가 형성기는 한없이 뒤로 미뤄졌던 것이다.

그러나 적어도 난징 정부 성립 이후는 자본주의 공업화를 촉진하여 국제적 자립강화를 추진하려는 통일권력이 존재했고 이것은 틀림없는 근대국가였다. 중국의 근대국가 건설에는 봉

제 6 장 근대로의 이행 2-정치

건사회에서와 같은 유일하고 특정한 형태의 명확한 전환점이 없다. 영주제적 분권성을 내부에 갖지 않고 상대적으로 느슨한 통합을 이미 실현한 국가를 전제로 하여, 그것이 근대적인 정책을 시행하는 주체로 변화한다. 동시에 그 정책들을 실현할 수 있는 사회통합 능력을 배양한다라는 상호규정적인 두 가지 과제를 달성해가면서 중국은 연속적으로 근대국가에 접근해갔다. 5장에서 본 대로 양무운동·광서신정·베이징 정부·난징 정부라는 일련의 시대는 연속성을 가지면서, 점차 근대경제 건설을 위한 일관성과 통합성을 갖춘 정책이 정비되던 단계였다. 동시에 약간의 후퇴국면을 포함하면서도 그 정책들을 실현시킬 정치적 역량이 증대해가는 과정이었다. 중국에서는 정부가 시행하는 정책의 근대화과정이 근대국가 건설과정이었다.

일본과 비교하여 알 수 있는 두 번째 특징은 근대국가 이행의 연속성에도 불구하고 권력의 안정성과 통합력이 쉽게 확보되지 않았다는 점이다. 중국에서는 우선 권력을 장악한 정권의 중추부에서조차 안정적으로 지배의사를 확보하는 것이 어려웠다. 신해혁명 후 신속하게 국회의원 선거가 행해져 의회가 구성되었지만 의회의 의사는 권력의 의사로서 표현되지 않았다. 그 후 실력으로 중앙을 지배한 베이징 정부도 그 내부에서조차 통일적인 지배의사를 유지할 수 없었다. 지배의사의 통일성과 일관성의 결여는 난징 정부에서도 사회주의 중국에서도 기본적으로 확인되는 사태였다. 봉건사회가 창출한 것 같이 논의를 통한 합의合意에 안정적으로 복종한다는 원리가 존재하지 않는 사회에서는 집단 내부 지배의사의 유지조차도 곤란했던 것이다.

이런 사회에서는 사회의 합의를 조달하면서 사회의 자율능력을 끌어들여 근대행정을 확립하는 것 역시 곤란했다. 근대 일본에서는 자치단체 전통을 갖는 무라 및 무라 연합을 끌어들여 행정기구가 말단까지 급속하게 확립되었다. 그러나 그런 바탕이 없는 중국에서는 정부의 지방자치 권장에도 불구하고 난징 정부 시기가 되어서도 현 이하의 행정기구는 본격적으로 성립하지 않았다. 그러한 촌락의 양상은 2장에서 본 대로다.

이런 조건에서 사회는 정책을 자신의 것으로 받아들이지 않았다. 전부田賦정리 사업은[8] 일본의 지조개정과 마찬가지로 농민의 토지소유권과 토지세의 재확정을 목표로 한 것이었지만 그 추이는 양국 근대행정의 사회적 기초를 상징적으로 보여준다. 중국에서는 전제국가의 사회장악 능력이 저하됨에 따라서 많은 경우 토지대장이 징세청부인의 손에 들어가 극히 문란해져있었다. 이를 정리하기 위해 1914년 전국경계국全國經界局 설립 이후 몇 차례 전부정리의 명령이 발령되었지만 실현되지 못했다. 광역적으로 실시된 최초의 시도는 1929년 저장성이었

---

[8] 笹川裕史「1930年代國民政府の江西省統治と土地稅制改革」『歷史學研究』631(1992). 同「南京國民政府成立期の農村土地政策と地主層―浙江省の『二五減租』と『土地陳報』」橫山英編『中國の近代化と政治的統合』(溪水社, 1992). 同「1930年代浙江省土地稅制改革の展開とその意義―蘭谿自治實驗縣と平湖地政實驗縣」『社會經濟史學』59-3(1993). 古賀敬之「民國20年代における地方財政改革の展開」1986년 熊本大學 석사논문.

는데 일본을 모델로 작성된 촌리村里위원회는 제대로 기능하지 않았고 16만 명을 넘는 행정인원은 실체를 전혀 반영하지 않은 토지대장을 만드는 데 그쳤다. 이 실패를 거울삼아 장시성江西省을 중심으로 실시된 것이 사회에 의거하지 않은 문자 그대로 위로부터의 항공측량이었다. 그러나 만들어진 지도 위에 소유권자를 확정하는 작업은 지상地上의 작업으로 남겨졌다. 등기를 권장해도 납세부담을 두려워한 토지소유자들은 쉽사리 응하지 않았고 최종적으로는 군대와 경찰을 동원한 호별 강제에 의존하게 되었다. 이렇게 해서 토지대장은 완비되었다. 그러나 이에 기초하여 징세를 행하는 행정관의 질을 확보하는 것 또한 곤란한 과제였다. 그래서 우선 종래의 청부인을 재교육하여 임용해야 했다.

형식상의 연속성에도 불구하고 논의를 통한 합의의 확정=복종이라는 사회적 원리가 존재하지 않았기 때문에, 국가권력 중추의 안정성 확보도 정책의 사회적 관철도 곤란했다. 그럼에도 불구하고 근대의 국제관계는 중국에 통합력 있는 국가건설을 요구했다. 이 과제에 대한 중국사회의 대답이 곧 중국 근대국가 건설사이기도 했다.

6.3 중국 내 근대적 통합의 형성과정

6.3.1 임의단체에 의한 '자치'

사회편성의 측면에서 보면 생산력의 발전은 경영 안팎의 분업화다. 중국사회가 고정적인 분업관계를 창출하지 못한 것은 전술한대로다. 하지만 중국에서도 비고정적·비조직적이기는 하지만 사회는 다양한 기능을 수행하는 여러 부분의 집합체였고 그런 한도에서 '사회적 분업'은 진행되고 있었다. 유통의 확대는 단적인 예다. 분업화는 각 경영 사이에 다양한 인접 과제를 만들어내고 그것들은 보다 세밀하고 엄밀한 규범에 따라 보다 광범위한 영역에서 처리될 필요가 있었다. 봉건화한 사회에서 이 과제는 각 경영 사이 혹은 공동체 사이의 공동업무로서 수행되거나 혹은 공동체의 관리자로 나타난 영주가 수행했다. 생산력 발전이 공동체와 영주 권력을 강화하는 근거는 여기에 있다.

전제국가는 이 과제에 충분히 대응할 수가 없었고, 오히려 분업화·사회결합의 다면화는 국가의 통일적인 인민장악을 곤란하게 하였다. 4장에서 본 대로 중국전제국가의 사회통합 능력은 근대세계와 조우하기 이전에 이미 저하하고 있었다. 국가는 호적에 기초한 인민의 직접파악을 포기하고 청부인화한 관리를 통해 정액의 토지세 수취에 안주하고 있었다. 직접적 생산과정은 물론 유통과정에 대한 개입도 충분히 행해지지 않았다. 사회가 요구하는 과제는 점차 많아졌고 그에 비해 국가

제6장 근대로의 이행 2-정치

기능은 떨어져서 이 격차는 어떤 식으로든 메워져야 했다. 공동체가 형성되지 않은 중국에서는 이 과제를 개인적으로 처리하거나 개인적 성격과 분리할 수 없는 형태로 만들어진 중국식 임의단체가 떠맡았다. 이 목적별 임의단체는 다양한 사회적 기능을 수행하였으며 명말 이후부터 생겨나 청대 후반 이후에 특히 활발했다. 몇 가지 예를 들어보자.

전형은 2장에서 본 동업자단체다. 특히 청말 유통확대 속에서 증가했고 청조가 상회를 '법단法團'으로 인정한 이후 일반적인 존재가 되었다. 동업자 간 문제처리를 어느 정도 행하는 것 외에는 동업자사회 내외에 대한 자선활동 혹은 인프라 건설 같은 공공업무를 이타적인 형태로 수행하고 있었던 점에 일단 주목한다.

임의단체의 하나로 구빈·육영育嬰부터 방생·시신 처리掩骼 등에 이르는 다양한 사업을 행하는 자선단체가 있다.[9] 포획한 동물을 놔주어 생명을 보전하는 방생회는 송대에는 하나의 집회·축제였던 것이 방생을 목적으로 하는 결사의 명칭이 되었다. 송대에는 주로 관료가 관비로 운영했던 육아양육의 자유국慈幼局은 청대에는 민간주체의 육영당育嬰堂이 되었다. 이처럼 청대에는 자선활동이 점차 단체화하였다. 또 자선단체의 운영 자체도 점차 조직적으로 정비되었다. 정기적인 강연과 구제를 활동내용으로 하는 동선회同善會는 사세司歲라는 간사를 두고

---

9) 이하의 자선단체에 대한 서술은 夫馬進『中國善會善堂史硏究』(京都大学学術出版会, 1997).

'징신록徵信錄'이라 불리는 회계서를 작성하였다. 청말이 되면 도시지역에서는 선당善堂이라 불리는 각종 자선활동 단체가 나타났다. 이것들은 쑹장松江부성府城의 육영당이 현에서부터 진鎭 단위까지 아이들과 접촉망을 확대한 것처럼 동종단체 간 연계를 확대했다. 그와 동시에 상하이 도시지역의 각종 자선단체가 공동으로 사업 활동을 행한 것처럼 지역단체 간 연계도 강화되었다. 광역적 연계는 민국기에는 후술하는 화양의진회華洋義賑會와 같이 국민정부의 농업정책수행에도 중요한 영향력을 미치는 전국적 네트워크로까지 발전했고 지역 내 연계는 도시 '자치'의 일각을 담당하기에 이르렀다. 이타적 행위로 사회의 공공성을 표현하는 중국사회의 성격을 청대 자선단체는 집약적으로 보여주고 있다. 이 전형적 임의단체는 동업단체와 마찬가지로 조직·재정 면에서 불안정성을 안고 있고 국가에 의한 승인과 감사를 받는 경우도 많으며 종종 지방행정의 부분적인 재정지원을 받고 있었다.

동업자집단이나 자선단체 외에도 보다 일반적인 공공사업을 행하는 단체가 청말에는 다수 생겨났다. 권농사업을 예로 들면 1860~70년대의 장쑤江蘇성에서는 잠상국蠶桑局·과상국課桑局 등의 양잠업 진흥을 위한 단체가 다수 만들어졌다.[10] 동사董事라는 유력향신이 운영의 중심이 되어 향신 및 관료의 기부로 자금을 조달하고 선당 등과도 연계를 맺었다. 때에 따라

---

10) 田尻利「19世紀後半期の江蘇における蠶桑奬勵政策に關する一考察」『鹿兒島經濟大學論集』19-4, 20-1(1979).

제 6 장 근대로의 이행 2-정치

지방정부에서 위원이 파견되기도 하면서 뽕나무 묘목의 도입 및 심기·실뽑기 등의 기술교육 등을 행했다. 몇몇 지방 방위 조직도 이와 같은 형태를 취했다. 광둥廣東단련총국團練總局은 복상때문에 귀향중인 고관이 다액의 자금을 기부하고 쉰더현順德縣 향신들이 갹출하여 창설되었다.[11]

이상의 단체들은 사업이 중복되었다. 자선단체는 공공사업 수행단체의 유력한 스폰서였다. 동업자 조직은 그 자체가 조직 내외에 자선행위를 하는 것이 주된 활동이었고, 또 선당의 유력한 스폰서였다. 각종 선당·동업자 조직·공공사업 수행단체는 인적으로도 중복·결합되어 있었고 후술하는 것처럼 상호 협력하면서 일정한 네트워크를 이루고 있었다.[12] 이 조직들의 상호협의 배경에는 조직 성격상 공통점이 있었다. 이것들은 원칙적으로 자기 경영활동의 기초조건을 유지·방위하기 위한 공동조직이 아니라 대체로 일방적 서비스를 제공하는 이타적 조직이었다. 보상은 그들에 대한 사회적 평판이었다. 조직은 한 사람의 제창에 다수가 찬동하는 형태로 만들어져 운영되었고 대부분은 국가가 권위를 부여해주기를 바랐다. 따라서 이들은 사업의 사회적 성격과도 맞물려 조직적으로 국가의 행정기구와 애매하게 교착하고, 국가는 이 조직들에 의지해 자기 힘으로는 거의 행할 수 없게 된 일부 공공기능을 실현하고 있었다. 근대일본의 중국연구자들이 해체기 전제국가인 중국에서

---

11) 西川喜久子「順德團練總局の成立」『東洋文化研究所紀要』105(1988).
12) 田尻利「19世紀後半期の江蘇における蠶桑獎勵政策に關する一考察」, 夫馬進『中國善會善堂史研究』참조.

발견한 것은 이 같은 각종 사회단체의 공존 상태였다.

이 조직들 특히 공공사업 수행조직이 지방행정에게서 정식으로 위치를 부여받아 농민에 대한 부과행위와 일정한 몫의 승인을 얻게 되면 향신에 의한 행정 하청단체가 탄생한다. 향촌에 만들어진 방위조직의 상당부분은 국가가 인지한 가운데 농민에 대한 연납捐納의 강제권을 갖고 있었다. 또 청말 수리사업에서도 현이 인정한 동사들이 상공업단체 및 농민에 대한 연납을 할당함으로써 치수공사를 수행했다.[13] 행정서비스의 수요가 높아지고 현 재정이 부족해지며 현의 관련 행정능력이 저하하는 가운데, 현 행정·재정의 많은 부분을 몇 명의 향신들이 관리하는 '국局'이 담당하게 되었다.[14] 경찰·방위·교육 등의 업무와 징세를 수행하는 국 이외에 삼비국三費局·진첩국津帖局·철로조연국鐵路租捐局 등 특정분야의 징세를 담당하는 국, 나아가 현 전체의 징세를 담당하는 국이 생겨났고 현의 공공업무와 재정활동 자체가 분열적·사적으로 관리되었다.[15] 이 조직들의 재무활동은 공개 관리되지 않고 청부로 행해지는 것으로 포람인包攬人·서리에 의한 사적 징세청부체제와 연속되어

---

13) 大谷敏夫「淸代江南の水利慣行と鄕董制」『史林』63-1(1980),『淸代政治思想史硏究』(汲古書院, 1991).

14) 西川正夫「辛亥革命期における鄕紳の動向―四川省南溪縣」『金澤大學法文學部論集』23史學編(1975). 新村容子「淸末四川省における局士の歷史的性格」『東洋學報』64-3·4 (1983). 山田賢「『紳糧』考―淸代四川の地域エリート」『東洋史硏究』50-2(1991),『移住民の秩序―淸代四川地域社會史硏究』(名古屋大學出版會, 1995).

15) 小野信爾「四川東鄕袁案始末―淸末農民鬪爭の一形態」『花園大學硏究紀要』4(1973).

제 6 장 근대로의 이행 2-정치

있었다.

이런 자선단체 및 이타적 공공업무 수행단체는 사익추구의 창구로 쉽게 변화되었다. 주창자를 핵으로 비쌍무적으로 결집하여 자금을 조달한 조직이므로 엄격한 관리에 익숙하지 않고 자선의 동기가 흔들릴 때는 재정이 곧잘 사물화되는 것은 많은 단체에 공통으로 보이는 현상이다. 처음부터 의행義行을 명목으로 내건 집단이 동업자 조직 등을 칭하며 강제적으로 자금모집을 행하는 경우도 종종 있었다. 사회적으로 관리되지 않는 자선행위와 공적 행위의 사물화는 본래 명확하게 구분하기 어려운 것이다. 지방행정과 유착하여 재정을 사물화하고 추조국追租局 등의 조직을 이용하여 전호佃戶를 지배하는 '토호열신土豪劣紳'과 지방의 근대화업무를 솔선하여 수행하고 자치운동을 담당한 '개명적 향신'은 출신계급이 연속적일 뿐 아니라 공공업무가 사적으로 수행되어야 했던 중국사회의 유력자가 가진 동전의 양면이었다. 메이지기 일본의 명망가가 재지의 호농·지배자 측면과 무라·무라 연합의 대표자 측면을 가진 것이 일본적 사회에서 동전의 양면이었던 것과 좋은 대조를 이룬다.

이상 서술한 목적별 임의단체의 활동은 청말·민국기가 되면 자치라는 이름 아래 총괄되었다. 인구와 경제의 집중이 급속하게 진행되는 가운데 의민국義民局·수방국守防局·수회水會·구화회救火會 등 다양한 사회적 기능을 갖는 단체가 도시를 지탱했다.[16) 니이다 노보루仁井田陞 등이 길드 머천트(guild merchant)라고 부른 동업·동향의 연합조직은 각 도시에서 육영사업과 함께 민병·경찰·소방 등 각종 공적 기능을 수행했다.[17) 청조가 시행한 상회설립에 의한 상인조직의 법단화는 조직의 기반을 확대시켰다. 상회는 분쟁조정 및 청원등과 함께 항만정비 및 상용지 확보 등의 활동을 행했다.[18) 이런 활동에 이윽고 자치라는 이름이 붙게 되었다.[19) 총공정국總工程局은 상하이의 각종 자선단체·상공업단체의 유력자紳董들이 창시한 후 지방관이 형식을 정비하여 1905년에 만들어졌는데, 이름에 걸맞게 도로·수도 등의 도시 인프라 정비를 행했지만 동시에 분쟁처리 및 일부 징세도 하는 조직이었다. '지방자치'추진정책의 일부로 청조가 발표한 성진향城鎭鄕지방자치 장정으로 총공정국은 1909년에 성자치공소城自治公所로 개칭하고 정식으로 '자치'조직이 되었다. 선거제도는 채용되었지만 구성원 변화는 거의 없이 각 단체의 유력자가 주축이었다.

또 한 가지 사례를 쑤저우蘇州에서 살펴보자.[20) 쑤저우 시

---

16) 陳克「19世紀末天津民間組織與城市控制管理系統」『中國社會科學』(1989 6期), 일본어역『立命館法學』(1990-2).

17) 仁井田陞「淸代湖南のギルドマーチャント-洪江の十館首士の場合」『東洋史硏究』21-3(1962), 倉橋正直「營口の公議會」『歷史學硏究』481(1980).

18) 曾田三郎「商會の設立」『歷史學硏究』422(1975)

19) 吳桂龍「淸末上海地方自治運動述論」『近代史硏究』3期 (1982), 일본어역 橫山英編『中國の近代化と地方政治』(勁草書房, 1985).

20) 朱英『辛亥革命時期新式商人社團硏究』(中國人民大學出版社, 1991).

민공사는 구역마다 조직된 다수 공사의 집합체다. 쑤저우 상무총회를 상부단체로 두고 위생·가로 정비·보안 등의 업무를 행했다. '시민공사'는 멋들어진 이름처럼 기층 자치조직이라고 평가되었지만, 조직적으로는 25세 이상의 신용 있는 사람들의 입회로 구성된 임의단체다. 말하자면 이타적으로 업무를 행하는 중국형 단체였다.

이러한 '지방자치 조직'이 청말에는 900여개가 만들어졌다고 하니 청말은 그야말로 지방자치의 시대라 할 만 했다. 그러나 이것은 쑤저우 시민공사가 전형적으로 보여준 것처럼 대체로 본질적으로는 전체를 대표하지 않는 임의 조직이었다. 이 단체들은 중국사회가 자본주의발전을 이루는 데 불가결한 기반 정비활동의 중요한 일부를 담당하고 건설 등의 면에서 다양한 실적을 남겼다. 그러나 사회전체를 대표하는 조직이 아닌 만큼 사회의 행정적 통일화에 대한 실적은 매우 불충분했고 좀처럼 하나의 권력이 될 수 없었다. 결국 위안 스카이가 자치 정지를 지시함으로써 자치의 간판은 내려졌다.

1920년대가 되면 도시지역의 자본주의발전은 한층 두드러지고, 시장의 요구에 따라 동업자 조직화가 진행되었다. 그러나 조직력을 강화한 1920년대의 상공업자 조직을 핵으로 하는 도시조직도 조직력은 여전히 강하지 않았다. 광둥상단의 패배는 상징적인 사건이다. 광둥 군정부가 부과한, 상인들에게는 완전히 무법적인 과세에 대해 상단은 통일조직을 만들어 민단과 협력하여 군사대결을 벌였지만 결과는 어이없는 패배였다.

상단군은 각 상점의 점원으로 구성된 조직적인 군대여야만 했다. 그러나 상단은 전체 상점의 3분의 1밖에 조직하지 못했고 병력도 실상은 돈으로 고용한 토비土匪·유용游勇집단이었으며 대부분의 상인은 대세 관망의 입장을 취했다.[21] 최고도로 발달한 상하이의 자치운동도 사정은 비슷했다. 유력 자위단의 무력은[22] 군벌의 패잔부대를 각 조직이 흡수한 것이었다. 농촌지역의 군단만 군벌과 연속적이었던 것이 아니라, 근대도시에서의 자치운동 자체가 군벌적 조직과 구조적으로 연속하고 있었던 것이다. 사회는 명백히 중국적인 형태로 근대화의 과제에 대응하려고 했다. 그러나 사회 스스로 시도한 조직화에는 한계가 있었다.

6.3.2 공화정의 시행

사회적 기능을 수행하는 임의단체의 연쇄가 사회 속에서 형성되기 시작했다. 이것은 연쇄가 심화되는 가운데 주민통합과 근대화 정책의 수행을 추구한 것이었다. 이런 움직임과 함께 보다 본격적으로 주민을 대의제도에 기초한 지방자치로 통합하려는 시도도 청말민국기에 종종 있었다. 청조의 자의국諮議局설치에 의한 지방자치 확충은 다음과 같이 진행되었다. 즈리성直隸省

---

21) 栃木利夫「商團事件敗北の歷史的意義―1924年廣東における革命と反革命」『長崎造船大學硏究報告』11-1(1970).
22) 笠原十九司「江浙戰爭と上海自治運動」野澤豊編『中國國民革命史の硏究』(靑木書店, 1974)에 서술된 자위단의 구성.

과 펑톈성奉天省의 예에 따르면,[23] 지방자치 준비는 성도省都에 자치연구소를 설치하는 데서 시작되었다. 여기에 각 현마다 몇 명의 인재가 모여 자치제도·선거법·호적법·경제학·법학 등 광범한 행정지식에 대한 교육을 받고 일부는 일본유학 준비를 했다. 졸업생들은 각 현에 돌아가 자치학사·자치연구소를 만들며 자치를 준비했고 그들을 중심으로 의회가 구성되었다.

특징적인 것은 통합의 수단으로서 자치가 위로부터 교육되었다는 점이다. 일본에도 자치를 통합수단·국민의무로 생각하는 위로부터의 자치론이 존재한 것은 맞다. 그러나 원래 사회자체가 합의·대표공선제 등 자치관행을 갖고 있었기에 위로부터의 자치론은 자치요구에 틀을 만들어주는 것을 목표로 제시된 성격을 갖고 있었다. 거꾸로 중국의 경우 교육과 제도가 선행했고, 사회 전체적으로는 호응이 적극적이지 않았다. 지방자치의 전국적인 모범인 즈리성 톈진에서도 선거인 등록의 요청에 유권자는 냉담했고[24] 선거는 사회기층에 가까워질수록 형식적으로도 공동화되었다.[25] 향에서는 1표의 득표로 당선되는 사람이 다수 있었다.

---

[23] 濱口允子「淸末直隷における諮議局と縣議會」菊池貴晴先生追悼論集『中國近現代論集』(汲古書院, 1985). 江夏由樹「奉天地方官僚集團の形成―辛亥革命期を中心に」一橋大學『經濟學硏究』31(1990).
[24] 吉野作造「天津に於ける自治制施行の現況」『國家學會雜誌』21-6(1907).
[25] 貴志俊彦「『北洋新政』體制下における地方自治制の形成―天津縣における各級議會の成立とその限界」橫山英·曾田三郎編『中國の近代化と政治的統合』(1992).

공화정을 추구하는 운동의 역사에서 신해혁명은 결정적인 사건이었다. 형해화되고 있었다고는 해도 원칙적으로는 황제 일인의 의사로 방침이 결정되는 구조가 그때까지 존재했다. 황제의 존재는 어떤 결정의 정통성을 그런대로 보증할 수 있었다. 신해혁명 이후 지역사회 내부 뿐 아니라 전국에 대해서 정통성에 기초해 강제력을 발휘할 수 있는 정책·실시기구를 창출할 필요가 생겼다. 그것이 공화정이어야 함에는 이론이 적었다. 1912년 말에는 벌써 전국선거가 실시되었다. 제한선거이기는 했으나 일본에 비해 재산 제한은 훨씬 적었고 각 성의 이해관계도 반영해서 유권자는 장부상 매우 높은 비율에 달했다.[26] 군벌체제 아래서도 연성자치운동聯省自治運動의 일환으로 각종 선거가 행해졌다. 광둥에서는 각종 단체의 자치요구에 응답하는 형태로 성장省長 천중밍陳炯明하에서 남자보통선거에 의한 현장縣長의 민선이 실시되었고,[27] 후난성湖南省에서는 자오헝티趙恆惕 자치정권 아래 민주적인 성 헌법이 제정되었다. 이것을 바탕으로 여자를 포함한 보통선거가 실시되었다.[28] 후난의 성 헌법은 매우 민주적이었다. 법률에 의한 유보가 없는 인권규정, 남녀평등의 보통선거로 선출된 성 의회의 강력한

---

26) 狹間直樹「中華民國第一會國會選擧における國民黨の勝利について」『東方學報』52(1980).
27) 鹽出浩和「廣東省における自治要求運動と縣長民選―1920~1921年」『アジア研究』38-3(1992).
28) 笹川裕史「1920年代前半の湖南省政民主化運動―省憲法構想をめぐって」, 橫山英編『中國の近代化と地方政治』. 塚本元『中國における國家建設の試み―湖南1919~1921年』(東京大學出版會, 1994).

권한, 군대의 규모와 군사비의 구체적 제한 등이 규정되었다. 제정되기까지 여러 가지 논쟁이 있었지만 후난의 지배층 사이에서는 법 규정들에 대한 결정적인 의견대립은 없었던 것 같다.

그러나 실시된 선거의 실상은 매우 초라했다. 광둥에서는 선거비용 부담의 명목으로 선거권자에 부과된 노역에 대응하는 면공비免工費를 내주는 식으로, 한 현당 수만 명의 표가 매수되어 당선이 확보되었다. 낙선후보에 대해서 당선자가 배상을 지불할 것을 후보자들이 사전에 약속하는 연맹배상 및 출자자를 현 정부 자리에 임명하는 것을 사전에 약속하여 선거자금을 모으는 합고연합 등이 널리 행해졌다. 후난에서도 성 본부 단계부터 선거인 명부가 위조되었고 그에 기초하여 만들어진 표의 매매와 무력 쟁탈이 발생했다.

이렇게 해서 선출된 현장 및 성 의회의원이 사회에서 권위 있는 집행자 및 결정기관으로 인정받지 못한 것은 당연했다. 광둥 등의 상황을 보면 당선자들도 자신들의 위치를 자각하지 못하고 있었다고 생각된다. 후난에서도 '민주적 헌법'을 제정자 자신이 무시했고 의회는 자오헝티 총사령관을 통제할 수 없었다. 일반적으로 중국의 의회 특히 민국기의 의회에는 자신이 최고 의사결정 기관이고 하나의 권력기관이라는 자각이 부족했음을 보여주는 현상이 많이 보인다. 교육회·부인단체 등과 함께 대중에 호소하여 민족이권 매도반대운동을 벌인 펑톈과 산둥의 성 의회는 분명히 반제·민족적이었다. 그러나 자신을 다른 임의단체와 같은 운동단체로 인식한 점에서 의회의 성격

이 드러난다.[29]

　민국기를 통하여 엄청나게 많은 법령이 제정되었지만[30] 대부분은 사문화됐다. 애초에 법령 대부분이 집행체제를 고려하지 않은 채 공포되었다. 장기에 걸쳐 예산은 구속력이 있는 것이라고 간주되지 않았다. 의회와 결정 일반이 구속력을 결여하고 있었다. 일본의 근대화에서 지배집단 내부에서 정책의 공유와 결정의 준수는 자명한 것이 아님을 언급했다. 중국 공화정의 어려움은 이것을 전형적으로 보여줬다.

6.3.3 임의단체 대표제 권력구상

사회전체를 대표하는 안정된 공권력을 창출하는 것이 이처럼 곤란한 가운데 중국은 어떠한 방법으로 권력의 공적 성격을 확보하여 근대적 국가를 건설할 수가 있었을까. 각종 임의단체는 중국에서도 조직이 가능했고, 실제로 공권력의 불안정성을 보완하는 형태로 상술한 것과 같이 많은 단체가 다양한 사회적 기능을 수행하고 있었다. 이런 현실을 바탕으로 시도되었던 한 방법은 사회의 특정부분의 의사를 대표한다고 볼 수 있는 각종 임의단체를 단위로 하여 이 단체들의 대표하에 정부를 구성하려는 구상이었다.

　이런 움직임은 1920년대에 명확한 형태로 구체화되었다.

---

29) 野澤豐「五四運動と省議會—民族運動の內部構造の檢討に向けて」中央大學『人文研究紀要』2(1983).
30) 楠瀨正明「中華民國の成立と臨時參議院」, 橫山英・曾田三郎編『中國の近代化と政治的統合』(溪水社, 1992).

거기에 러시아 혁명에서 소비에트의 경험과, 당시 유럽에 확산되던 협동조합주의의 이론·실천에 영향받았을 것이다. 그러나 임의단체 대표제 권력구상은 이들에 앞서 중국사회에서 창출된 측면을 갖고 있었다. 임의단체의 공공업무 수행의 연장선에서 제창된, 임의단체 연합에 의한 지방자치구상은 그 선구적 형태의 하나다. 또 청조에 의한 상회·농회·교육회 같은 법단의 설립도 이 길을 열어주었다. 민국 창립기에 임시 참의원 의원선출의 모태가 되었던 각 성 위원회 중 몇 군데도 임의단체 대표를 선출과정에 끌어들였다.[31] 철저하게 시행할 의도의 유무와는 별개로 군벌정권들도 우페이푸吳佩孚가 1920년에 제기한 국민대회구상과 같이 농공상업 각 회 혹은 각 법단대표에 의한 국가의사의 형성을 내걸었다.

임의단체 대표제 구상의 본격적인 체계화는 1923년 중국공산당의 국민회의구상이고 이것을 계승한 1924년 쑨원의 북상선언·국민회의구상이다.[32] 이에 호응하는 형태로 도시지역에서는 역량을 강화한 부르조아·노동 단체가 군벌에 대해 자위적으로 대항하는 가운데 밑으로부터 임의단체 대표제의 자치운동을 전개하였다.[33] 더욱이 북벌에 호응하여 후난에서는 국민당 좌파·공산당 지도 아래 민주적 성 헌법을 폐지하고, 농민협회·총공회·상민협회·당부黨部 등 민중적 단체들의 대

---

31) 野澤豐「五四運動と省議會」.
32) 橫山英「國民革命期における中國共産黨の政治的統合構想」橫山英·曾田三郎編『中國の近代化と政治的統合』.
33) 笠原十九司「江浙戰爭と上海自治運動」.

표에 의해 성 단위 의회를 두는 것이 계획되었다.[34]

실체가 없었던 선거제도에 비하면 이것은 사회적 기반을 갖는 권력형성으로 일보전진한 것인지도 모른다. 그러나 모태인 단체의 문제는 여전히 남아있었다. 자치운동·성 권력을 지탱하는 단체 가운데 몇 개가 앞에서 본 '전제국가형의 단체'였다는 문제만이 아니다. 이른바 구식사단社團만이 아니라 신식 사단도 기초가 강고하지 못했다. 후난의 농민협회가 자립적인 조직력을 충분히 갖고 있지 않았던 것은, 북벌군이 북상했을 때 경이적으로 조직을 확대했으면서도 그런 조건이 사라졌을 때 급속하게 해산된 데서도 볼 수 있다.

중국에서도 객관적으로 진행되고 있던 부르조아적 발전 아래 도시 부르조아·노동 단체는 조직이 강화되고 있었다. 자본은 그 자신의 논리로 중국사회를 변혁하고 있었다. 그러나 그것이 반드시 임의단체 대표제 구상의 기초를 강화해주지는 않았다. 강화된 부르조아·노동 단체는 그것을 지도한 국민당 우파와 좌파, 공산당의 영향 아래 기존의 대립을 급속하게 격화시키고 있었다. 상하이에서도 임의단체 대표제 권력구상은 좌우로 갈려 사라졌다. 좌우대립을 지렛대로 여러 단체를 재편하면서 국민당 독재체제가 성립하였다[35]. 게다가 임의단체 대

---

34) 笹川裕史「國民革命期における湖南省各級人民會議構想」『史學研究』168(1985).

35) 金子肇「上海資本家階級と上海商業聯合會—4·12クーデタをめぐって」『史學研究』168(1985). 同「上海資本家階級と國民黨統合(1927~29—馮少山追放の政治史的意義)」『史學研究』176(1987). 小濱正子「南京國民政府下における上海ブルジョア團體の再編につ

표제 권력구상의 불행은 그것을 지도한 국민당·공산당이 모두 이미 당=국가제를 기본적인 방침으로 하여 임의단체 대표제 권력의 자립을 구상하고 있지 않았다는 점에 있었다.

6.3.4 중국국민당의 당=국가제

중국에서는 사회전체를 대표하는 공권력을 사회 속에서 창출하는 것이 어려웠다. 임의단체 대표제 권력구상도 미성숙한 상태에서 위기를 맞았다. 여기에 사회를 대신해서 일정한 정책을 수행하고 통일적으로 사회를 규율하는 임의단체로서 권력집중 원리를 가진 당이 본격적으로 등장하게 된다. 당=국가제에 대해서는 사회과학의 다양한 분야에서 이미 많이 논해졌다. 여기서는 중국 전제국가에서 배양된 자율능력이 부족한 사회로부터 근대적 통합을 이루기 위해 채용된 정치체제라는 관점에서 중국의 당=국가제 역사를 개관해 보겠다. 먼저 국민당 정권부터 살펴보자.

중국국민당의 당=국가제에 러시아 혁명이 영향을 끼친 것은 말할 필요도 없다. 특히 1924년 조직 개편 이후 의식적으로 러시아 모델이 도입되었다. 그러나 러시아 혁명에 앞서 당=국가제를 형성한 인식구조가 중국자체에 존재하고 있었다. 앞에서 본 대로 중국 전제국가는 결코 인민에게 꼼짝달싹 못할 정도의 부자유상태를 강제한 것은 아니었고 오히려 제도적 규

いて」『近きに在りて』13(1988). 同「南京國民政府の民衆掌握―上海の工會と工商同業公會」お茶の水女子大學『人間文化研究年報』14(1991).

제가 없는 야만의 자유 위에 전제가 존재하고 있었다. 중국사회는 량치차오·쑨원 같은 지도적 지식인이 지적한 것처럼, 조직성이 빈약한 흩어진 모래알 같은 것이었다. 따라서 근대화를 위한 정치적 과제는 개명전제에 의해 사회에 규율을 부여하는 것이었다.

쑨원이 신해혁명에 앞서 쓴 「혁명방략」에서 군법·약법·헌법의 치治를 제시하고 후에 군정·훈정·헌정으로 정식화한 3단계론은 유명하다. 군사적 평정에 이은 훈정 기간에, 중국국민당은 이당치국以黨治國 원칙에 따라 국민정부를 운영했고 현 단위부터 인민에게 자치 훈련을 행하였다. 문자 그대로의 당=국가제이고 난징 정부 이후에는 장제스 아래 구체화되었다. 당=국가제적 정치구상은 선지선각先知先覺·후지후각後知後覺·부지불각不知不覺으로 인간을 구분하고, 선지선각자가 부지불각자를 일방적으로 지도하는 것을 승인한다는 쑨원의 중국사회관·인간관에 뒷받침되어 있다.[36]

더욱이 당 자체의 내부구조에서도 쑨원은 논의·합의合意가 당의 일관성·일체성을 보장한다고는 생각하지 않았다. 중국국민당의 직접적인 전신인 중화혁명당의 창설에 즈음하여 '당원은 흩어진 모래알'과 같았다는 중국동맹회 시대에 대한 반성을 기초로 수의당원首義黨員·협조당원·보통당원의 세 단계 구분을 설정했다. 그와 함께 쑨원은 그에 대한 충성을 입당조건으로

---

36) 이에 대해서는 이미 많은 논의가 있다. 橫山宏章「孫文の憲政論と國民黨獨裁」『孫文と毛澤東の遺産』(硏文出版, 1992).

내걸 것을 고집했다.37) 냉엄한 중국사회 인식에 입각한 혹은 중국적 사회관·단체관을 전면적으로 답습한 수미일관한 정당론이고 당=국가제론이라고 할 수 있다.

러시아 혁명으로 단련되고 구체화된 당 조직론과 정치체제론을 자각적으로 도입함으로써 1920년대 국민당은 약간의 수정을 거치면서도 당=국가제론을 구체화했다. 쑨원에 대한 복종을 통합의 기본으로 한 기존의 당 조직론에 대신해서, 집중적인 의결과 집행의 원칙이 제창되었다. 전국대표대회-중앙집행위원회 이하 각각 결정과 집행 기관이 만들어졌고, '당원은 모름지기 기율을 엄수해야하고, …당내의 각 문제는 자유토론할 수 있지만 한번 의결된 후에는 일치단결해서 진행시켜야만' 했다(『중국국민당총장總章』).38) 군대에 대해서는 당 대표제도를 통해 행정에 대해서는 각급 당부黨部를 통해 당의 결정을 관철시킬 조직이 구성되었다. 사회를 대신해서 일정한 정책을 수행하고 통일적으로 사회를 규율하는 임의단체가 만들어지게 된 것이다. 단체의 구성은 형식적으로는 논의를 통한 합의合意에의 복종을 원리로 하는 자율단체였다.

1924년 국민당 개조 이후 국민정부는 지방정권으로서 확립되었고 1926년 여름에 개시된 북벌의 결과 1928년 말에는 불충분하나마 전국통일이 실현되었으며 1930년 초에는 거의

---

37) 狹間直樹「孫文思想に見られる民主と獨裁—中華革命黨創立時における孫文と黃興の對立を中心に」『東方學報』58(1986).
38) 波多野乾『中國國民黨通史』(大東出版社, 1943).

통일의 내실을 갖추게 되었다. 이 경과는 이전의 긴 분열과 혼란을 생각하면 현저한 변화라고 할 수 있다. 제1차 세계대전부터 점차 재통일화로 향하고 있던 중국 전체의 사회·경제적 토대의 변화를 고려하더라도 중국국민당이라는 새로운 조직이 갖는 의미는 부정할 수 없다. 특히 당과 일치된 군대의 의미는 컸다. 위로부터 주어진 처벌규정에 대한 복종이라는 전제의 냄새는 사라지지 않았지만 방침과 규율을 철저하게 교육받은 사관집단의 창출은[39] 천중밍陳炯明·상단군商團軍 등의 격파부터 시작하여 적어도 북벌 전반기까지는 수적인 열세를 극복하면서 현저한 성과를 거뒀다. 상하이·후난의 노동자·농민 운동도 이 군사적 성공에 뒷받침되었기 때문에 가능한 것이었다.

국민당 내부의 통일은 결코 완전하지 않았다. 주지하는 것처럼 그것은 좌우 양파로 표현되는 파벌요소를 품은 대립을 내장하고 있었고 대립은 종종 무력항쟁으로 이어졌다. 대립하는 계급들을 포괄하여 당=국가제로 당이 사회전체를 표현하려고 한 자체에도 내부대립의 소지는 있었다. 특히 4·12쿠데타, 정당整黨 운동, 3전대회(중국국민당 제3차 전국대표대회)의 흐름 속에 혁명의 당에서 통치의 당으로 전환되고[40] 군벌 지배 지역의 군·행정간부를 의식적으로 당내로 끌어들임으로써 원래 애매했던 정강에 기초한 통일성은 더욱 취약하게 되었다. 이런

---

39) 竹內實「現代中國への視角―黃浦軍官學校のこと」『思想』635·636(1977).
40) 久保亨「南京政府成立期の中國國民黨―1929年の三全大會を中心に」『アジア硏究』31-1(1984).

상황에 더해 당내 통합의 사실상 구심력이었던 쑨원을 잃은 국민당은 다시금 지도자 개인에 대한 복종으로 당내 규율의 재구축을 꾀하였다. 당내에서 장제스의 당이라 할 수 있는 C·C단이 1927년에 창설되고 남의사藍衣社가 1931년에 창설된 것은 그 수단의 하나였다.[41]

난징 국민당정권 10년이 독립과 통일화의 시대였다는 평가는 이미 정착되었다. 그것이 '봉건'지주옹호의 정권이 아니었다는 점도 이미 밝혀졌다. 그것은 자본가계급의 요구를 정책에 반영하고[42] 공황과 일본의 군사적 위협에 대항하면서 경제건설을 행했다. 자본가계급과 노동자계급 양자의 대립을 이용해 양자를 체제 아래 광범하게 조직하고 그들을 탈정치화시킨 이 체제는 협동조합주의와 일정한 유사성을 갖고 있었다.[43] 그러나 협동조합주의 특히 국가주도 협동조합주의의 정의를 어디까지 확대할 것인가에 따라 다르겠지만[44] 단체들의 대표권·참가권의 존재양태라는 면에서 국민당 체제는 유럽 및 라틴아메리카의 그것과는 거리가 있다고 생각된다. 국민당은 자본가계급을 조직화하면서도 그들의 대표 참가는 단호하게 거절하고

---

41) 波多野乾『中國國民黨通史』.
42) 久保亨「1930年代中國の關稅政策と資本家階級」『社會經濟史學』 47-1(1981). 同「中國國民政府による關稅政策決定過程の分析―1932~34」『東洋文化研究所紀要』92(1983).
43) 小濱正子「南京國民政府=權威主義的コーポラティズム體制論についての覺書」『お茶の水史學』31(1987).
44) Philippe Schumitter, *Still the Century of Corporatism?* (1979) /「いまもなおコーポラティズムの世紀なのか」(1979)『現代コーポラティズム』I(木鐸社, 1984).

각종 위원회의 개인 참가와 청원 개방만 허가했다. 조직화가 진행되고 있던 것은 일부 도시만으로 광범위한 농촌은 여전히 미조직 상태였다. 협동조합주의의 성립은 정치문화의 전통 뿐 아니라 국제관계 등의 맥락도 함께 생각해야 하지만[45] 그것은 중국보다 사회의 조직성이 보다 높은 지역을 전제로 한 것은 아닐까. 중국은 훨씬 당=국가제적이었다.

'난징정권 10년'의 성과는 이상의 당=국가기구와 사회의 성격이 교차하는 가운데 성립했다. 전장에서 서술한 것처럼 일본자본의 직접투자에 대항하는 가운데 민족자본이 스스로 조직능력을 고양시킨 것, 그리고 영향력을 강화한 국민당정권에 의한 경제의 규율화가 1930년대 경제건설의 기동력을 형성하였다. 국민정부의 경제정책은 당=국가기구가 직접적으로 집행가능한 부분 및 사회자체의 조직화가 진행된 부분에서 성과를 거둘 수 있었다. 관세정책, 도로·철도건설, 일부 공업건설, 금융정책 등이 그것이다. 거꾸로 사회가 여전히 미조직인 채로 있었던 부분에서는 성과는 매우 불충분했다. 국민당의 당조직 자체는 강력하지 않았다. 질과 통일성 그리고 양적으로도 불충분했다. 난징 정부기를 통해 군대당부軍隊黨部를 제외한 일반당원 수는 정식당원 30만 명 내외에서 정체하여[46] 4억 6천만 명의 국가를 지탱하는 당=국가제 정당으로서는 충분하지 않았다. 국민당이 유효하게 움직일 수 있었던 것은 지방에

---

45) 遲野井茂雄「ラテンアメリカの權威主義と組合國家主義―二つの論文集によせて」『アジア經濟』18-10(1977).
46) 土田哲夫「中國國民黨の統計的研究(1924~49)」『史海』39(1992).

서는 실험현實驗縣의 간부까지였다. 이런 조직력으로는 원래 조직적이지 않은 사회를 정치적으로 통합하기가 매우 곤란했다. 앞에서 본 전부田賦 정리사업이 어려움을 겪었던 것은 이 점을 상징적으로 보여주고 있다. 보갑保甲제도에 의한 지방의 조직화도 사회의 협력을 얻기가 어려웠다. 농촌의 합작사는 이 시기에 일정한 진전을 보았다.[47] 그러나 합작사 운동이 초기에는 화양의진회라는 전국화된 자선단체에 의해 진행되었던 점,[48] 생산합작사를 실현한 일부 선진지대의 합작사 운영이 잠사업의 사례에서 다음과 같았던 점은 농촌지역 사회구조와 정책전개의 존재양태를 보여준다.

> 공장의 최종적인 관리권은 규정에 의해 사회총원總員에게 부여되어 있다. …실제로는 거꾸로 기능하고 있다. 사람들은 지역의 지도자 즉 집행부의 지시에 따라 움직인다. 그리고 지역 지도자는 개량가 즉 학교의 지시에 따라 움직인다. …사원은 아무런 말도 하지 않는다[49].

6.3.5 중국공산당의 당=국가제

임의단체 대표제로부터 당=국가제로의 전개는 한층 더 진행되었다. 1940년의 공동강령은 임의단체 대표제에 기초하여

---

[47] 합작사 정책의 전체적인 동향에 대해서는 辨納才一「南京國民政府の合作社政策—農業政策の一環として」『東洋學報』71-1·2(1989).

[48] 川井悟『華洋義賑會と中國農村』, 五四運動の研究, 第2函(同朋舎, 1983).

[49] Xiaotong Fei, *Chinese Village Close up* (1983) / 費孝通『中國農村の細密畫』(研文出版, 1985).

정권을 구성하고, 이어서 보통선거에 의한 대의정체로 이행할 것을 임의단체 대표자 간 합의하는 형태로 만들어졌다. 그러나 그것은 곧바로 한국전쟁을 계기로 급속히 당=국가제로 실체화해 갔다.

중국공산당의 당=국가제는 국민당의 그것에 비해 질적·양적으로 훨씬 강화되었다. 국민정부가 종종 권위주의 체제라고 평가되듯이 국민당의 삼민주의는 조직화된 이데올로기라기보다 멘탈리티였다[50]. 이에 대해 중국공산당은 훨씬 이데올로기적 순화를 진전시켰고 당 조직의 집중성·통일성이 높았던 것은 분명하다. 당 자체의 합의제 형식이 정비되어 있었을 뿐 아니라 국가와의 관계에서도 국민당의 훈정과는 달리 '지도당'으로서 스스로 자리잡고 불충분하나마 삼권분립을 원칙으로 국가자신이 합의에 의한 통합의 형식을 취했다. 그 위에서 제1차 5개년계획에서 확립된 당위원회 제도는 행정·군·사법·경영 등 모든 기관과 대응하는 형태로 정비되어 당의 정책이 사회에 대해 기능하는 점에서 국민당을 훨씬 능가했다. 1956년의 8전대회 시기에 1073만 명, 9전대회 시기에 1700만 명이었다는 당원수는 이것을 보증하기에 충분했고 또 당은 사회에 대해 처음부터 높은 윤리적 영향력을 갖고 있었다.

그러나 단체성이 약한 사회에서 생겨나 그것을 보장하기 위해 만들어진 당=국가제는 사회 자체에 규정되어 특유의 어

---

50) Juan José Linz, "*An Authoritarian Regime: Spain*"(1964) /「權威主義體制論—スペイン」, 일본어역 『現代政黨論』(而立書房, 1973).

려움을 안고 있었다. 무엇보다 사회를 지도해야할 당 자신이 중핵 부분도 포함해서 안정된 의사결정 조건을 결여하고 있었다. 중국사회주의를 특징짓는 것은 당 독재라는 틀 내에서 발생한 격렬한 방침의 변동이다. 연합독재 원칙에서 사회주의 공업화 노선으로, 나아가 강행적 대약진 정책으로, 또 조정정책에서 문화대혁명으로 기본방침 자체가 수년을 단위로 변전했다. 그뿐 아니라 각 시기에서도 몇 개월 지나지 않아 급진파와 점진파로 갈려 대립되는 결정을 수차례 반복했다. 제1차 5개년 계획의 집단화정책은 상징적인 사건이다. 1955년 7월 30일에 폐막된 제2회 전인대全人大는 중농의 이익을 수호하고, 개인경영농민의 생산의욕을 중시하는 노선을 결정했다. 그러나 7월 31일부터 시작된 성시구省市區 당위원회 서기회의에서 마오쩌둥이 꺼내든 것은 이 정책들을 '비틀비틀 걷는 전족을 한 여인'이라며 매도하는 강행적 집단화정책이었다.

분명한 것은 당 스스로 단체결정에 대한 복종을 결여하고 있는 점이다. 의결된 합의에 대한 복종이 아니라 한 사람의 지도자에 대한 복종으로밖에 전체를 통일할 수 없는 단체구조가 엿보인다. 1945년의 7전대회는 당 규약 내부규정으로 '주석은 당의 결정을 뒤집을 수 있다'고 결정했고 1987년 11월의 13기 1중전회(중앙위원회 제1차 전체회의)의 비밀결의는 '가장 중요한 문제에 대해서는 덩샤오핑 동지의 결정에 맡긴다'고 결정했다고 한다.[51] 지도자가 지명하는 인원을 더한 각종 확대회의가

---

51) 小島朋之『摸索する中國―改革と開放の軌跡』(岩波書店, 1989).

중국공산당의 중요방침을 종종 결정했다. '1인에 대한 복종'이 의결되었으나 '1인에 대한 복종'이 의결된 것 자체가 모순이다. 전제專制는 의결을 필요로 하지 않는다. 하지만 당은 합의에의 복종을 원칙으로 하고 있었기 때문에 '1인에 대한 복종'을 의결하지 않으면 안 되었다. 이 원리적 모순은 마오쩌둥 노선과 반마오쩌둥 파에 반영된 강행적 사회주의 건설에 대한 반발로 현실화되어, 당의 방침은 일상적으로 격렬하게 변동했다.

중국사회주의를 특징짓는 또 다른 현상은 거대한 대중동원인데 이것은 단체성이 약한 사회에 당이 작용한 결과였다. 1958년 8월말 중공중앙정치국의 결의를 받아들여 농민이 조직화에 '자원'하였고 동년말까지 전국 농가의 99%가 인민공사에 조직되었다. 소련이 농민의 무력저항을 진압하면서 집단화를 행한 것이나 동유럽 각국이 철저하게 수행하지 못하고 집단화를 포기한 것에 비하면 두드러진 대조를 이룬다. 국민소득에서 차지하는 축적부분 비율도 경이적으로 높아 1959년에는 43.8%나 된 것으로 추계된다. 소련·동유럽 각국의 축적율은 가장 높을 때에 추계 20%중반이었다. 사람들은 의식衣食비용을 짜내서 축적에 힘쓴 것이다. 항미원조운동, 삼반오반三反五反운동, 반우파 투쟁에서의 대중동원도 대단했다. 종래 이런 대중운동은 '아래로부터의 사회주의'의 근거로 간주되었다. 그러나 이것들이 인민의 '자원'이 아니었던 것은 이미 밝혀졌다. 이 현상은 안정된 결합관계가 없기 때문에 '조작가능성'이 높은 사회에 대하여 조작적 대중운동을 통해 행해진 '위로부터의 사회주의'

였다. 국민당보다 질적, 양적으로 훨씬 강화된 당 조직을 통해 중국공산당은 현실에서 사회를 움직였다. 그러나 현실에서 사회를 움직일 수 있게 되었기 때문에 비단체적 사회를 일정한 방향으로 조직화하는 것의 곤란함은 보다 본질적인 형태로 나타나지 않을 수 없었다. 사회는 일견 높은 조작성을 보였다. 그러나 정책을 받아들여 스스로 구체화할 만한 자율적 사회가 없기 때문에, 정책은 안정적으로 실현되지 않았다. '위에 정책이 있으면 아래에도 대책이 있다'. 사회는 정책에 면종복배와 과대보고로 응수했다.

중국공산당의 당=국가제는 비자율적 사회의 통합이라는 과제에 대한 대응에서 전통적 전제국가와 많은 점을 공유했다. 그러나 그것은 결코 전통적 전제국가의 재림은 아니었다. 후기 전제국가가 사회관리를 위한 기구의 규모를 현저히 축소시킨 것에 비해 상당한 규율을 갖는 거대한 당 기구가 기능하였고 때로는 사회 자체의 군사적 규율화조차 시도되었다. 전통적 전제국가에서는 곤란했던 근대세계에의 대응을 이 국가체제는 실현했다. 그것은 합의에 대한 복종원칙에 의해 당 조직이 강화되었기 때문에 가능했다. 당 내외에서 반복된 '민주와 법제'의 주장은 이 방향을 한층 가속화시켰다. 하지만 현재에 이르러서도 그 실현은 아직도 어려움에 처해있다.

맺음말: 세계통합과 사회

봉건사회에서 실현된 통합원리의 발전으로서 일본의 근대경제와 근대국가 형성을 확인했다. 한편 그 같은 통합원리가 없는 사회인 전제국가의 근대화에 대해, 어려움 속에서도 국제적 영향 아래 특색 있는 자본주의 형성과 국가건설을 추진해 온 것을 통관했다. 이를 세계사 전체로 넓혀 중국의 위치를 확인함과 함께 집단발전사의 관점에서 세계통합의 현 국면이 어떤 의미를 가지는지 생각해보자.

3장 말미에 정리한 인류사 전개의 단계와 유형 중에서 조기에 궤멸한 고전고대국가를 제외한 사회들이 각각 통합력을 자원으로 근대사회와 접촉했다. 이 사회들의 근대적 대응을 정리할 때 두세 가지 관점을 구별해 둘 필요가 있다. 첫째는 해당 지역이 식민지화했는가 혹은 주권을 확보했는가 하는 문제다. 둘째는 재래사회를 기초로 하면서 어떤 형태의 정치적

제6장 근대로의 이행 2-정치

통합이 이뤄진 경우와 선주민의 배제를 수반한 대량의 식민에 의해 사회·국가건설이 이뤄진 경우의 구별이다. 셋째는 재래경제가 근대로 전화한 경우와 근대 요소의 이입에 의한 경우의 구별이다.

유럽봉건사회는 근대경제와 국민국가를 창출했고 일본 봉건사회도 유럽과의 접촉을 계기로 재래사회를 급속히 발전시켜 유럽과 유사한 길을 걸었다. 전제국가 중국의 근대이행에 대해서도 앞에서 논했다. 무리사회·부족사회는 가장 조직성이 약한 사회다. 무리사회에는 조직화된 무력조차 없다. 이런 사회에서는 침략에 대한 조직적 저항이 매우 곤란했다. 식민화가 시작되면 개별적 저항에도 불구하고 폭력적으로 거주지에서 쫓겨나 식민자의 사회가 만들어진다. 재래사회는 새로운 지배에 포섭되는 것도 곤란했기에 식민자 사회 주변에서 장기간 독자적인 사회를 유지한다. 북미, 남아프리카, 동아프리카 등이 전형이다.

수장제 사회는 일정 정도 조직화된 정치기구와 무력을 갖는다. 잉카제국에 전형적으로 보이듯이 거기서는 일정한 조직적인 저항 후 종속화가 위로부터 진행되어 재래사회는 식민지 지배의 하부기구로 편성되어 간다. 라틴 아메리카 및 동남아시아가 전형이다.

이 지역들의 근대경제는 기본적으로 외부에서 근대 요소를 도입하여 일단 성립한다. 정치적으로 보면 제2차 세계대전 이전부터 독립을 확보한 지역도 많지만, 이것은 대체로 유럽인

6.3 중국 내 근대적 통합의 형성과정

식민자에 의해 형성된 국가였다. 사회를 국가에 통합하기 위한 원리는 외부에서 도입되었다. 도입형 통합은 들어온 사회의 각인을 새로운 사회에 남긴다. 북미와 라틴아메리카의 차이는 도입된 사회의 구조와 재래사회의 조직정도 때문에 발생했다. 북미에는 전형적으로 봉건화한 중북부 유럽사회가 도입되었고 라틴아메리카에는 봉건화가 불철저해서 '권위주의체제'의 성격을 띤 라틴세계가 도입되어 현재에 이르고 있다. 식민자에 의한 국가형성에 이르지 못한 지역은 대체로 식민지배 아래 포섭되었지만 거기서는 전통적 사회의 통합은 간접적이고 매우 불완전했다.

이상의 지역들과 비교하면 동아시아는 내부에 유형적 차이를 가지면서도 근대와 접촉하기 이전부터 대체로 국가단계에 도달하거나 접근하고 있었고, 정치편성과 소농경영은 세계적으로도 극도로 성숙해 있었다. 제국주의 국가가 된 일본, 그 식민지 지배를 받은 조선·타이완, 경제적으로 일정한 종속성을 띠면서도 독립을 유지한 중국 등 정치적 지표로 보면 다양한 유형적 차이가 존재한다. 그러나 어느 곳이든 재래사회를 기초로 하면서 어떤 형태로든 정치적 통합을 실현했던 그룹에 속한다. 일본과 중국의 근대적 정치통합에 대해서는 앞에서 봤지만, 일본의 식민지 통치가 기본적으로는 이중통치적 구조가 아니라 황민으로서 직접장악을 추구했던 배경에도 조선·타이완의 발달한 소농경제와 고도의 사회, 정치적 통합능력이 있었다. 세계의 다른 지역들과 달리 동아시아에서는 종래의 소

제6장 근대로의 이행 2-정치

농경제를 주체로 해서 세계시장으로 포섭되었다. 일본에서는 공업부분에서도 재래경제와의 연속성이 강했다.

글로벌 자본주의에 의한 세계통합은 유럽의 중심부분에서 시작되어 통합능력의 성장에 따라 재래사회 중 통합력이 약한 지역으로 점차 통합범위를 확대해 가게 된다. 세계 주요지역의 식민지분할로 실현된 20세기 초두의 자본주의적 세계통합도, 선진 자본주의국에서의 산업·금융구조의 변혁과 세계적 운수·금융체제의 확립을 기초로 성립한 새로운 단계였지만 그 통합의 범위는 한정되어 있었다.[52] 국제정치에 참가한 것은 봉건사회에서 전화한 국가들, 즉 유럽 국가들과 일본, 그리고 그들의 식민에 의해 국가가 형성된 남북아메리카를 중심으로 한 지역들에 불과했다. 자본과 상품의 수출입도 대부분은 이 국가들 사이에서 이뤄졌다. 유럽의 중핵적 공업국을 정점으로 하는 수직적 분업체계가 무역을 만들어냈고, 양적으로도 유럽무역이 압도적이었다. 자본이동도 자원확보형의 일부 직접투자를 제외하면 유럽형 통합을 도입해 국가를 형성한 지역에 대한 간접투자가 기조였다. 그 외의 지역에서 통합은 아직 충분히 실현되지 않았고 따라서 간접투자는 충분히 기능하지 않았다. 중국무역과 대중국투자도 세계적 규모에서 보면 부분적인 지위를 차지하는 데 불과했다. 식민자에 의해 배제된 사람들이나 재래사회를 본격적으로 변혁시키지 않은 채로 식민지배에

---

[52] 19세기에서 20세기 단계로 전개한 글로벌 자본주의의 대세에 대해서는 中村哲「東アジア資本主義論·序說」『東アジア資本主義の形成―比較史の視點から』(靑木書店, 1994).

편입된 지역의 사람들은 본격적인 통합에서 배제되었다.

제2차 세계대전 후 이민자·식민자들에 의한 '독립'국가들 뿐 아니라 많은 식민지역이 독립을 실현하고 자신의 손에 의한 정치적 통합이라는 과제에 직면했다. 식민지 시대에 의도적으로 만들어진 지역 내 대립구조도 원인이 되어 통합은 결코 쉽지 않았고 지금도 여전히 어렵다. 많은 국가에서 공화정의 틀이 채용되었음에도 불구하고 기능형태는 서구와 달랐다. 독립과정의 민족운동 조직을 모체로 하면서 당이나 조직된 정치세력으로서 군이 국가운영의 중핵이 되는 경우가 많았다. 그런 의미에서도 중국의 근대적 통합과정은 비봉건적 사회에서 근대적 통합을 형성하는 데에 있어 하나의 선구적 형태를 이루는 것이었다. 그러나 여러 독립된 식민지역에서는 당의 조직자체가 국민정부기의 중국에 비해서도 합의체와는 거리가 먼 경우가 많았다. 양자관계에 뒷받침된 중국식 단체와도 달라서 그것은 부족적 통합에 뒷받침되는 경우조차 있었다. 어쨌든 스스로 통합을 이룬 국가군에 의해 세계정치의 틀이 만들어졌다.

19세기 이래의 일관된 세계시장의 확대요구는 열강의 대립 아래 거꾸로 블록경제를 만들어냈지만 전후 경제는 미국의 주도로 이를 뛰어넘어 IMF·GATT 체제를 수립했다. 새롭게 세계정치에 참가한 국가들이 선진 자본주의국 내부의 시장 확대에 견인되어 국제무역에 본격적으로 빨려 들어감과 동시에 자본 자체가 보다 자유로이 국제적으로 이동하게 되었다. 식민국가에 대한 증권투자를 중심으로 한 이전의 자본수출은 다국

제6장 근대로의 이행 2-정치

적화한 기업이 주도하는 상호성 직접투자중심으로 변화했다. 이것은 미국·일본의 지위상승과 아울러 국제적 분업구조를 변화시켰다. 유럽 본국과 주변지역 간 공업제품과 1차생산품 교환으로 이뤄지던 수직적인 국제무역은 보다 수평성을 갖는 긴밀한 국제 분업으로 변화했다. 경제적으로도 통합은 몇 단계 진전되었다.

이러한 변화는 후발국의 공업화에 새로운 조건을 제공했다. 종래에는 자본이 사회내부에서 기능할 수 있는 전제 조건을 만들기 위해 일정한 자본축적을 내부에서 행하고 그 위에서 간접투자를 이끌어낼 수 있는 사회적 조건을 갖춘 나라들만이 공업화의 가능성이 있었다. 이 조건들은 봉건사회에서 전화한 국가 및 그 식민국가에 한정되었다. 공업화의 개시도 일단 한정된 자국시장을 대상으로 하는 수입대체 공업화일 수밖에 없었다. 1930년대 중국의 공업화가 진전됐을 때도 이 구조에 제약되었다.

이에 반해 다국적기업에 의한 직접투자는 자본이 사회내부에서 기능하는 사회적 조건을 충분히 갖추지 못한 지역에도 거점형성적據點形成的으로 유입되어 생산물의 일부를 선진 자본주의 국가로 환류시켜 순환되었다. 봉건사회에서 전화한 근대국가와 식민국가의 외부에 공업화의 가능성이 확대되고 수출주도형의 공업화가 후발공업화의 주류가 되었다. 이 움직임을 최초로 체현한 것이 아시아 NIEs였다. 상대적으로 높은 재래사회의 통합력이 있고 관리 가능한 제한된 국가들이 그 시발이었다. 이 지역들은 노동집약형 산업의 육성에서 시작하여 최근에는 첨단산업부문에 계통적인 연구개발 투자를 행하고 혹은 임금수준의 상승을 거쳐 대외투자를 활성화시키는 등 질적으로도 선진자본주의 국가에 많이 접근했다. 비봉건적 지역을 포함한 보다 긴밀한 통합의 개시다. 1980년대 후반 이후 통합범위는 한층 확산된다. 선진국화한 아시아 NIEs의 투자도 포함해서 아세안·중국으로 투자의 주류가 이동했고 나아가 인도가 다국적 투자의 전선을 형성하기에 이르렀다. 과거에 자본은 스스로 행동 가능한 사회만을 통합했지만 이제는 스스로 기능할 수 있는 장소로 점차 세계를 변혁시키고 있다.

이런 현상들은 이론적으로는 글로벌 자본주의의 중핵부분과 주변의 종속적인 지역들과의 관계에 관한 종래의 국제경제론에 심각한 영향을 끼쳤다. 세계시장에서의 교역조건에 규정되어 제3세계에는 자본축적의 조건이 없다며 저개발의 형성과 종속의 고정적 재생산을 주장한 '종속이론'은 그 근거를 결정적으로 부정당했다.[53] 그러나 NIEs의 성장이 제3세계의 일반적인 성장과 자립을 의미하는 것은 아니었다. 많은 아시아·아프리카 국가들이 교역조건의 악화 경향 속에서 절대 빈곤을 겪고 있고 NIEs국가들과의 격차는 결정적으로 벌어졌다. 여러 지역이 역사적으로 갖고 있는 사회적 조건은 글로벌 자본주의의 통합력 강화 과정에 즈음하여 지금도 여전히 대조적인

---

53) 현대세계경제의 전개과정이 명확히 드러낸 종속이론·세계 시스템론의 문제에 대해서는 藤原歸一「帝國主義論と戰後世界」『近代日本と植民地I 植民地帝國日本』(岩波書店, 1992).

대응을 보여주고 있다. 종속이론의 강한 영향 아래 만들어진 월러스틴의 세계시스템론은 글로벌 자본주의로의 포섭 시점의 위치관계에서 '주변'지역의 정치·경제구조의 생성을 논하는 방법상의 특색을 갖고 있다. 주변부의 저개발과 약한 사회적 통합력에 대해 주변인 것, 그 자체에서 원인을 찾으려고 했다. 이 이론도 기본적인 반성을 하지 않을 수 없게 되었다. 각국의 근대화과정은 발전의 각 단계에서 점차 통합능력을 강화하는 글로벌 자본주의와, 원래 고유한 통합원리에 뒷받침되어 사회구조를 유지해 온 주변부의 상호관계 속에서 만들어낸 질서구조로서 포착할 필요가 있다. 세계의 근대사는 이것들의 종합으로서 성립한다.

고전적 종속이론을 극복하고 이른바 주변부의 자본주의 발전과 자립적 지위의 강화과정을 검증하는 연구 흐름은 중국 근대사에 대응시켜 말하자면 통설이었던 반식민지·반봉건론에서의 탈피과정이다. 1980년을 전후하여 일본의 중국 근대사 연구는 새로운 전개를 보였다. 강행적 사회주의건설노선에 대한 비판적 검토에서 중화인민공화국 건국의 원점으로서 통일전선의 재평가, 나아가 그것의 근거가 된 1930년대 두 개의 도리론道理論의 재평가로 연구는 진전되었다. 이후 1930년대 경제발전을 평가하고 국민정부를 재평가하며 이의 전제로서 근대사 각 시대의 변화들을 적극적으로 평가하는 많은 실증연구가 등장했다. 본래의 반식민지·반봉건론으로의 복귀에서 시작된 연구는 반식민지지배가 자본주의발전을 저해했다는 인식을 뛰

6.3 중국 내 근대적 통합의 형성과정

어넘어 진행되었다. 연구는 더 나아가 반식민지·반봉건론 자체에 대한 검토를 추구하기에 이르렀다. 반식민지·반봉건론은 단선발전적 세계사의 근대사이고 자본주의와 국민국가 형성의 자생적 가능성을 주어진 여건으로 하였다. 점차 통합능력을 강화하는 글로벌 자본주의에 대항하여 재래의 사회통합 능력을 소재로 중국이 스스로 근대를 창출해가는 과정으로서 본서는 중국 근대를 분석했다.

인류사는 집단의 확대발전사이고 확대를 지탱하는 결합력의 개발사였다. 사람은 혼자에서 시작해서 지금은 국민경제와 국민국가를 뛰어넘는 단일한 세계통합을 향해 나아가고 있다. 경제적 통합의 범위는 봉건사회형의 국가로부터 NIEs를 돌파구로 급속히 확대되고 있다. 이 무대 위에서 다국적기업은 국민경제의 이해와 괴리해서 자유로이 세계적으로 움직인다. '기업이 국가를 고른다'는 무한경쟁 시대에 즈음하여 국가는 자국에 거점을 갖는 다국적기업이 보다 유리하게 활동할 수 있도록 국제장벽을 낮춤과 동시에 다국적기업의 유치를 위해 자국의 여건을 열심히 정비한다. 국가 간 대립을 격화시키면서도 국가정책의 자립성은 급속히 사라지고 세계경제에 국가주권은 종속되고 있다. 경제 뿐 아니라 정치적으로도 세계는 단일한 세계통합을 향해 나아가고 있다.

그런 가운데 선진 자본주의 국가의 통합원리가 전환되고 있다. 봉건사회가 창출한 단체결합 능력의 발전 위에서 근대경제와 정치적 통합이 실현된 것을 누차 서술했다. 그러나 자

제6장 근대로의 이행 2-정치

본주의와 근대국가는 통합력 재생산의 기초였던 단체 자체를 무너뜨린다. 주권국가는 단체들의 자립적인 공권력성을 부정하고 그들의 재생산을 국가가 통괄하는 사회전체 재생산의 부분행위로 깎아내린다. 자본은 단체의 기능들을 상품으로 치환하고 단체의 공공성을 잠식하는 데 여념이 없다. 무라의 물도 관혼상제도 모두 상품이 되었다. 가족은 끝없이 소비자 집단에 접근하고 있다. '갖고 돌아가 먹는 원숭이'라는 인간의 본성에서 일탈하여 따로따로 밖에서 먹는 가족이 나타났다. 단체성이 약한 중국의 가족에서조차 동거공재同居共財는 최소한의 요건이었다. 이 요건조차 이제는 위기에 처했다.

세계전체의 경제통합 강화에 직면하여 기존 사회결합의 기초는 점점 무너지고 있다. 무한경쟁 시대에 기존의 사회적 틀은 질곡이 되어가고 있다. 1990년대 이후 미국에서 격렬하게 진행되어 노동생산성 향상에 기여했다고 평가되는 구조조정의 일부로서의 리엔지니어링은 기업 '조직파괴'의 전형이다. 기업조직 내 관리기구의 재구축을 내용으로 하는 리엔지니어링은 정보기술을 도입하고 관리기능을 집중함으로써, 중간적 관리 기구를 없애고 나아가 고정적인 업무조직 자체를 해소하여 노동경비를 삭감하는 것을 목적으로 하고 있다. 컴퓨터를 통해 사장에게 직접 연결되고 부서 없는 개별 사원으로 구성된 회사가 실제로 출현하고 있다. 매일같이 등장하는 새로운 수요와 생산체계에 직면하여 자본 자신의 안정성이 저하하고 있다. 기업을 관통하는 유동화와 임금인하의 동기에 호응하여

● 6.3 중국 내 근대적 통합의 형성과정

고용의 유동화, 취업형태의 다양화 같은 국가적인 '규제완화'가 각국에서 앞다퉈 진행되고 있다.

단체의 해소는 단체의 기초인 결합원리 자체를 무너뜨린다. 고유의 사회결합은 조응하는 고유의 인격에 의해 실현된다. 사회재생산은 인격의 재생산을 통해 실현되지만 인격의 재생산은 그 인격을 형성하는 사회 내의 성장과정에서 실현된다. 인간은 사회적 행동양식을 성장의 단계에 따라 사회에서 배운다. 그 순간 아마도 개체발생은 계통발생을 반복한다. 인간이 궁극적으로는 개인에서 시작해 기초적 집단을 거쳐 보다 상위의 대규모 집단을 형성하고 그것과 상호규정적으로 새로운 사회결합력을 실현해 온 것처럼, 개인은 우선 엄마 품 속에서 인간관계의 첫걸음을 떼고 이어서 가족이라는 집단을 통해 초보적으로 사회를 인지하고 나아가 지역 속에서 사회관계를 몸에 익히게 된다. 인간은 자신의 성장에 맞게 사회 속에서 적절한 인격을 단계적으로 익히며 성장한다. 지금은 이 교육의 장인 단체가 모두 해체 위기에 처해있다. 이지메는 결코 무라사회의 배타적 행동 같은 것이 아니다. 이지메를 당하고 배제되는 것은 이질적인 타자가 아니다. 단체적 기초를 상실한 개인의 집합이 이질적인 것을 만들어냄으로써 집단적으로 자기방어를 행하는 것이 이지메이고 사회적 위기의 표출이다. 관리를 기다리며 지시만 받드는 세대이자 조직이 싫고 타인과 논쟁이 불가능한 세대. 이 단체 경험이 없는 세대가 사회 속에서 차세대를 양육하기 시작하고 있다. 세상은 다시 혼자(싱글)를 지향하고 있다.

사회집단은 자치적인 단체에서 임의적인 구성에 의한 네트워크로 기울어가고 있다. 공공 공간의 잠식이 진행되고 있는데 이것들은 '민간활력'에 의한 영리행위로 대체되거나 자원봉사 같은 이타적 행위로 보충되어간다. 중국사회의 공동체 부재를 이해하기 어려운 사람들은 현대사회를 관찰해 보는 게 좋겠다.

통합의 위기는 선진 자본주의만의 현상은 아니다. 경제적 세계통합이 진전되고 있기 때문에 개별국가 간 대립은 냉전 종결 이후 오히려 점점 격화되고 있다. 지금까지 국민국가적 통합을 충분히 실현하지 못했던 지역은 국제통합이 강화되는 속에서 자국의 통합강화라는 과제에 직면하고 있다. 이전에 중국에서도 다양한 통합원리가 근대국가 건설을 위해 모색되었다. 마찬가지로 지금 세계에서는 많은 지역에서 인종·부족·종교 같은 다양한 결합원리가 자국의 통합을 보강하는 원리로 재발견되어 거꾸로 국가내부의 혼란과 대립을 부추기고 있다. 세계통합은 선진 자본주의 국가에서도 후발국에서도 혼란을 일으키면서 급속하게 진행되고 있다.

봉건사회가 만들어낸 단체적인 규범을 자원으로 자본은 봉건사회 속의 부분적인 관계로 탄생했다. 그것은 근대에 들어 전면적으로 전개되었고 점차 자신의 힘으로 사회를 조직화하고 스스로 운동하면서 사람들의 의사를 영유하고 마침내 세계를 움직이는 데 이르렀다. 나아가 자신을 탄생시킨 사회기반도 허물기 시작하고 있다. 자본에 의한 사회통합은 일단 경제와 정치의 틀을 계속 관리할 것이다. 그러나 사회와 인격의 안정적인 재생산은 역부족일 것임에 틀림없다. 사회를 넘어서 자기운동을 시작한 자본을 재차 사회의 관리 속에 묶어두는 것이 필요하다. 만약 그것이 가능하다면 현재 그것을 할 수 있는 가장 강력한 힘은 발달된 공동체적 규범능력을 제외하고는 없다. 봉건사회의 인륜은 국소적局所的인 집단관계 중에서 또는 사회 다른 부분의 배제를 전제로 하여 성립한 데 불과했다. 사회의 확대는 이 제약을 해소할 조건도 확대하고 있다. 프랑스혁명에서 이론적으로는 이미 국민국가의 틀을 넘어 일반화하고 있던 인권의 일반성은 점차 실현되고 있다.

보다 일반화된 성원권成員權을 전제로 어떻게 해서 공동성을 복권할 수 있을까. 그것은 급속히 사라지고 있다. 너무 늦지 않아야 한다.

후기

초판 후기

사회와 인격의 위기에 대해 문제의식을 가지면서 중국사에 대해 생각해왔다. 결과적으로 끝없는 과제 속을 방랑하게 되었다. 이 방랑을 이쯤에서 일단 마무리하고자 한다. 그럼에도 불구하고 안도감이 들지 않는 것은 본서의 불완전함에 더해 한층 더 빨라진 세계와 사회의 움직임 탓일 것이다.

후기에는 학은을 입은 선생님들께 감사의 말씀을 드리는 게 통례지만 실증과는 거리가 먼 이 책에 꼭 적절하다고는 생각되지 않아 다른 날을 기약하고자 한다. 전공 밖의 지식을 짜 맞춘 이 책은 당연한 얘기지만 많은 분들께 받은 가르침에 기초하고 있다. 가르침을 주신 분들은 너무 많아 본문 중에 일일이 주기注記하는 것도 마지막에 이름을 적는 것도 도저히 불가능할 정도다. 용서를 바라마지 않는다.

　여기서는 내 연구생활에서 불가분한 일부였던 중국사 연구회 멤버의 여러분들께 감사의 마음을 표하고 싶다. 아울러 자유롭고 지적 호기심에 가득 찬 환경 가운데 여러 가지 가르침을 준 구마모토熊本대학 문학부의 여러분들께도 다시 한 번 감사드리고 싶다. 특히 강좌를 함께 한 이토 마사히코伊藤正彦 씨에게는 본서 구성의 틀과 관련된 아이디어에 대해 혹은 각 분야의 연구동향에 대해 평소부터 가르침을 받았다. 특별히 감사를 표하고 싶다. 이런 조잡한 책보다는 이토 씨 같은 치밀한 작업이 본서 같은 구상을 표현하는 데 더 적절했을 거라는 생각에 사로잡히면서 펜을 놓고자 한다.

본서는 대체로 새로 쓴 것이지만, 이미 발표된 논고들이 기초가 되었는데, 아래에 적어둔다. 수록을 쾌히 승낙해준 출판사에 감사드린다.

- 전체의 구상 「중국전제국가의 발전」 『역사평론』 515(1993).
- 3장 「전제국가 형성의 역사적 전제-초기 인류사회사에 관한 각서」 구마모토대학 『문학부논총』 53(1996).
- 5장 「중국의 근대 이행-시장구조를 중심으로」 나카무라 데쓰中村哲편 『동아시아전제국가와 사회·경제-비교사의 관점으로부터』(아오키서점靑木書店, 1993)
- 6장 「중국 근대화의 정치구조」 나카무라 데쓰中村哲편 『동아시아 자본주의의 형성-비교사의 관점으로부터』(아오키서점, 1994)

1998년 2월 28일
아다치 게이지足立啓二

문고판 후기

본서를 출판하고 20년이 지나려 하고 있다. 다시 읽어보면 참조했던 학문분야가 그 후 많이 발전했기 때문에 고쳐야할 점이 많고 또 오류나 불충분한 것들을 보충해야할 점도 있다. 그러나 인간의 역사를 집단의 확대와 그것을 뒷받침한 힘의 발전과정으로 파악하면서, 논의를 통한 합의合意라는 강한 단체적 규범능력을 발달시킨 봉건사회와 특정인물에 의한 지휘와 그에 의한 관리를 통해 사회를 재생산하는 전제국가 사회를, 고대에서 현대까지 대비하려는 기본구상은 별로 바꿀 필요를 느끼지 않는다. 따라서 원저의 취지를 유지하기 위해 재판再版에서의 수정은 오자 등 표기를 정정하는 데 그쳤다.

다만 참조의 편의를 위해 잡지류에 게재된 논문이 저서에 수록된 경우에는 주注에 서명을 병기했다. 이하에서는 본서 간행 후 중국과 세계가 어떻게 전개되었는가 그 속에서 어떠한 연구 과제를 찾을 수 있을까에 대해 본서의 시점에서 보충 설명하겠다.

중국은 크게 변화하는 듯하다. 지금은 일본의 두 배나 되는 GDP대국이고 머잖아 미국을 따돌리고 세계 1위가 될 것으로 보인다. 그러나 이것은 그리 놀랄만한 일이 아니다. 제2차 산업혁명기인 1890년대에도 중국은 인구규모 때문에 미국·영국을 여전히 능가하는 세계 제1의 GDP대국이었다고 추계

된다.[54]

성장이 경제의 구조를 변화시키고 있는 것도 사실이다. 외국기업의 직접투자와 그들과의 경합은 경영기술의 이전을 촉진하고 시장관행·노동관행도 변화시킨다. 중국에서 이 과정은 전간기戰間期부터 부분적으로 시작되었다. 그러나 중국경제의 구조는 여전히 사회의 비단체적 성격에 규정되어 있다. 계약안정성의 결여, 노동자 의사 영유의 불확실성, 금권주의貨殖主義적이고 일관성이 없는 기업경영 등 본서 5장에서 살펴본 중국경제의 구조적 특질은 지금도 그대로다. 이 때문에 기초적인 연구개발·생산체계 창출에서 중국은 아직 성과를 내지 못하고 있다. 자본축적의 진전은 경영전략의 선택가능성을 넓혀서, 해외선진 기업의 브랜드 뿐 아니라 연구개발 조직·회사조직·인재를 통째로 구입하여 변신에 성공한 레노버(Lenovo) 같은 기업도 출현하고 있다. 본격적으로 다국적화한 기업에서부터 시작하여 중국적 경영체질은 점점 변화할 것이다. 그러나 아직까지 중국의 가장 큰 기업군은 여전히 국내시장의 점유에 의존해 그 지위를 얻고 있다.[55]

중국의 정치가 바뀌지 않고 있다는 점에 대해서 이론은 적을 것이다. 사회주의적 평등이라는 정당성의 근거가 사라졌을

---

54) Angus Maddison, *Monitoring the world economy 1820-1992* (1995) /『世界經濟の成長史1820～1992年』(東洋經濟新報社, 2000).

55) David Shambaugh, *China goes global: the partial power* (2013) /『中國グローバル化の深層――「未完の大國」が世界を變える』(朝日新聞出版, 2015). 한국어역『중국, 세계로 가다–불완전한 강대국』(아산정책연구원, 2014)

때 논의를 통한 합의가 결여된 국가의 통합에는 '위대한 중화민족의 부흥'이나 대외확장이라는 민족주의가 중요하게 된다. 여전히 중국은 '1인에 대한 복종'으로 간신히 통합되고 있다. 경제성장은 이해를 달리하는 다수의 행위자를 만들어내어 정책결정을 복잡하게 하고 있다.[56] 그러나 자기 이해관계를 주장하며 대립하는 다수의 집합은 논의를 통한 합의 형성이라는 우선조건이 없다면 전제專制의 기반일 뿐이다. 중국에서도 자본주의적 성장은 경제행동 등을 통해 사람들을 규율화하고 있다. 그러나 규율화과정에서 논의를 통한 합의 요소는 극히 부분적이다. 전제를 수용할 기반은 여전히 넓다.

중국은 대국화화면서도 여전히 다국 간 관계의 장에서는 소극적이고 양국 간 외교에 적극적이다.[57] 원래 국제관계의 구조는 그것을 구성하는 국가의 구조와 유사하다. 근대 국민국가는 서로 주권을 인정하는 국민국가만의 공동체로서 국제관계를 발전시키고 그 정점에 패권국가가 존재했다. 이에 비해 전통적으로 중국의 전제국가는 지배성을 갖는 양자 관계로 국제관계를 맺어왔다. 양자 관계를 주요한 수단으로 하여 중국은 패권국가에 접근해 갈 가능성이 높다.

선진 자본주의 국가에서는 공동단체와 그것을 구성하는 인격의 해체가 한층 진행되고 있다. 국가 구조, 국가 간 관계도

---

[56] Linda Jakobson and Dean Knox, *New Foreign Policy Actors in China* (2010) / 『中國の新しい對外政策——誰がどのように決定しているのか』(岩波書店, 2011).

[57] David Shambaugh, *China goes global: the partial power* (2013).

단체적 원칙에서의 일탈이 강화되고 있다. 논의를 거치는 가운데 합의를 형성하고 자주적으로 행동하는 단체형 사회를 지탱하는 인격의 형성은 두드러지게 관리가 강화된 환경 속에서 위기에 처해 있다. 그러나 확대된 세계를 유지하기 위해서는 논의를 통한 합의의 공유밖에는 없다. 이것은 자기 것으로 규범을 받아들이는 가장 강한 의사의 영유형태다.

인간사회 형성의 초기부터 실현된 높은 커뮤니케이션 능력을 바탕으로 초기의 인간사회는 집단 내 일상적인 대화 속에서 느슨한 합의를 만들어 냈다. 이것을 자원으로 이후 인간사회는 하나의 방향성으로서 논의를 통한 합의를 기초로 하는 단체형 사회를 발전시켜 왔다. 그것은 중의衆議의 결론은 옳다는 깊은 신뢰에 뒷받침된 것이다. 봉건사회의 역사는 단체형 사회의 형성사이고 사회의 단체적 운영 방법을 개발해왔다. 무라村는 영주가 아닌 집행부문의 형성, 그 선출방법, 실무처리·회계관리 방법, 상위단체의 형성 등 많은 창조를 경험해왔다.

합의合議단체의 발전과정에는 위기의 시대가 있었다. 절대주의는 단체적 분열을 극복하고 보다 광범위하고 안정적인 규범의 공유를 발전시킨 역사적 흐름이었지만, 그것은 사회의 기초에 있는 공동단체 나아가 그것을 구성하는 개인 자율의 위기이기도 했다. 관료제 등 상층부분에 그치지 않고 분쟁해결 등에까지 관리적 수법이 강화되었고 재판은 중국의 행정적 규문주의糾問主義 형태로 한없이 접근했다. 그러나 유럽사회는 사회계약론·자연법 사상 등의 전통에 의거한 논리전개를 바탕으로 시민혁명을 성공시켰고 주권주체의 위치를 새로운 제도 가운데 회복시켰다. 19세기 말부터 1940년대에 걸쳐서도 비슷한 재구축이 보이는데 계승해야할 교훈이 풍부하다. 일본 봉건사회는 중국 전제국가의 제도적·개념적 틀 속에서 어떻게 단체형 사회를 발전시켰는가. 초기의 틀은 어떻게 근현대를 규정하고 있는가. 새로운 전제국가 이해의 틀 속에서 생각해 보고 싶은 주제다.

2017년 12월 3일
아다치 게이지

역자 후기

중국이 개혁개방을 하고 WTO에 가입을 하고 미국과 협조적인 자세를 유지할 때만 해도 많은 학자들은 이 나라가 결국은 서구식 발전경로를 걸을 것이라고 생각했다. 경제발전과 그에 이은 민주화, 그리고 국제규범의 준수, 즉 중국의 '근대화'다. 잘 아는 대로 이런 예측은 시진핑 주석의 등장과 함께 옛 얘기가 되어버렸다. 반면, 20세기 중반에는 거꾸로 마오쩌둥의 사회주의 혁명을 예찬하는 지식인들이 유물사관의 발전단계에 따라 중국이 인류 보편적 발전단계의 맨 앞에 서있다고 보고, 이 나라에서 인류의 미래를 찾기도 했다. 이 두 갈래 주장의 내용이나 정치적 지향은 상반되지만, 공유하는 지점이 있다. 인류의 역사는 시간과 정도의 차이는 있을지라도 결국 같은 경로를 거쳐 진행되는 것이며, 중국도 예외는 아니라는 점이다.

이런 발전단계론과 궤를 달리하여 역사를 해석하려는 것이 사회유형론이다. 인류역사는 단일한 경로로 발전하는 것이 아니라 다양한 유형의 전개과정이 있어서, 하나의 모델로 수렴되지 않는다는 것이다. 이에 따르면 위에서 말한 근대화론도 유물사관도 현실을 잘 설명해주지는 못한다. 아닌 게 아니라, 2022년 현재 중국의 모습을 바라보는 지식인들은 그동안 익숙하던 사회과학·역사학의 설명력이 현저히 떨어지고 있음을 느끼고 있을 것이다.

사실 20세기 초 일본 지식인들은 이와는 사뭇 다른 태도를 취했다. 근대화론도 없었고, 유물사관이 아직 지적 지배자도 아니던 시절, 그들은 중국을 서구·일본과는 다른 '사회유형'을 가진 나라로 봤다. 교토의 일부 역사학자들과 일군의 사회과학자들이 그들이다. 그런데 이들의 중국론은 결과적으로 중국정체론·중국특수론으로 받아들여져, 일본의 침략을 지원하는 이데올로기로 악용되어 버렸다. 그 때문에 전후 일본 역사학계에서는 이들의 작업이 사장되다시피 하며, '사회주의 중국'의 '성공'을 추켜세우는 유물사관 위주의 '전후역사학'이 대세를 장악했다.

이 책은 그 대세에 대항하여 전제국가라는 틀로 중국사를 장기간에 걸쳐 파악하려 하며, 그에 대비해서 일본사를 봉건사회라는 유형으로 설정한다. 그 대비는 매우 선명하여 반론의 여지를 많이 남기고 있으나, 그런 만큼 흥미진진하다. 후기에서 저자가 "실증과는 거리가 먼" 책이라고 좀 겸손하게 말하고 있듯이, 이 책은 평생 사료에 천착해 온 한 역사가가 그 내공을 바탕으로 과감하게 창공으로 날아올라 인류의 역사를 조감鳥瞰한 작품이다. 비판할 지점은 수없이 많으나, 그 수만큼이나 많은 생각거리를 제공한다.

이 책 이후로 오카모토 다카시岡本武司·요나하 준與那霸潤 등의 역사학자들이 사회유형론적 시각으로 중국과 일본을 바라보는 저작들을 내고 있다. 이들의 저작은 국내에도 다수 번역되어 있고, 오카모토 다카시의 중국론에 대해서는 역자가 비판적으로 검토한 바 있으니 참고 하시기 바란다(「일본 중국사학자의 중국 인식과 '공동체론'−혐중嫌中의 기원−」『동아시아문화연구』73, 2018). 역자는 본서를 접하고 크게 계발된 바 있어 몇 편의 논고를 발표해왔다. 먼저 본서와 요나하 준의『중국화하는 일본−동아시아 '문명의 충돌' 1천 년사』(최종길 역, 페이퍼로드)를 서평한 글(「중국과 일본을 이해하는 또 하나의 눈」)이 전문서평지『서울리뷰오브북스』0호에 실린 바 있다. 본서의 연구사적 위치와 대강의 얼개를 알고 싶은 독자들은 이 글을 먼저 읽어도 좋겠다. 그리고 본서에 자극받으면서 역자 나름대로 동아시아의 근대에 대한 지금까지의 생각을 어설프게나마 스케치 해본 글로는「'봉건사회'-'군현사회'와 동아시아 '근대' 시론」(『동북아역사논총』57, 2017)이 있다. 본서의 저자 아다치 게이지足立啓二와 역자의 생각을 비교해보고 싶은 분들께 권해드린다.

끝으로 이 책을 번역하면서 느낀 점을 몇 가지 적고자 한다. 저자 아다치 게이지는 긴 연구경력과 방대한 독서를 바탕으로 일본 역사학자로서는 드물 정도로 커다란 스케일의 역사상을 제시했다. 그 과정에서 많은 통찰과 계발을 받은 것은 위에 적은 대로다. 다만 문장이 지나치게 만연체인데다가 군데군데 어색한 문장들도 더러 있었다. 한국 독자들의 가독성을 중요하게 생각해서, 적절하게 의역한 곳도 있음을 밝힌다. 아울러 3장 1절「전국가사회의 발전이론」은 인류학 이론의 소개인데, 내용이 낯설고 난해하게 느껴지는 독자들은 건너뛰고 맨 나중에 읽어도 좋지 않을까 한다. 이 책이 기왕의 중국론·동아시아론에 조금이라도 기여할 수 있었으면 좋겠다.

2022년 11월
박훈

찾아보기

【ㄱ】

가부나카마 ... 66, 67, 194, 225
가부장 39, 64, 138
가이노 미치다카 45
가토 시게루 66
간접투자 266, 268
감찰기구 21, 83, 164, 165
개명전제 253
객상 ... 183-188, 195-199, 204, 205, 209-211, 213, 214
고대국가 16, 17, 125, 132, 142, 144, 148, 150, 152, 153, 155, 229, 232
고염무 20, 21, 25, 30, 54, 158, 160, 164
고전고대 107, 129, 132, 134, 135, 137, 138, 141, 144, 230, 263
공공업무 24, 238, 241, 242, 250
공동업무 58-63, 70, 154, 160, 237
공론 227
과거제 19, 82, 165, 188
과학 85, 130, 131
관료기구 21, 22, 26, 35, 82, 109, 128, 141, 161, 162, 164, 165, 168, 224
광서신정 219, 220
국민당 250-252, 254, 256, 257, 259, 262
군기처 26, 83, 164
군사=행정편성 127, 128
군사편성 .. 126, 127, 141, 167
군현제 20-22, 158
귀족 23-26, 29, 30, 33, 34, 132, 133, 136

【ㄴ】

NIEs 268, 269, 271
나이토 고난 29, 42, 43, 47
난징 정부 168, 220, 233-235, 253, 257
내각 164
네트워크 74, 202, 239, 240, 274
논의를 통한 합의 77, 226, 234, 236, 254, 280, 282, 283
농경 86, 92,

289

101-104, 109, 110, 135, 139, 144, 147, 166, 206
니이다 노보루 74, 243

【ㄷ】
다구치 우키치 29
다원주의 36, 37, 40, 41
단선발전적 32, 171, 271
단체성 27, 46, 64, 68, 225, 232, 259, 261, 272
단체중적체 78
당=국가제 252-255, 257-259, 262
도이마루 187, 188
독일 역사주의 34
돈야 . . 181, 186, 191, 192, 213
동업단체 66, 67, 74, 199, 209, 220, 226, 239
동업자 조직 65-68, 185, 193, 240, 242, 244
뒤르켐 36-38, 40, 87

【ㄹ】
량치차오 23, 25-28, 30, 31, 49, 112, 164, 253
러시아 혁명 250, 252
룽산 111, 112
리더십 106, 108, 118, 124, 127, 152, 194

【ㅁ】
마르크스 34, 37, 42, 87

막번제 224, 227, 228
면화시장 182
명관 159, 162, 165
몽테스키외 33
묘슈 . . 150, 151, 154, 155, 191
무라 . . 45, 46, 55-64, 68, 70, 76, 78-80, 86, 172, 174, 176, 205, 225, 226, 228, 231, 235, 242, 272, 273, 283
무리사회 94, 97-99, 102, 103, 105, 106, 117, 143, 147, 148, 264
무제 25, 158, 164, 220
문서 21, 76, 191
물상화 131
미객 213
미케네 문명 109
민선 194, 195, 210, 247
민족방 222

【ㅂ】
바샤쿠 187
반식민지, 반봉건 217, 270
반전수수 149
법단 243, 250
병농분리 167, 175, 190
병농일치 167
보갑제 258
봉건제 21, 24, 25, 29, 47, 49-52, 63, 68, 112, 138, 144, 149, 156, 190, 201, 203, 233

부병제 167
부족사회 105, 107,
　　　　108, 117, 120, 124, 148
분업화 168, 172,
　　　　173, 181, 182, 190, 237
비공동체 49, 53

【ㅅ】
사회유형 92, 285, 287
삼국오비 127
상서 26, 164
상설점포 189, 190, 202
상품화율 177, 178
상회 211,
　　　　219, 220, 238, 243, 250
서리 .. 21, 22, 27, 30, 165, 168
선거 231,
　　　　234, 243, 246-248, 251
선당 239, 240
선호 185, 186, 213
세계사의 기본법칙 47, 68
세계시스템론 270
세대공동체 102, 111, 143
세족 122-125
소경영 51, 53,
　　　　151-153, 155, 177, 178
소농경영 .. 126, 151, 166, 265
속리 159, 162, 165
수송업자 185, 187
수장제 97,
　　　　107-109, 112, 116, 120,
　　　　124, 125, 134-137, 139,
　　　　140, 145-148, 158, 206
숙역 190, 191, 194
승상 26, 82, 162, 164
시미즈 모리미쓰 39
시민혁명 233, 284
신분 27,
　　　　49, 79, 204, 205, 230
신진화주의 88, 98, 107
신해혁명 29, 30, 43,
　　　　47, 233, 234, 247, 253
싱글 90
쑨원 250, 253, 254, 256
쓰다 소키치 44, 129

【ㅇ】
아고라 107, 119
아곤형 소송 133, 137
아시아 31-36, 38, 39,
　　　　42-44, 86, 87, 109, 139,
　　　　140, 202, 208, 268, 269
아인 131, 184-187, 194-
　　　　196, 198, 199, 203, 214
아테네 116, 119, 132-135
야노 진이치 32, 38
약속 77
양무운동 219, 233, 234
양세법 32, 166
양자관계 74, 267
얼리강 112
얼리터우 112
영주제 70, 151-154,
　　　　156, 157, 169, 207, 218,

224–226, 230, 233, 234
오시라스재판 231
원시공동체 24, 47, 86, 99
원원류 90
위탁판매 184, 187, 213
유교 33, 35, 44, 129
유인원 91
유통경비 198–201, 215
율령제 141
의사의 영유 173, 206, 283
의회 23,
229, 234, 246–249, 251
이갑제 19,
41, 46, 50, 68, 81, 82
이자율 200, 201
이타적 행위 73, 239, 274
일조편법 168
임노동 172, 173, 205–207
임의단체 64, 67,
71–73, 160, 169, 194, 209,
238, 239, 242, 244, 245,
248–252, 254, 258, 259
입회지 57, 59, 70, 176
잇키 151, 155, 232
잉카 108, 109, 113, 264

【ㅈ】
자선단체 238–
240, 242, 243, 258
자의국 245
자이카보 222
재분배 80, 108,
109, 113, 134, 147, 174
재상 19, 22, 25, 162
재판권 51, 62, 63
전국경계국 235
전부정리 235
전장 210, 217, 257
전제국가론 29,
30, 34, 38, 50
절대주의 26,
30, 33, 106, 146, 157,
169, 225, 230, 233, 283
정기시 183,
186–190, 202, 212, 214
제소형 소송 121
종속이론 269, 270
종족 103, 104
주종제 153, 156
주호객호 50, 166
중서 19, 26, 79, 82
중장보병 133
지방자치 31,
60, 235, 244–246, 250
지정은 51, 168
지조개정 .. 226, 228, 229, 235
직접투자 222,
257, 266, 268, 281
진화론 34
집단화 221, 260, 261

【ㅊ】
천맥제 126
초기국가 145

【ㅋ】
커뮤니케이션 92, 144, 283
케네 33

【ㅌ】
탈아론 43

【ㅍ】
펑터우산 110
폴리스 132, 134, 137
표호 210

【ㅎ】
하타다 다카시 46
합고 198,
　　　203, 204, 216, 217, 248
합작사 221, 258
향관 22, 30, 32, 165
향신 50–52, 183, 239–242
향신제론 50, 52
허무두 110
헥테모로이 133, 137
협동조합주의 ... 250, 256, 257
호메로스 107,
　　　118, 120, 123, 132, 137
호유용 19, 79, 81
화폐 158, 168, 220
환절사회 38, 40, 87
황종희 20
회피제 19, 82
후견주의 124, 125, 156
후견-피후견 관계 ....
　　　　　　　　125, 153, 156
후쿠다케 다다시 46
후쿠자와 유키치 43
히라노 기타로 41, 42, 45